U0491560

沈阳师范大学学术文库资助出版

语用理论研究丛书

于全有◎主编

THE STUDY ON LANGUAGE APPLICATION AND SPECIFICATION

语言应用与规范研究

于全有◎著

中国社会科学出版社

图书在版编目（CIP）数据

语言应用与规范研究／于全有著．—北京：中国社会科学出版社，2023.8
（语用理论研究丛书）
ISBN 978-7-5227-2253-5

Ⅰ.①语…　Ⅱ.①于…　Ⅲ.①应用语言学—研究②语言规范化—研究　Ⅳ.①H0

中国国家版本馆 CIP 数据核字（2023）第 129113 号

出 版 人　赵剑英
责任编辑　张　林
特约编辑　宋英杰
责任校对　王佳玉
责任印制　戴　宽

出　　版　中国社会科学出版社
社　　址　北京鼓楼西大街甲 158 号
邮　　编　100720
网　　址　http://www.csspw.cn
发 行 部　010-84083685
门 市 部　010-84029450
经　　销　新华书店及其他书店

印刷装订　三河市华骏印务包装有限公司
版　　次　2023 年 8 月第 1 版
印　　次　2023 年 8 月第 1 次印刷

开　　本　710×1000　1/16
印　　张　21
插　　页　2
字　　数　346 千字
定　　价　109.00 元

目　　录

应 用 篇

规范篇

前　言

中国有关语言问题的研究源远流长。中国古代“通经致用”思维方式下的传统语文学研究，很大程度上就是与语言自身及语言应用相关的研究。

以《马氏文通》的诞生为标志而迈入现代语言学阶段后的中国语言学研究，尽管我们在以具体的语言事实研究为代表的相关语言问题的研究上取得了相当的实绩，但在传统思维方式及“现代语言学之父”索绪尔“为语言而研究语言”等思想的多重影响下，我们的语言研究的重心，很大程度上仍聚集在对语言结构自身的研究上，以及部分相关内容的应用研究上。有关语言问题的理论研究，包括在一般语言事实研究的基础上而来的有关语言应用方面的基础理论研究、有关人类一般语言学方面的基础理论研究等，一直没有得到应有的重视（我们无意否定中国语言学已有的成就与价值）。只要看一看世界语言学发展史上到底有多少相关理论真正带有中国语言学的影响与标志、看一看时下各类相关科研项目的课题指南及相关的各种评选项目中到底有多少真正是语言理论方面的东西，任何一个真正有责任感的语言学中人，恐怕都不难会作出自己的判断的。个中原因，多半与中国语言学研究长期以来一直存在而又一直没有真正地从根本上得到改观的重事实、轻理论，不甚重视语言的基础理论研究，不甚重视对语言自身及语言应用的一般事实的理论发掘与提升，有很大的关系。

我们没有理由妄自菲薄，我们更没有理由妄自尊大，我们需要有正视问题的勇气与自知之明。今日中国语言学的健康发展，不仅需要我们加强对语言自身及语言应用问题的研究，而且需要我们加强对语言问题的基础理论研究。同时，今日中国语言学的健康发展，呼唤着我们对此须在思想认识上有一份理性的清醒，在实践行动上多一份理性的追求。

语言本是人类实践活动音义结合的表现符号（其中，“表”是表达，“现”是呈现），人类的社会实践活动是语言发展的基石与底座。若按现今一般的语言理论中的一些相关表述，通常是“语言是人类最重要的交际工具”“语言是社会发展的产物”“语言随着社会的发展而发展”等。面对今日随着社会的飞速发展而带来的日新月异、纷繁复杂的各种社会语言现象及其带来的相关问题，一方面，社会语言实践自然会产生必要的相关方面的理性指导的社会需要；另一方面，适时加强相关方面的基础理论研究以满足社会发展的实际需要，也是一个真正的语言文字工作者不可推卸的社会责任与社会担当。而社会发展的需要及满足社会发展的需要，则恰恰又是推动学术研究发展与进步的基本条件。

有鉴于此，沈阳师范大学语言学及应用语言学学科的诸位同人在相关部门领导的关心、支持下，自发组织、行动起来，依据现今的社会语言发展状况、相关方面的研究状况与社会需求的现实及自身的特点，有针对性地展开系列的有关语言应用规律的基础理论研究。首批推出的“语用理论研究丛书”，计有学术专著五种，分别由国内名校相关专业博士研究生毕业、具有良好的相关学术研究基础、从事相关方面研究生教学工作的一线教师担纲，内容涉及社会语言的认知、交往、城市化、规范化等诸多方面，以期为相关领域语言研究的发展进步，为学科发展的光明未来，尽绵薄之力。

海德格尔说过：未来并不是自身来到我们身边的，仅当我们有能力追随传统，肩负起未来对我们的规定时，未来才来到我们身旁。作为本丛书的组织者，我希望能以之与诸位同人共勉，并诚挚地希望诸位同人能够以自己的努力，真正地“肩负起未来对我们的规定”。

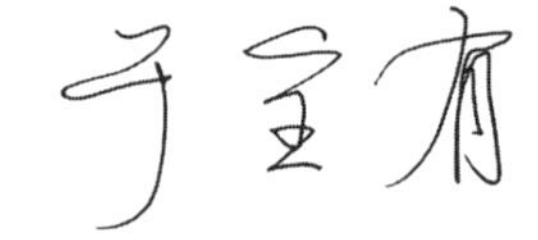

2017 年 6 月 1 日于沈阳类庐

应 用 篇

文化修辞学的内涵与学科属性

自20世纪80年代后期以来，修辞与文化关系的研究逐渐受到人们的重视，陆续出现了一批探讨修辞与文化关系的研究成果。如曹德和的《汉语文化修辞学论略（上、下）》①，陈炯的《中国文化修辞学论纲》②《中国文化修辞学探略》③《关于中国文化修辞学的几点构想》④《中国文化修辞学》⑤《论中国文化修辞学的伦理性》⑥《中国文化修辞学研究之现状及展望》⑦，于全有的《文化修辞学的学科构建及其理论体系》⑧《文化修辞学》⑨，于全有、李现乐的《对偶与汉文化关系研究综论》⑩ 和《谐

① 曹德和：《汉语文化修辞学论略（上）》，《江苏教育学院学报》（社会科学版）1997年第1期，第65—69页；曹德和：《汉语文化修辞学论略（下）》，《江苏教育学院学报》（社会科学版）1997年第3期，第77—82页。

② 陈炯：《中国文化修辞学论纲》，《江南大学学报》1997年第1期，第54—61页。

③ 陈炯：《中国文化修辞学探略》，《中国人民警官大学学报》1997年第1期，第70—76页。

④ 陈炯：《关于中国文化修辞学的几点构想》，《江南学院学报》2000年第1期，第32—37页。

⑤ 陈炯：《中国文化修辞学》，江苏古籍出版社2001年版，第2—3页。

⑥ 陈炯：《论中国文化修辞学的伦理性》，《江南学院学报》2001年第1期，第41—44页。

⑦ 陈炯：《中国文化修辞学研究之现状及展望》，《毕节师范高等专科学校学报》（综合版）2002年第2期，第1—4页。

⑧ 于全有：《文化修辞学的学科构建及其理论体系》，《沈阳师范学院学报》（社会科学版）2000年第5期，第1—7页；于全有：《文化修辞学的研究对象、内容与方法》，《高等学校文科学报文摘》2000年第6期，第72页。

⑨ 于全有：《文化修辞学》，《沈阳师范大学学报》（社会科学版），2006年校庆专辑，第44页。

⑩ 于全有、李现乐：《对偶与汉文化关系研究综论》，《沈阳师范大学学报》（社会科学版）2006年第5期，第113—118页。

音与汉文化关系研究综论》[①]，于全有、雷会生的《文化修辞学的基本理念与发展现状》[②] 等。在这种背景下，经过学术界部分学者的大力倡导，“文化修辞学”这一学科也相应地确立并发展起来。由于学者们看问题的方式方法与着眼点等不尽相同，目前学术界对“文化修辞学”的内涵及学科属性的理解与认识并不相同，还存在着有待进一步探讨与廓清的认识与看法。

一　对于“文化修辞学”内涵与学科属性的不同理解

近年来，学术界在“文化修辞学”的学科构建上，主要出现了以下三种不同层次的文化修辞学以及相应的对学科内涵与属性的不同理解：

1. 汉语文化修辞学。这可以以曹德和为代表。曹德和在《汉语文化修辞学论略（上）》一文中提出：“汉语文化修辞学是以汉文化学和汉语修辞学为基础发展起来的新兴学科，具有跨学科和边缘学科的性质。由于汉语文化修辞学并不把揭示文化与修辞或修辞与文化的关系作为自己的目标，而只是作为深化修辞研究的途径——换句话说，汉语文化修辞学的旨趣是在修辞上——根据学科研究落脚点决定学科归属的原则，我们认为，它既不是文化学的分支，也不是独立的两栖学科，而是语言学和修辞学的一部分”[③]，“它所关心的只是植根于汉文化土壤之上的带有汉文化色彩的修辞要素和修辞规律”[④]。显然，该层次与意义上的文化修辞学，就其内涵而言，是以研究“植根于汉文化土壤之上的带有汉文化色彩的修辞要素和修辞规律”为旨趣的文化修辞学，而不是把揭示文化与修辞或修辞与文化的关系作为自己的目标的文化修辞学。其学科属性虽然也定位于“跨学科和边缘学科”，却“既不是文化学的分支，也不是独

① 于全有、李现乐：《谐音与汉文化关系研究综论》，《渤海大学学报》（社会科学版）2007 年第 6 期，第 125—129 页。

② 于全有、雷会生：《文化修辞学的基本理念与发展现状》，《辽东学院学报》2007 年第 6 期，第 63—67 页。

③ 曹德和：《汉语文化修辞学论略（上）》，《江苏教育学院学报》（社会科学版）1997 年第 1 期，第 65—69 页。

④ 曹德和：《汉语文化修辞学论略（上）》，《江苏教育学院学报》（社会科学版）1997 年第 1 期，第 65—69 页。

立的两栖学科”，而是“旨趣是在修辞上”，只是“语言学和修辞学的一部分”。

2. 中国文化修辞学。这可以以陈炯为代表。陈炯在《中国文化修辞学》一书中提出，“中国文化修辞学是一门探讨汉语修辞与中国文化关系的新的边缘学科。我们一方面要研究汉语修辞在中国传统文化中的地位和作用，另一方面也要研究中国文化对汉语修辞的制约和影响。文化修辞学介于文化学与修辞学之间，它既不研究修辞本身，也不研究文化本身，而是着眼于两者的关系及其相互影响”①；“中国文化修辞学作为中国文化语言学的一个分支学科，属于解释语言学的范畴”②。显然，该层次与意义上的文化修辞学，就其内涵而言，是以研究“汉语修辞与中国文化关系”为旨趣的文化修辞学，而不是“研究修辞本身”或“研究文化本身”的文化修辞学。其学科属性的定位是“边缘学科”，向上属于“中国文化语言学”与“解释语言学”。

3. 文化修辞学。这可以以于全有为代表。于全有曾在《文化修辞学的学科构建及其理论体系》一文中，对文化语言学的下位层次学科——文化修辞学的内涵及其学科属性作了如下阐述：“文化修辞学是以修辞与文化的关系作为专门研究对象的一门新兴的交叉学科”③，“文化修辞学的研究对象概括地说，主要是研究修辞与文化的关系。这具体可以分为从文化的角度来观照修辞、从修辞的角度来观照文化，以及修辞与文化的‘共变’关系等三个角度来把握”④。后来，于全有还曾在《文化修辞学》、于全有和李现乐还曾在《对偶与汉文化关系研究综论》《谐音与汉文化关系研究综论》等文章中，对文化修辞学的内涵及其学科属性进行了阐述。显然，该层次与意义上的文化修辞学，就其内涵而言，是以研究“修辞与文化关系”为旨趣的文化修辞学，从其研究的角度可以具体

---

① 陈炯：《中国文化修辞学》，江苏古籍出版社 2001 年版，第 2—3 页。

② 陈炯：《中国文化修辞学》，江苏古籍出版社 2001 年版，第 3 页。

③ 于全有：《文化修辞学的学科构建及其理论体系》，《沈阳师范学院学报》（社会科学版）2000 年第 5 期，第 1—7 页；于全有：《文化修辞学的研究对象、内容与方法》，《高等学校文科学报文摘》2000 年第 6 期，第 72 页。

④ 于全有：《文化修辞学的学科构建及其理论体系》，《沈阳师范学院学报》（社会科学版）2000 年第 5 期，第 1—7 页；于全有：《文化修辞学的研究对象、内容与方法》，《高等学校文科学报文摘》2000 年第 6 期，第 72 页。

分为：从文化的角度来观照修辞、从修辞的角度来观照文化，以及修辞与文化的“共变”关系，它也不是专门研究修辞本身或专门研究文化本身的文化修辞学。其学科属性的定位，是“交叉学科”，向上可以属于“文化语言学”等。

纵观以上不同层次的文化修辞学及其相应的学科理念，我们发现，学术界对“文化修辞学”的内涵及其学科属性的不同的认识与看法，其实是与文化跟修辞关系研究相关的几种不同层次或不同层面的认识：相对而言，汉语文化修辞学处于与“汉语文化”跟修辞相关的一种基础层次，中国文化修辞学处于与“中国文化”跟修辞相关的但比汉语文化修辞学高的研究层面，而文化修辞学处于与“文化”跟修辞相关的又相对比中国文化修辞学高一个层次的研究层面。三者都是与文化跟修辞关系研究相关的文化修辞学，只是研究的层次或层面有所不同罢了。

从理论上说，作为研究与文化跟修辞的关系相关的一门科学，文化修辞学在内涵的理解上本可以有广义与狭义之分。也就是说，文化修辞学既可以在广义上理解为是指一般意义上研究与文化跟修辞相关的一门科学（其理论成果具有普遍性的意义），也可以在狭义上理解为是指专门研究与某一民族语言中的修辞跟该民族文化之间的关系的一门科学。在中国，狭义的文化修辞学可以具体地指专门研究与修辞跟中国文化的关系相关之学——中国文化修辞学，特别是专门研究与修辞跟汉文化的关系相关之学——汉语文化修辞学。关于这一点，于全有在《文化修辞学》、于全有和李现乐在《对偶与汉文化关系研究综论》《谐音与汉文化关系研究综论》等文中，已有过部分阐述。这里，我们所关心的主要问题是，面对学术界对“文化修辞学”的内涵及其学科属性所呈现出的若干不同的认识与看法，作为一个科学的学科，文化修辞学的内涵及学科属性到底应该是什么？到底应该如何界定才能相对更科学一些？

二 “文化修辞学”的内涵

从前文所述中我们可以看到，目前学术界在对“文化修辞学”内涵的理解问题上主要存在两种不同的认识与看法：一种观点认为，文化修辞学是研究“带有汉文化色彩的修辞要素和修辞规律”的一门边缘学科，由于它“并不把揭示文化与修辞或修辞与文化的关系作为自己的目标”，所以，它的学科落脚点在修辞上，即这种意义上的文化修辞学，实际上是相当于只从文化的角度来研究修辞的学科，它不研究因此而可能出现的、与之相应的另一个学科——从修辞的角度来研究文化的学科——“修辞文化学”；另一种观点认为，“文化修辞学”是研究文化与修辞二者间关系的一门边缘交叉学科。尽管单纯从学术研究的角度看，任何一个学科的研究都既可以有上位层次的、带有综合性特点的学科研究，也可以有下位层次的、带有局部性特点的细化研究，把一般意义上的“文化修辞学”分成两个相对应的学科——从文化的角度研究修辞的“文化修辞学”，从修辞的角度研究文化的“修辞文化学”，本身也无可厚非，但就目前学术界对文化修辞学内涵的几种不尽相同的理解状况来看，这些不同的理解所牵涉的问题，不仅是把文化修辞学理解为进一步细化后与修辞文化学相对应的一个学科，还是理解为包含了修辞文化学的研究内容在内的、一般意义的文化修辞学学科，这几种不尽相同的文化修辞学内涵的理解背后，不仅牵涉对文化修辞学内涵理解的思维方式问题，而且更直接牵涉对文化修辞学的内涵定位，到底适不适合涵盖一个学科所应有的内涵及其有关属性等问题。

根据前文所述，有关“文化修辞学”内涵的第一种理解，其实是相当于从文化的角度来研究修辞。根据这种理解，理论上还应有一个与之相应的学科——“修辞文化学”。按这种思考问题的方式，在研究修辞与文化的关系问题上，似乎只要把从修辞的角度来研究文化的内容再单拉出来，建立一个“修辞文化学”学科，来与“文化修辞学”相对应，就可以完整地、完善地构建起整个修辞与文化的关系之学，也就可以相应地构成对一般意义上的以研究修辞与文化的关系为宗旨的文化修辞学。

实际上，修辞与文化二者间的关系，并不只是一种简单的单向的关系，而是一种交互影响的、双向的关系。在论述二者的关系时，倘若把这种交互影响的、双向的关系分成完全不同的学科去谈，对于要形成一个完整的对修辞与文化关系的认识来说，还是有很多不甚便利的因素的。比方说，汉语修辞方式中的对偶，它与汉文化的关系就是你中有我，我中有你，很大程度上是水乳交融的关系。一方面，汉文化对对偶的形成确实具有很大的作用与影响，正如黎运汉在《汉语修辞手段的文化内涵》

一文中所述的那样："汉民族的文化心态很注重和谐"[①]，"自古以来，汉民族的传统认识是'统一体内部各种对立因素的均衡与和谐是保持统一体稳定生存的根本条件'，人与人之间讲求中庸平和，人体之内也讲调和养颐。要达到和谐，就要不偏不倚，要均衡、协调、匀称[②]"。中国的对偶就是在这种重和谐均衡的文化心态的影响作用下产生的。反之，作为一种语言文化现象的对偶，其本身也不仅仅是被动地接受汉文化的影响，也会对汉文化产生积极的、能动的作用与影响。这又正如朱光潜先生所说的那样："用排偶文既久，心中就于无形中养成一种求排偶的习惯，以至观察事物都处处求对称，说到'青山'便不由你不想到'绿水'，说到'才子'便不由你不想到'佳人'。"[③] 也就是说，对偶的运用，也会对民族思维、民族审美意识等民族文化产生一定的促进性的作用与影响。这二者间有一种互相影响、互动共变的关系。

以研究修辞与文化的关系为宗旨的文化修辞学，其主要研究内容，起码可以从三个角度来把握：一个是从文化的角度来观照修辞（可以大致归到属于修辞学的"文化修辞学"），一个是从修辞的角度来观照文化（可以大致归到属于文化学的"修辞文化学"），还有一个是研究修辞与文化二者间的"共变"关系的。问题的关键在于，修辞与文化二者间的"共变"关系——在学科归属上该如何附着与依托。当我们研究修辞与文化的交互关系时，倘若理解为"文化修辞学"并不把揭示文化与修辞的关系作为自己的目标，而只是作为深入修辞研究的途径，认为文化修辞学只是从文化的角度来研究修辞的学科，则这种单向的学科内涵指向，不仅会造成要另有一个相应的学科——"修辞文化学"来支持从修辞的角度来研究文化，更重要的是，这会在一定程度上肢解文化与修辞二者间本来就有的紧密相连的互动联系，让二者间的交互关系部分难以合乎逻辑地、整体性地附着于侧重单向关系意义上的"文化修辞学"或"修辞文化学"。

---

① 黎运汉：《汉语修辞手段的文化内涵》，陈建民、谭志明：《语言与文化多学科研究——第三届社会语言学学术讨论会文集》，北京语言学院出版社 1993 年版，第 307 页。

② 黎运汉：《汉语修辞手段的文化内涵》，陈建民、谭志明：《语言与文化多学科研究——第三届社会语言学学术讨论会文集》，北京语言学院出版社 1993 年版，第 307 页。

③ 朱光潜：《朱光潜美学文集（第二卷）》，上海文艺出版社 1982 年版，第 188 页。

解决本问题的关键，不在于争论侧重于单向关系意义上的“文化修辞学”及其相对应的学科——“修辞文化学”到底应不应该存在及怎么存在，而在于讨论在修辞与文化的关系方面，假如有了专门从文化的角度来研究修辞的文化修辞学和从修辞的角度来研究文化的修辞文化学，是否这两个各有侧重的学科合在一起就能较好地涵盖修辞与文化间的互动关系？修辞与文化二者间这种互动交合、互为作用的统一关系，由哪个学科体现更为适切？如何在这两个分立的学科中合乎逻辑地体现出来？

在上述几种不同层次的文化修辞学及其相应的学科内涵理解中，有一个共同点：大家都认为文化修辞学是属于文化学与修辞学的边缘学科或交叉学科。而从目前边缘学科或交叉学科发展的一般走势上看，具有交互关系的研究内容通常只立为一个学科，已是不少相关方面的研究内容在建立相应的学科时的基本选择。我们不倾向于把文化修辞学分成从文化的角度来研究修辞的“文化修辞学”与从修辞的角度来研究文化的“修辞文化学”，而倾向于这两种学科合一意义上的文化修辞学，亦即文化修辞学的内涵应是研究文化与修辞的关系之学。尽管单就“从文化的角度来研究修辞”与“从修辞的角度来研究文化”这两部分中的每一部分本身来说，其单成学科与否本也无可厚非，但由于把本来就处于交互影响关系系统中的修辞与文化的关系，肢解为各自指向单一的两种不同的向度与不同的方面与部分，表面上看，似乎是两者合起来就等于总体上的修辞与文化的关系，其实不然。这样可能会把问题看得过于简单化了。如果这样处理的话，修辞与文化的共变关系要么就无所附着或不好附着与寄托，要么就只好人为地、生硬地附着于只侧重单向关系意义上的“文化修辞学”或“修辞文化学”。这在一定程度上，不仅可能会部分地造成只见树木、不见森林的结果，不合目前边缘学科或交叉学科发展的一般走势，而且不合乎目前系统科学发展的某些基本规律。系统科学的原理早就告诉我们：系统中的整体不等于各部分相加之和，系统中的整体力量要大于各部分之和。同时，边缘交叉学科作为原有的不同学科间的一种中间性质的存在，也具有不同于原有学科的自己的系统、规律与特点。合一的整体性研究，是对边缘交叉学科的这种中间性质的内在系统与规律的顺应。

三 文化修辞学的学科属性

目前学术界对“文化修辞学”学科属性的理解，主要存在两种不同的认识：一种观点认为，文化修辞学属于修辞学、语言学；另一种观点认为，文化修辞学可以属于文化语言学[①]。根据近几年笔者对本问题的一些思考，文化修辞学在学科属性上，不应是一门仅仅属于修辞学之类的单属性学科。文化修辞学的本身既然是一门边缘交叉学科，是一门以研究文化与修辞关系为旨趣的、介于文化学与修辞学之间的边缘交叉学科，它向上完全可以属于以研究文化与语言的关系为旨趣的、介于文化学与语言学之间的一种中间性质的边缘交叉学科——文化语言学。

语言研究本来就包括修辞的研究，以研究文化与语言的关系为旨趣的文化语言学，本来就包括文化与修辞关系的研究（即文化修辞学的研究）。而从目前许多边缘交叉学科的一般走向来看，许多边缘学科或交叉学科的发展，都曾经历过是侧重于单向关系分别单立学科还是不分单向关系学科而整体设立学科之争，最后大多都走向整体设立学科的道路。如社会语言学、文化语言学等一些学科，在历史发展的过程中，就曾部分地经历过由侧重单一指向的学科，走向注重交互关系的整体设立学科的过程。如社会语言学，就曾部分地经历了从“分支”说、“两属”说，到现在为学界许多人所普遍认可的、整体合一化的“边缘”说的发展过程，即由“社会+语言学”的认识，逐步走向了“（社会+语言）学”的认识[②]。学术界对“文化语言学”相关问题的理解与认识，大体上也部分地经历了类似的理解与认识过程。从这个意义上说，边缘交叉学科文化修辞学的学科属性，向上完全可以属于同类边缘交叉学科的文化语言学（再向上，它还可以属于应用语言学等）。这样的定位，既能在学理上较好地顺应文化修辞学与相关学科间的内在逻辑联系，顺应目前许多边

① 曹德和：《汉语文化修辞学论略（上）》，《江苏教育学院学报》（社会科学版）1997年第1期，第65—69页；于全有：《文化修辞学》，《沈阳师范大学学报》（社会科学版）2006年校庆专辑，第44页。

② 郭熙：《中国社会语言学》，南京大学出版社1999年版，第3—6页。

缘交叉学科在对相关问题处理上的一般趋向与走势，又非常适宜从整体上理解、把握修辞与文化之间交融互动的实际关系，并可将因把文化修辞学归入修辞学或文化学而可能导致割裂开来的“文化修辞学”与“修辞文化学”有机地结合到一起，以便更好地、更科学地对修辞与文化的关系作总体上的观照。

当然，作为一门独立的学科，文化修辞学不可能是文化学和修辞学的简单机械的结合，也不可能仅仅只是在修辞学的前面加上一个“文化”的标签而已。它应该拥有一个边缘交叉学科所必须具有的特定的内涵、特定的学科属性及特定的研究对象与旨归。

（原刊《语言文字应用》2011 年第 1 期）

文化修辞学的基本理念与发展现状*

雷会生：于教授，你好！我们注意到，近些年来，你在文化修辞学这一新学科的学科构建与建设方面进行了一系列的开拓性的研究，发表了许多相关方面的研究成果，引起了学术界的关注与思考。学术界的不少同人对这一新学科也很感兴趣。这里，你能否先谈一下你所认为的文化修辞学是什么？文化修辞学产生的背景是怎样的？它是一个什么性质的学科？

于全有：雷主编，你好！很高兴有机会能在此跟你一起来切磋、交流有关文化修辞学方面的一些问题。

文化修辞学是我这些年来一直在研究、探索的一个新学科，也是我近些年来在修辞学研究方面所着力探索的主要内容之一。我自1995年发表《修辞内涵的文化意蕴》一文开始，一直在进行相关方面的学术研究，并陆续发表了《文化修辞学的学科构建及其理论体系》《文化修辞学》《谐音与民俗文化》《对偶与汉文化关系研究综论》《谐音与汉文化关系研究综论》等文章。我认为，文化修辞学是以修辞与文化的关系作为专门研究对象的一门新兴的交叉学科。它的涌现，跟语言与文化关系研究热的大背景密切相关。自20世纪80年代后期以来，随着中国语言学研究越来越突破传统语言学的研究范式，逐步向边缘交叉学科挺进，语言与文化的关系的研究开始成为中国语言学研究的热点之一，出现了中国文化语言学研究热。随之而来的，是修辞与文化关系的研究开始越来越受到人们的重视，并逐渐地从语言与文化的关系的研究中，孕育、萌生并

---

* 本文是《辽东学院学报》主编雷会生跟笔者间的一次访谈录。

成长起来，出现了一批具有修辞学意义的相关方面的研究成果。随着研究的逐步深入，人们逐渐地开始认识到：修辞与文化的关系的研究，并不等同于语言与文化的关系的研究，它拥有自己独特的内涵。这样，在修辞学界已出现了一批相关方面的研究成果的情况下，建构以研究修辞与文化的关系为旨趣的文化修辞学学科的时机与条件已臻成熟。于是，修辞学界开始有了建构“文化修辞学”这一新学科的倡导与实践。应该说我本人是这其中的倡行者之一吧。但我所倡导的文化修辞学的内涵，跟学界有人所理解的文化修辞学的内涵并不完全相同。

文化修辞学是什么性质的一个学科呢？这首先牵涉我们对“文化修辞学”这一学科的内涵怎样去理解的问题。近年来，在对“文化修辞学”的内涵的理解上，学术界有两种不同意义的理解：一种观点认为，文化修辞学并不把揭示文化与修辞或修辞与文化的关系作为自己的研究目标，而只是作为深化修辞研究的一个途径；文化修辞学这一学科的落脚点应在修辞上，即“文化修辞学”是只从文化的角度来研究修辞的学科，它不研究因此而可能出现的、与之相应的另一个学科——从修辞的角度来研究文化的学科——“修辞文化学”；另一种观点认为，“文化修辞学”是研究文化与修辞二者关系的一门边缘交叉学科。这两种不同的意见，如果我们借助语言学中的层次分析法的表现理念对上述两种不同看法进行一下分析的话，前者对文化修辞学的理解就是“文化 + 修辞学”，而后者对文化修辞学的理解，则是“（文化 + 修辞）学”。我本人持后一种理解，认为“文化修辞学”就是研究修辞与文化的关系的一门学科。

这样，从文化修辞学的学科的性质上看，文化修辞学起码具有以下几个重要的特质：

1. 文化修辞学属于交叉学科。文化修辞学的研究对象主要是修辞和文化的关系。这种特定的研究对象，决定了它必然是一门既涉及修辞学，又涉及文化学的交叉学科。一方面，文化修辞学要从文化的视角去观照修辞，从修辞的视角去观照文化，本身不能不牵涉修辞学和文化学的交叉；另一方面，修辞和文化的共变关系的研究，同样也不能不牵涉这两个学科的交叉。正因为如此，文化修辞学无论是从其研究对象，还是从其所涉及的研究领域上看，都明显地具有了交叉学科的性质。

2. 文化修辞学就其修辞学意义上说，它属于解释性修辞学。文化修辞学主要是研究修辞和文化的关系的，它所侧重的，主要并不是表象上的修辞和文化关系的简单描写（尽管在某种程度上也需要这种研究），而是更侧重于开掘为什么会形成这种关系，开掘其外化的语言形态下的深层内蕴，深层的因果、通约关系。如汉语中存在着大量的对偶现象，文化修辞学对本问题的研究不是简单地去描写有关汉语中的这些对偶问题的表现形式，而更重要的是要在此基础上对对偶与汉民族文化的关系进行深入的分析与阐释：如对偶与汉民族思维方式、汉民族心理特征的关系等。因此，文化修辞学的研究旨趣不是简单地指出现象“是什么样”，而是要进一步说明现象“为什么是这样”。从这个意义上说，尽管文化修辞学在对某一具体的语言现象的阐释上，不能不牵涉对其实际状况的具体描写，但从其对某一具体的语言现象更主要地侧重于要作出为什么是这样的阐释上看，它更应属于解释性修辞学的范畴。

雷会生：那么，你认为文化修辞学的研究对象是什么？能否概要地谈一谈文化修辞学的研究对象主要涉及哪些观察问题、思考问题的视角与维度？

于全有：概括地说，文化修辞学的研究对象主要是修辞与文化的关系。这又可以分为从文化的角度来观照修辞、从修辞的角度来观照文化，以及研究修辞与文化的“共变”关系等三个观察、思考问题的视角与维度。

1. 从文化的角度来观照修辞。即是从文化对修辞的走向与特点的规约、影响与制衡上来研究修辞，来认识、把握、品评修辞。具体地说，我们可以从民族文化对修辞观念、修辞手段、修辞规律以及修辞活动等诸多修辞问题的规约、影响与制衡上来研究修辞的文化内涵。如修辞内涵的文化意蕴，修辞观念中所体现出来的文化精神及其对民族语言修辞的制约与影响，修辞现象的文化特质及影响，以及文化对修辞走向的规约、影响等。对这些问题的研究，既可以从传统的修辞学架构的板块模式来进行文化学意义上的观照与发掘，也可以从其他层次或角度进行异曲同工式的、或宏观或微观的观照与发掘。如我们既可以从说写者表达方面来研究修辞，也可以从听读者理解方面来研究修辞，还可以从修辞手段的特点等方面，来研究文化对修辞的影响和制约作用。比如说谐音，它是汉语言中广泛存在的一种修辞现象，我们既可以从文化的角度来研究谐音在汉文化中的产生、发展的内在原因，研究汉民族之“中庸”“和谐”的思维方式、含蓄内敛的民族性格、讲究对称的审美心态、趋吉避凶等民族心理以及汉语中同音字词、近音字词等对谐音的影响，也完全可以从表达的角度去研究谐音的文化内涵，从理解的角度去研究谐音的文化内涵等。

2. 从修辞的角度来观照文化。即是从修辞所反映出的文化内涵及民族语言修辞对民族认同、民族文化传承等各种功能上，来认识、把握、品评修辞的文化功能。大至修辞现象中的篇章语体，小至修辞现象中的具体的一句话语表述、一种语词的选用，都可以不同程度地从中发掘出不同视角、不同侧面与不同层次的文化韵味、文化旨趣、文化功能。如汉语中的比喻、对偶、析字、反切、回环、仿拟等辞格所体现出的汉民族文化韵味，汉人的一句问候语——“你吃了吗?”——所映现出的汉民族生活理念等，都是本方面研究的重要内容。仍以谐音与汉文化的关系为例，上面我们只说到谐音的产生有着深刻的汉文化成因等一面。但另一方面，谐音自产生以来，并不仅仅是被动地存在于汉民族语言文化之中的，而是伴随着其广泛的应用而对汉文化的相应的部分也产生了这样或那样的影响。例如：（1）谐音对汉语的发展和使用就产生了一定的作用和影响，这主要表现在以下几个方面：运用谐音创造新字新词，运用谐音创造典故、俗语、歇后语等，运用谐音产生特定的修辞效果等；（2）谐音对汉民族心理及民俗习惯的影响，如谐音对汉文化中的避讳、禁忌语、委婉语、客套话、口彩、黑话等的影响；（3）谐音对汉民族的思维取向的影响等。

3. 研究修辞与文化的“共变”关系。修辞从实质上看，就是在一定的语言运用实践中，言语运用的主体对语辞所作的一种适合具体的人文、社会文化环境的调适，它的发展变化与文化的发展变化应该是交相呼应的，相对协调的。也就是说，修辞与文化间拥有着比语言系统要素本身跟文化间更为直接、更为坦荡的共变关系。如修辞观念的演进与发展跟社会文化的演进与发展间的互动共变关系，总是发生于一定的文化语境中的人的言语行为与一定的社会文化间的互动共变关系，林林总总的一些具体的修辞现象与其相应的具体的文化背景间的互动共变关系等，都是与这方面的研究相关的重要内容。

雷会生：根据你的理解，文化修辞学研究的主要内容有哪些呢？

于全有：从我们传统修辞学惯常所及的一些内容——修辞的基本理论、修辞材料、修辞手段、修辞学发展史、修辞艺术等方面看，修辞理念与文化、修辞材料与文化、修辞手段与文化、修辞学发展与文化，以及修辞艺术与文化等，均在文化修辞学的研究范围之内，是文化修辞学要研究的重要内容。例如：

1. 修辞理念与文化。这部分内容主要是对修辞理念中所蕴含的文化精神或文化特质进行理论发掘与探讨，它是文化修辞学重要的基础理论研究之一。这一部分内容的研究，是从具有民族特色的、具体的修辞理念出发，来研究修辞理念跟文化的关系，研究修辞理念中所蕴含的文化精神、文化特质。如汉民族修辞观中的“修辞立其诚”与民族文化，“文质彬彬”与民族文化，“辞尚体要”与民族文化，修辞理论的演进与社会文化等，都是这方面要研究的重要内容。

2. 修辞材料与文化。这部分内容主要是对修辞材料中所蕴含的文化特质的面貌与规律进行发掘与探索，这是文化修辞学重要的基础性研究之一。由于修辞材料所涉及的内容包罗万象，相当广泛，其所内蕴的文化特质也相形迭现，异态纷呈，这在客观上质地规定了本内容的研究，是一片大有可为的广阔天地，是本学科研究中的一块肥田沃土。无论是从字、词、句、章等各种语言修辞材料上，还是从声气、语调等各种语言修辞材料上，还是从诸如见面语、问候语、介绍语、赞美语、批评语、委婉语等某一语用现象上，都可以对某一具体的修辞材料的文化特质进行具体的研究与挖掘。

3. 修辞手段与文化。这部分内容主要是对修辞手段中所蕴含的文化特质的状态与规律进行发掘与探讨，这是文化修辞学又一重要的基础性研究。这一部分内容的研究是针对具有民族风格、民族气派、民族特色的修辞手段的实际来研究修辞手段所独具的文化特质。如比喻与文化、对偶与文化、谐音与文化、析字与文化等，均是这方面要研究的重要内容。以比喻与文化为例，比喻是人类语言中不可或缺的一种古老而又使用广泛的修辞手段，它与一定的民族文化有着深层的内在联系。不同的民族有着不同的比喻方式，这与民族的生活环境、民族的思想观念、民族的思维方式、民族心理都有着深刻的内在联系。文化修辞学完全可以对此进行深入的探讨与研究，以发掘出相应的文化与修辞的特定关系。

雷会生：在你看来，文化修辞学有什么自己的、相应的研究方法吗？

于全有：我一向认为，一定的研究方法总是要服务于一定的研究内容的。文化修辞学自然也有服务于自己的研究内容的、相应的研究方法。我曾在自己的一篇相关的研究文章中提到：从文化修辞学可能触及的一些主要内容的层次上看，文化修辞学所要研究的主要内容及其相应的方法可归结为下述几大基本层面：

1. 基本材料与基本手段的面貌、规律归纳层面。这一层面的研究，主要是从文化修辞学的意义上，对具有民族语言文化特色的修辞基本材料与基本手段的基本面貌、基本规律，进行分析、比较、归纳、概括。对于这一部分内容的研究，从方法上看，主要使用归纳法、比较法来操作进行。

2. 基本面貌与基本规律的因由、源流揭示层面。这一层面的研究，主要是从文化修辞学的意义上，对已归纳概括出来的、具有民族语言文化特色的修辞现象的基本面貌、基本规律的渊源由来，进行与文化相联系的通观分析、梳理、认同，弄清楚彼此间的深层通约关系。对于这一部分内容的研究，从方法上看，在以归纳法、比较法为基石的基础上，主要使用认同法来操作进行。

3. 基本面貌与基本规律的镜像推演层面。这一层面的研究，主要是从文化修辞学的意义上，对已归纳概括出来的、具有民族语言文化特色的修辞现象的基本面貌、基本规律所映衬出的民族语言文化特质，作相关方面的镜像式推演，以便从中发掘出新的、具有理论意义的成果。对于这一部分内容的研究，从方法上看，主要使用镜像法与推演法来进行。

雷会生：通过你刚才的介绍，我对文化修辞学这一新学科的理解又加深了一步，也感到了它诱人的发展前景。下面你能否再择要谈谈目前我国文化修辞学研究的现实状况及需要注意的问题？

于全有：可以。你这个问题很大，不是一句两句话能谈清楚的。所以，这里正像你的问话所问的那样，我只能“择要”地谈一下本问题。

文化修辞学作为一门新兴的边缘交叉学科，从其兴起到现在，在其有限的发展时间里，得到了不少学者的关注与青睐。尽管在这一学科的创建上，系统地提出学科构建的理论框架及其方法论的学者不多，但还是出现了一批相关的思索成果。

首先，从对文化修辞学的学科构建的理论探索上看，近年来，学术界在文化修辞学的理论构建上，主要出现了以下三种不同层次与范畴的文化修辞学：

1. 汉语文化修辞学。这可以以曹德和为代表。曹德和在《汉语文化修辞学论略（上）》一文中认为，汉语文化修辞学是以汉文化学和汉语修辞学为基础而发展起来的新兴学科，具有跨学科和边缘学科的性质。在曹德和先生看来，汉语文化修辞学并不把揭示文化与修辞或修辞与文化的关系作为自己的目标，而只是作为深化修辞研究的途径——换句话说，汉语文化修辞学的旨趣是在修辞上。根据学科研究落脚点决定学科归属的原则，曹先生认为，汉语文化修辞学既不是文化学的分支，也不是独立的两栖学科，而是语言学和修辞学的一部分。它所关心的只是植根于汉文化土壤之上的带有汉文化色彩的修辞要素和修辞规律。

2. 中国文化修辞学。这可以以陈炯为代表。陈炯在其《中国文化修辞学》著述中指出，中国文化修辞学是一门探讨汉语修辞与中国文化关系的新的边缘学科。陈先生认为，我们一方面要研究汉语修辞在中国传统文化中的地位和作用，另一方面要研究中国文化对汉语修辞的制约和影响；文化修辞学介于文化学与修辞学之间，它既不研究修辞本身，也不研究文化本身，而是着眼于两者的关系及其相互影响；中国文化修辞学作为中国文化语言学的一个分支学科，属于解释语言学的范畴。

3. 文化修辞学。这是我在文章中所倡行的那种文化修辞学。我曾在《文化修辞学的学科构建及其理论体系》一文中，对文化修辞学的内涵作了这样的阐释：文化修辞学是以修辞与文化的关系作为专门研究对象的一门新兴的交叉学科；文化修辞学的研究对象概括地说，主要是研究修辞与文化的关系。

纵观以上三种不同层次的看法与认识，我们不难发现，目前学术界对“文化修辞学”内涵的看法所呈现出的这三种不同层次的认识与看法，其实不过都是与文化和修辞的关系相关的、互不矛盾的几种不同层次的文化修辞学。根据我的研究与理解，文化修辞学的内涵可以有广义与狭义之分：广义的文化修辞学指的是一般意义上的研究修辞与文化关系之学，其理论成果具有普遍性的意义；狭义的文化修辞学可指专门研究某一民族语言中的修辞与该民族文化之间的关系之学，在中国，它可以具体地指专门研究修辞与中国文化关系之学——中国文化修辞学，特别是可指专门研究修辞与汉文化关系之学——汉语文化修辞学。因此，从我上面提到的三种不同层次的文化修辞学的理解看，第一种层次的汉语文化修辞学是最狭义的文化修辞学，第三种层次的文化修辞学是广义的文化修辞学。我所主张的文化修辞学是广义的，在具体问题的研究上，可以涵容狭义的文化修辞学的内涵。

其次，从文化修辞学所要研究的主要内容上看，近年来，学术界对修辞与文化关系的研究，目前做得相对比较好的主要体现在以下两方面：一是从文化的角度研究文化对修辞的影响，二是从修辞的角度研究修辞对文化的影响。而在文化与修辞的共变关系的研究上，相比较而言，我们目前的研究还不够深入。

在这已有的研究成果中，目前的研究相对比较集中的，主要还是在关于具体的修辞材料与文化、修辞手段与文化的关系的研究上。如对偶与汉文化关系研究，自20世纪80年代以来，很多学者对此进行了探讨。较早的如严北溟的《论律诗对偶形式与辩证思维》[①]，随后又有很多学者从对偶与汉民族思维方式、对偶与汉民族审美意识、对偶与汉民族心理及对偶与汉语本身特点等几个方面，较为深入地挖掘了对偶这一具有汉民族文化特色的修辞手段与汉文化的内在联系。我在《对偶与汉文化关系研究综论》一文中，曾对此作了较为全面的总结，指出了相关研究中还存在的一些问题，如关于对偶对汉文化的影响问题的研究还显得比较薄弱等问题。又如谐音与汉文化间关系的研究也是文化修辞学界近年对之阐释较多的一个问题。这些研究成果，主要体现在汉文化对谐音的影响研究、谐音对汉文化的影响研究这样两大方面上。其中，汉文化对谐音的影响研究，学术界主要从汉民族思维方式与谐音、汉民族心理与谐音及汉语本身特点与谐音等几方面进行了阐释；关于谐音对汉文化的影响研究，学术界主要是从谐音对语言发展和使用的影响、谐音对汉民族心理及民俗习惯等方面的影响等方面进行了阐释。关于这一方面的研究情况，我曾在《谐音与汉文化关系研究综论》一文中，对此也作过较为

---

① 该文题中的“思维”，原文为“思惟”，这里按现在一般规范改为“思维”。下同。

全面的总结。

总之，在我看来，文化修辞学作为一门新兴的交叉学科，有着十分广阔的、诱人的发展前景。对它的研究，尽管目前学术界已取得了一定的研究成果，包括我和本课题组的同人们近些年来在本方面的研究上所进行的一些有益的探索与努力。但从总体上看，文化修辞学的研究还处于起步发展阶段。文化修辞学还有许多研究领域，等待着我们去作更深入的开掘和探索。

（原刊《辽东学院学报》社会科学版 2007 年第 6 期，第一作者）

一种颇为惹人注目的仿名命名倾向*

所谓的“仿名命名”，指的是仿拟名人、名事物（包括时尚流行物）的名字来命名的状况①。

近年来，在我们的社会生活中，悄然兴起了一种以商品命名及作品用名领域为代表的、以追仿名人名事物的用名为特征的、颇为惹人注目的仿名命名倾向。诸如某猪饲料命名为“猪食茂”（仿著名艺人朱时茂名字的音）、某治咽喉药命名为“沙保亮”（仿著名艺人沙宝亮名字的音）、某书名命名为《谁动了我的肉包子》（仿名作《谁动了我的奶酪》）等，引起了相关人士及社会公众的议论与关注。

一　仿名命名的常见类型

作为仿拟的一种特殊类型，仿名命名的惯常状况，可以分为仿音和仿形两种常见的类型。

---

* 本文初稿发表于《修辞学习》2006 年第 1 期。本文发表后，《北京日报》《北京晨报》《广州日报》《半岛晨报》《京江晚报》《生活报》等报刊及搜狐网、新浪网、人民网等多家媒体对本文进行了转摘。

① 这里所讨论的“仿名命名”，主要指的是仿拟者出于某种目的与需要，主观上有意仿拟出来的“仿名命名”。出于论述上的严密性起见，这里需要说明的是，文中所举的“仿名命名”用例，极个别情况或也可能本出自主观上无意仿拟，但客观上却导致其效果与主观上有意仿拟的效果类同。

1. 仿音

A 类：

[1] 泻停封（一种止泻药名，仿著名艺人谢霆锋名字的音）

[2] 催永圆（一种猪饲料名，仿著名主持人崔永元名字的音）

[3] 王小鸭（一种羽绒服名，仿著名主持人王小丫名字的音）

[4] 犯痔易（一种治痔疮药名，仿名球员范志毅名字的音）

[5] 张一摩（一种化妆品名，仿著名导演张艺谋名字的音）

[6] 心弃疾（一种治心脏病药名，仿历史名人辛弃疾名字的音）①

[7] 广州市一对年仅一岁的双胞胎，父亲给他们取的名字一个叫“钟共”，一个叫“钟央”。据了解，孩子们的爸爸还被同事们戏称为“钟共钟央他爸”。(仿“中共中央”的音)②

[8] 无照理发店创新取名“最高发院” 老板称够震撼。(仿“最高［人民］法院”的音)③

B 类：

[9] 黑五类（一种瓜子名，仿以往的历史运动中常用词语的音）

[10] 酒鬼（一种酒名，仿民俗语言中常用语汇的音）

其中，A 类仿音命名只是单纯仿拟语音命名，所表达的意义大多与所仿原词语音所表达的常见意义无关；B 类仿音命名则在仿拟语音的同时，所表达的意义往往是取与所仿原词语之音所表达的真正意义相对的字面意义。

---

① 仿音中的例［1］至例［6］，可参阅《商标猛揩名人“油”》，《长春晚报》2004 年 5 月 26 日第 17 版。

② 袁丁：《双胞胎兄弟取名“钟共”“钟央”》，http：//news. sina. com. cn/c/2005 – 03 – 27/12555476986s. shtml，2005 年 3 月 30 日。

③ 杨传忠、戴伟、蔡明亮等：《无照理发店创新取名“最高发院”老板称够震撼》，http：//news. shm. com. cn/2005 – 03/25/content_ 725227. htm，2005 年 3 月 29 日。

2. 仿形

［1］《看上去很丑》（一本书名，仿流行名作《看上去很美》的构形）

［2］《黑镜头》（一本书名，仿流行名作《红镜头》的构形）

［3］《天不亮就说分手》（一本书名，仿流行名作《天亮以后说分手》的构形）

［4］《单身隐私》/《情人隐私》（一本书名，仿流行名作《绝对隐私》的构形）

［5］全庸（一个小说作者名，仿著名武侠小说家金庸名字的构形）

［6］赵本水（一个艺人名，仿著名艺人赵本山名字的构形）

［7］非棠可乐（一种饮料名，仿名饮料“非常可乐”名字的构形）

仿形这类命名情况目前很常见，尤其是在某类商品或人事物正走俏、走红之际，这种仿拟或仿造往往就如影随形般地追逐而来了。

从理论上说，作为仿拟辞格中的一个类别，仿名命名应该说自有其衍生的内在逻辑，在修辞方式上也并不是一种什么特殊的新模式。然而，由于被它所仿拟的对象的特殊性——往往都是在社会公众中具有良好的形象、良好的影响、良好的魅力与感召力的人或事物，以及所仿之名所代表的事物在某种程度上可能对被仿对象造成的某些潜在的影响，它的格外惹人注目的不断出现，自然引起了相关人士及社会公众的议论与关注。

二　仿名命名的社会心理修辞学分析

从仿名命名出现的社会心理来看，追仿名人、名事物的名字的音或形来给自己的产品或作品等命名，仿用者之所以如此修辞，无非是希望以此来借助名人或名事物的名字在社会上已有的知名度及已经形成的社会影响，来巧借名声，搭船出海，以便迅速扩大自己的知名度，更方便、快捷地把自己的品牌推向社会，推向公众，取得事半功倍的理想效果。由于名人、名事物的名字本身在社会上已经形成的名望、知名度与感召力在社会公众心目中的潜在影响，这种仿名命名的产品或作品等一时间在某种程度上确实能够引起相当一批社会公众的注意和好奇，并可能在一定程度上起到迅速吸引公众眼球、产生某种轰动效应等传播效果，以及最终收到可能因此而带来的可观的经济效果。这也正是眼下追逐仿名命名者的动力所在，甜头所在。从这个意义上说，仿名命名自有其衍生的社会心理修辞因素、修辞逻辑与生长的土壤。假如不对相关的人或事物产生不利的负面影响，仿名命名的拥有者所追求的效果、效应与效益，应该说，也并不是不可能的。

任何事物的存在都有其两面性。从仿名命名的实际社会传播效果上看，尽管仿名命名可能有其良好的传播效果及良好的经济效果的一面，但由于仿名命名中所仿之名，通常都是有较高的知名度与较大社会影响力与感召力的名人、名事物的名字，因而它又可能会在另一方面造成令人啼笑皆非或滑稽可笑乃至愤懑厌恶等哗众却未必能取宠的情况发生。对其产生疑虑与忧惑，也在所难免。这是因为：

第一，尽管我国现行的有关法律法规对商标注册有相应的法律规定，但对上文提到的诸如作为商标注册使用的“猪食茂”“犯痔易”等仿名命名现象，虽然它们只要通过商标局的审核并成功注册，就已得到法律的认可并产生相应的法律效力，但这必须得以实际上不能因此给有关当事人带来不利的负面影响为前提。而部分不容忽视的实际情况是：一些类似的商标已经激起了一部分有关当事人及部分社会公众的厌恶与反感，部分当事人还因此诉诸法律。只不过是像商家这种利用名人的名字来作商标而可能给有关当事人带来的一些不利的影响在司法处理上，似乎还让人觉得有些不怎么好鉴定罢了。

第二，我国现行的有关法律法规对公民的姓名权也有相应的法律规定，但对上文提到的、因仿“中共中央”而来的“钟共”“钟央”而闹出的“钟共钟央（中共中央）他爸”之类的笑谈，是不是在某种程度上也会让广大社会公众对这种仿名命名产生一种不甚严肃的反感?

第三，许多名人、名事物的名字的知名度，都是相关方面的当事人经过相当的努力和汗水换来的，许多当事人及相关人员都对之珍惜有加。

像“犯痔易”“全庸”“《谁动了我的肉包子》”等一类不管与之相关人员的内心感受，硬贴硬搭以满足自己目的的做法，被追搭揩油的当事人是不是也可能在某种程度上对这类仿名命名产生一种厌恶与反感呢？这种有可能因此带来的负面效应，是我们在品评、判断仿名命名的效果、效应、效能及规范度时，也不能不联系起来作综合考虑的因素。

从上述意义上说，对仿名命名的使用我们倾向于要慎重。

修辞以是否得体作为考量其效果优劣高下的终极尺度，它牵涉方方面面的层次与角度。我们在没有对某一仿名命名修辞现象作出包括法律层面在内的、全面的、认真细致的综合考量之前，不宜轻率地、不加分析地就对一种修辞现象的规范作出非此即彼的简单化的处理。它也同样需要慎重。

（原刊《修辞学习》2006 年第 1 期）

校园流行隐语技法阐微

和社会上流行的其他方面的隐语比较而言，作为时代的骄子的大学生们，其所创造的校园流行隐语不仅新潮、前卫，具有强烈的时代感与文化层次感，而且幽默、智慧，具有诡谲而不失情趣、斑斓而不失自我的特质。尤其是跟当今大学生们的知识水平相呼应的是，这些校园流行隐语不仅跟大学生所掌握的时代科技知识如影随形，息息相通，而且其中隐含有既浑然天成又令人击案叫绝的、丰富多彩的各种修辞技法。这里，仅就笔者自身所耳闻目睹的一些事例，对大学生校园流行隐语中的修辞技法，试作一粗浅的分析与探索（一语若同时蕴含有多种修辞手法时，只归入其中的一种中）。

（一）比喻式。如“这人，整个儿一个286”（“286”本是电脑中的一个相对运行速度比较缓慢的机型，这里用它来喻指人的行动迟缓）；“他呀，内存不够”（“内存”本是表示电脑内部存储信息的容量，这里用它来喻指人的知识量、知识水平）；“唉！怎么也想不出来了，死机了”（“死机”本是表示电脑程序运行中止，无法继续往下进行。这里用它来喻指正在做的某事因本人思维障碍等原因，无法继续往下进行）；“吃他的！咱们今天打土豪了”（“打土豪”本是新中国成立前所使用的一个短语，含有杀富济贫之意。这里用它来喻指让得到钱的同学请客）；“他们俩呀，本来就是一个垃圾股，一个绩优股，勉强凑合到一块儿，难免不崩盘的”（“垃圾股”“绩优股”“崩盘”本都是经济学中的一些术语，分别指没有前途的股票、前景光明的股票、股市行情暴跌。这里用它们分别喻指非优秀的人物或没人爱的人、优秀人物或可爱的人、分手）。其他诸如“二饼”（本是麻将牌名，这里喻指眼镜）、“上梃”（本是打麻将时差一张牌就要和了，这里喻指学生若再有一科考试不及格，就要拿不到学位了）、“和了”（本是打麻将或斗纸牌时某一家的牌合乎规定的要求，取得胜利。这里喻指考试不及格的科目已达到拿不到学位的数目）、“葛朗台”（本是小说中的一个贪婪人物，这里喻指人太抠，太小气）、“花间派”（本是文学上的一个派别，这里喻指对异性泛爱不专的男生）、“笨鹅”（喻指比较笨拙但又比较可爱的女生）、“孔雀开屏”（喻指自作多情）、“黄昏恋”（喻指快要毕业时谈恋爱。也有的用此词语谐指黄昏时锻炼身体）、“名捕”（喻指对考试中打小抄儿的学生毫不留情地抓住处理的监考老师，或对学生成绩给分较严、对不及格的学生毫不徇情、坚持原则的老师）等。

（二）双关式。如“他呀，奔驰250”（“奔驰250”本是一种车的型号，这里谐指笨、痴、二百五）；“瞧你，多媒体”（“多媒体”本为电脑术语，这里谐指多没体面）。其他诸如“太监”（谐指太奸诈）、“三味书屋”（“味”在这里指气味，“三味书屋”指充满各种难闻气味的男生宿舍）、“$\sqrt{2}$”（“$\sqrt{2}$” =1.414，义即“意思意思”。个别的也有用“根号2”来谐指“个儿矮”）、“可怜”（谐指可恋）、“-7”（谐指“夫妻”，大学生中此语往往多指一对恋人）、“早恋”（指早上锻炼身体）、“大喜之日”（“喜”谐指清洗的“洗”，“大喜之日”义即“大洗之日”）、“奋发图强”（谐指“粉发涂强”，义即涂脂抹粉），“特困生”（“困”谐指“睏”，“特困生”义即上课时特别爱困、爱睡觉的学生）、“王豆腐”（美好，英语 wonderful 音译）等。

（三）仿拟式。如“卧谈会”（仿“座谈会”，指躺在床上聊天）、“晒月亮”（仿“晒太阳”，指月光下谈恋爱）等。这类仿拟隐语，也有较为特殊一些的仿章形式，如“酒醉不知归路，误入校园深处。呕吐，呕吐，惊起鸳鸯无数”（仿李清照词，嘲讽某些屠戮光阴的大学生）；“春花秋月何时了，往事知多少。教室昨夜又用功，考试不堪回首课堂中”（仿李煜词，倾诉考试之紧张生活）等。

（四）别解式。如“冒号”（指冒充病号）、“早睡”（指早上已经上课了，还在宿舍里睡觉）、“迷信”（指盼望着来信）等。

（五）反语式。如“可爱”（指可惜没有爱）、“偶像”（指令人呕吐的对象）、“好彩”（指好出风头）、“好白”（指好白痴）、“天才”（指天生的蠢材）、“神童”（指神经病者。“童”在此指的是大学生）等。

（六）析字式。如“竹本一郎”（“竹本”是“笨”字的拆解，“竹本一郎”义即“笨蛋一个”）、“自大了一点儿”（义即“臭”，“自”“大”“点儿”是“臭”字的拆解）、“马叉虫”（义即“骚”，“马”“叉”“虫”是“骚”字的拆解）等。

大学生校园流行隐语中除了使用上述种种修辞技法，还另有夸张式（如“晕倒”，夸指接受不了对方的观点呈惊诧状）、借代式（如“n 爽”，用数学上表示多的“n”来代指多）、异称式（如“班头儿”指班长）等众多修辞手法，林林总总，不一而足，充分显示了大学生校园流行隐语多彩多姿的艺术特色。

（原刊《修辞学习》1999 年第 6 期）

关于双关问题的几点意见

——兼答徐杲同志

《修辞学习》1999 年第 6 期发表了笔者的《校园流行隐语技法阐微》一文（以下简称“拙文”）后，徐杲同志在《修辞学习》2000 年第 5 期、第 6 期合刊上发表了题为《这些“校园流行隐语”是“双关”吗？——与于全有先生商榷》的文章（以下简称“徐文”），对拙文中提出的用车的型号“奔驰 250”谐指“笨、痴、二百五”、用电脑术语“多媒体”谐指“多没体面”等双关形式的隐语，提出商榷意见，认为应归入别解类辞格中。应该说，学术上的不同意见的论争，对于促进学术研究的进步，是一件好事。作为当事人，对于不同的意见应该有宽宏大量的学术风度，有些非关宏旨的事，不一定非要出来锱铢必较。因为徐文在文题中是摆明要跟我商榷的，我已没有淡然处之的余地，却之不恭，于是只好忙里偷闲，在此简述一下我对双关的认识及对徐文中所涉及的一些问题的看法。

在我看来，徐文中的说法至少在下述几个方面存在着明显的缺陷与不足：

一　徐文对双关的实质，在理性认识上有误

我同意徐文对陈望道先生的“双关”定义——“一个语词同时关顾着两种不同事物”（《修辞学发凡》）及张弓先生的“双关”定义——“利用词语‘音’、‘义’的条件，构成双重的意义”（《现代汉语修辞学》）的引证，也同意徐文对“双关的特征是一个语词关顾两种事物，具

有双重意义”的基本认定，但这并不等于说，仅了解、知道了这些，就一定能把握住了双关的全部，也不等于说，缺乏对这些概念内涵的深层理解，也一定能准确地把握住双关的实质。

要想更好地把握住双关，起码还有三个基本问题必须明确：

第一，双关所涉及的两层意思（有时可能涉及两层以上的意思），尽管可以概要地将其称为是一表一里、一宾一主的关系[①]，但这两层意思却并不是处于同等地位、同为真实意义上的并立，而是“言在此而意在彼”[②]，是“一真一假”的关系[③]。双关“说的是一回事，本意却是另一回事”[④]，它“侧重在句子的情境意义，即指它在特定语言环境下所形成的‘言外之意’‘弦外之音’”[⑤]。

第二，双关所涉及的两层意思间，尽管可以有某种相关性的联系，却没有必然的联系。郑远汉先生曾明确指出：“双关要关涉两项，说的是一回事，本意却是另一回事，二者在意义上没有必然联系。”[⑥] 吴士文、冯凭主编的《修辞语法学》在讲到双关中的谐音双关部分时，也指出它的表里两层意思之间“在词义上没有联系”[⑦]。

第三，双关所涉及的双重意思，从构成上看，其固然可以利用多义的语言材料来形成多义的话语以构成双关，但也完全可以利用表面上单义的语言材料在某种情况下也可能形成的多义话语来构成双关，传递多种多样的信息。这正如王希杰先生所指出的那样：“‘意义’本身是复杂的多层次的多种多样的！语言的意义只不过是多种多样的意义中的一个大类罢了，非语言的意义不仅存在着，而且也是多种多样的。”[⑧] 按照王希杰先生的解释，这些非语言的意义最主要的有内容义、文化义、情景义、深层义、潜层义、联想义、感情义、风格义等几种，“任何一种非语

---

① 谭永祥：《汉语修辞美学》，北京语言学院出版社 1992 年版，第 426 页。

② 黄伯荣、廖序东：《现代汉语（下册）》（增订版），高等教育出版社 1991 年版，第 264 页；张炼强：《修辞理据探索》，首都师范大学出版社 1994 年版，第 300 页。

③ 王希杰：《修辞学通论》，南京大学出版社 1996 年版，第 444 页。

④ 郑远汉：《辞格辨异》，湖北教育出版社 1985 年版，第 73 页。

⑤ 史尘封：《汉语古今修辞格通编》，天津古籍出版社 1995 年版，第 384 页。

⑥ 郑远汉：《辞格辨异》，湖北教育出版社 1985 年版，第 73 页。

⑦ 吴士文、冯凭：《修辞语法学》，吉林教育出版社 1985 年版，第 48 页。

⑧ 王希杰：《修辞学新论》，北京语言学院出版社 1993 年版，第 158 页。

言的含义都可能用来作为构成双关语的基础"[①]。正是由于有非语言的意义的存在，"语言的多义语言材料变得更加多义，单义的语言材料也变得多义了"[②]。这不仅使"双关语的基础更牢固了，活动的领域更广阔了，可能存在的形式也就更加多种多样了"[③]，更重要的是，这种思想认识等于告诉我们，双关的双重意义，其构成的形式与层面是多种多样的，多义的和单义的语言材料都可以在某种情况下构成双关。比如，一个看似单义的词语，我们在运用时，就完全可以利用联想义（含从声音和意义两方面可能引起的联想义）来构成一个双关。王希杰先生曾就此举例说，"英模"一词就可以根据特定的表达需要，在具体的语境中通过声音引起"阴谋"等联想义而形成双关[④]。而这两层意思间是不必有必然的联系的。

从上述有关双关本质的阐释中，我们可以看到，拙文所提出的校园流行隐语（当然是要出现于一定的语境中。拙文为了节约篇幅，引例没有连同其能出现的语言环境一同引出），当将它们置入具体语境中的时候，用车的型号"奔驰 250"这个表面上虚假的、"不合作"的信息通过声音引起的联想义来谐指"笨、痴、二百五"这个真实的含义，用电脑术语"多媒体"这个表面上虚假的、"不合作"的信息通过声音引起的联想义来谐指"多没体（面）"等用例，完全符合双关的上述本质内涵。即拙文所举的用例，完全都可以根据表达的需要，在具体的语境中构成双关（至于它们除能形成双关外，还可能随着语境的变化另构成别的什么辞格，那当然还可以归入别的辞格类中，但那已是另外一回事。关于这一点，拙文在归类之初事先已有明确的说明：只归入其中的一种中）。

由于徐文在上述有关双关本质问题认识上的偏差与失误，于是便导致了徐文对拙文提出的用车的型号"奔驰 250"来谐指"笨、痴、二百五"、用电脑术语"多媒体"来谐指"多没体（面）"、用历史词"太监"来谐指"太奸诈"等能构成双关的用例，发生了"根据'双关'的特征"，"只能作如下猜测"式的另类"别解"："'奔驰 250'是说某个拥有

---

① 王希杰：《修辞学新论》，北京语言学院出版社 1993 年版，第 158 页。
② 王希杰：《修辞学新论》，北京语言学院出版社 1993 年版，第 158 页。
③ 王希杰：《修辞学新论》，北京语言学院出版社 1993 年版，第 158 页。
④ 王希杰：《修辞学新论》，北京语言学院出版社 1993 年版，第 162 页。

‘奔驰250’汽车的学生‘笨、痴、二百五’，‘多媒体’是说某个搞‘多媒体’的人‘多没体面’，‘太监’是说某个与‘宦官’沾亲搭故的人‘太奸诈’……”也真难为了徐同志这样想得出！双关的一真一假的表里两层意义间，本来就没有必然的联系，徐同志不了解这一点，硬是在文中如此强行“猜测”双关，并据此根本不合双关原理的猜测来否定它们能构成双关，这怎么能不闹笑话呢？又怎么能以此服人呢？倘若按徐文对双关的理解认识与推断逻辑，徐文中所举的唯一一个双关的例子——“我失骄杨君失柳，杨柳轻飏直上重霄九”（毛泽东《蝶恋花·答李淑一》）中的“杨柳”双关，岂不也成了“拥有杨花柳絮/搞杨花柳絮/与杨花柳絮沾亲搭故……的杨开慧和柳直荀烈士”了吗？可是，这里的“杨花柳絮”和“杨开慧、柳直荀烈士”间有这种必然的从属关系吗？这种推理徐同志能同意吗？大家能同意吗？然而，徐文在怀疑并认定拙文所举例子不能构成双关时，却正是先用这种不合双关原理的、错误的“猜测”的方式来推测、推导的！这也就可以理解了：当顺着这种思路来猜测的徐同志，碰到了拙文中的“-7”（谐指夫妻）等用例难以再如此这般地“猜测”下去时，为什么会发出“笔者实在是想不出什么‘特例’了，只能理解其为‘单关’”，并进而断定这些用法是别解的缘由了。

同时，徐同志由于不明白任何一种语言和非语言的含义都可以用来作为构成双关的基础，尤其不明白一个看似单义的词语，也完全可以通过声音和意义两方面可能引起的联想义等来构成双关的原理，也是造成其对拙文所举双关例证产生“均不可能关顾两种事物，均不会具有双重意义”等判断失误的一个重要原因。其实，除了拙文所举的“奔驰250”谐指“笨、痴、二百五”等若干可以通过联想义来构成双关的新例徐同志可能感到有些面生，像与拙文中的“王豆腐”之类多少有些似曾相识的旧的双关用例——“享豆腐”① 等，早已跟世人打过照面的。用“王豆腐”谐指“wonderful”（美好），这种谐音双关的构成当然是“既不关顾‘王姓之人’，又不关顾‘豆腐’”啦，它是通过“王豆腐”这个反映虚假信息的词语的声音来引起联想义“wonderful”（美好）这个真实意义而形成谐音双关的。拙文中的“三味书屋”，也完全可以在具体的语境中

① “腐”谐指“福”。见程希岚《修辞学新编》，吉林人民出版社1984年版，第342页。

构成另一类的双关——“别义双关”[①]。

二 徐文的其他不足

除上述内容外，徐文在行文的过程中，还暴露出了不少其他方面的不足：

1. 徐文对“别解”的本质特性理解把握有误。别解的一个很重要的特点，是它具有临时性的特征。谭永祥在其《修辞新格》（福建教育出版社1983年10月版）、《汉语修辞美学》（北京语言学院出版社1992年12月版）两部著作中，都说别解是“运用词汇、语法或修辞等手段，临时赋予一个词语以原来不曾有的新义”，史尘封在其《汉语古今修辞格通编》中也说别解是“在特定的语言环境里，有的词语临时被赋予了新义”[②]。徐文所引的倪宝元先生对别解的解释——“有意对词语作歪曲的解释或者临时赋予一个词语以原来不曾有的新义的一种辞格”（《大学修辞》）中，也均都强调别解具有这种临时性的特征。而徐文在论证拙文所举例是别解时则说：“《阐微》所举的上述词语……其‘新义’……已……由交际时还用‘别解’的临时义逐渐转化成了固定义。”用这来论证别解，这就谬之不然了。关于拙文所举之例怎样才能构成别解，限于篇幅，笔者不拟在此讨论，这里只想说明的是，别解通常都具有临时性的特征，它通常只是“在特定的语言环境偶尔用一下，有如昙花一现”[③]；别解中“解”的意义从理论上说，都是对原词语的一种临时性另类解释，并不存在已“成了固定义”的问题。若已成为固定义，则说明这种修辞现象已转化为词汇现象了。并且，如果“解”出来的“新义”已“成了固定义”的话，那它的性质就发生变化了，这就不是别解辞格的特征了。徐文的上述为其别解辞格观辩护的论述，恰恰为其所证提供了一个自相矛盾的强有力的反证。

2. 徐文在立论基础上，忽略了拙文谈问题的基点和前提。我们知道，

① 谭永祥：《汉语修辞美学》，北京语言学院出版社1992年版，第430—432页。

② 史尘封：《汉语古今修辞格通编》，天津古籍出版社1995年版，第215页。

③ 谭永祥：《汉语修辞美学》，北京语言学院出版社1992年版，第113页。

事物都是可以随着一定的时空条件的变化而发生相应的变化的。语言中的词语也是这样，在这种语境下，它可能会显现出甲类特征，在另一种语境下，它就可能会显现出乙类特征，这已是基本常识。由于具体语言现象的纷繁复杂，我的这篇小文又要考虑到刊物篇幅的限制，故拙文举例时尽可能避免大段引用，引例没有连同其能出现的大段语言环境一同引出，而只列了关键词语。为了避免这些用例在不同的语境下还可能形成不同的辞格给归类带来纠缠与麻烦，拙文在将这些用例归为某一类前，特地在文章的前面加了一个前提性的说明，对一个词语同时还可能会在不同情况下构成不同的辞格的状况在归类上限制为“只归入其中的一种中”。至于说这些词语还会在具体的语境中构成其他什么辞格，前文已说过，那又是一回事。徐文由于离开了此前提来看问题，所以导致徐文不仅一开始就脱离了拙文所述的前提条件，造成徐文所述跟拙文所述在基点和视角上产生错位，貌合神离，而且这也是导致徐文出现以一种观点或倾向来代替另一种观点或倾向的一个重要原因。

3. 徐文中的另外一个重要不足是：凭不合实际的“猜测”或“恐怕”之类的推测来想当然地进行学术论证。如徐文在对拙文所列的双关在错误地进行了诸如“‘王豆腐’是说某个‘家里卖豆腐的姓王的人’”等之类本不存在的必然联系式的“猜测”后，便武断地下结论说，拙文所述的这些双关用法所需要出现的“特定的交际语境在大学校园里或是绝无仅有的，或是根本没有的”，“恐怕在一个班级里‘流行’也大打折扣吧！”学术研究是要讲究学术道德的，学术研究中的无中生有以迁就理论的状况，历来为真正的学人所不齿。拙文引例是我近些年在教学实践中收集、积累起来的例子（包括求其他高校同行朋友帮助调查在校学生得来的部分例子和一部分国内公开发行的刊物上刊载的例子。我目前还保存有部分兄弟高校同人帮助我调查的原始底件）。我想，任何一个真正的学人、有良知的学人，应该还不至于为了一个并未有什么惊人之举的千八百字的小文而去做为学人所不齿的事情吧！如果说，隐语毕竟是属于流行于某一区域或阶层的东西，流行面相对较窄，不广为人知，因而徐同志对这当中的诸多状况有所不知，这当在尚属可以理解之列；如果是属于自己对某方面的情况不甚了解，却又要在严肃的学术讨论中以自己的想象，去作出种种不负责任的“猜测”，应该说，这不应该是一个真正的学人所应有的为学风范与风格。看来，中国修辞学的入门话题——“修辞立其诚”之理念、老一辈语言学家赵元任先生当年遗下的“言有易，言无难”之箴言，而今仍有耐人寻味之处。

（原刊《辽宁师专学报》社会科学版2003年第5期）

试论一种新的修辞方法——顺逆

引言

所谓的顺逆，指的是在言语交际中，一方有意借另一方话语的某一表面内容与意思顺势而下，另衍生出别具他意、表顺实悖的语句，返回去回应对方的这样一种语言表述方法。这当中的“顺”，是顺着、顺势、顺推的意思，“逆”是逆义、逆返的意思。例如：

[1] 一老汉牵着一头驴进城，意外与一无赖相遇。

无赖面向老汉问曰：“吃饭了吗？”

老汉对曰：“吃过了！”

无赖嬉笑着说：“我没问你，我问驴呢！”

老汉随即踢了驴两脚，对驴正色道：“你这蠢驴，你城里有亲戚，怎么也不事先跟我说一声呢？”①

[2] 一个富翁跟一个贫穷的农夫无意中坐到了一起。

富翁轻蔑地对农夫说：“瞧你那熊样，跟一头蠢驴能差多远？”

农夫立即站了起来，张开手量了一下自己跟富翁间的距离，说：“差一尺远。”

[3] 甲：我明白了，他（指下文中的乙——笔者注）肯定咬过狗！

---

① 本文中的用例多选自比较流行的一些有关言语交际机智、幽默的故事中。有的同一个故事，流传的版本略有不同。

乙：嗯，我咬过你！

例［1］中，无赖对老汉的带有戏弄意味之言“我问驴呢”，与老汉指桑骂槐地回应之语“你这蠢驴，你城里有亲戚，怎么也不事先跟我说一声呢”构成了顺逆：顺着无赖的“我问驴呢”的这一思路，老汉顺势而下，另衍生出既然有人问候你驴，那么这个人就是你驴的亲戚，你这头蠢驴怎么事先不告诉我一声你有这样的（驴）亲戚呢？暗含着无赖是驴的同类之意，而返回去回应了无赖对自己的戏弄。例［2］中，富翁的轻蔑之言“瞧你那熊样，跟一头蠢驴能差多远”与农夫立即起身量过两人间距离后的答话“差一尺远”构成了顺逆：顺着富翁的“瞧你那熊样，跟一头蠢驴能差多远”的这种“差多远”的思路，农夫顺势而下，另衍生出我和你（蠢驴）“差一尺远”，暗含着你是蠢驴之意，返回去回应了富翁对自己的轻蔑。例［3］中，甲对乙的断言“他肯定咬过狗”，与乙的回应之言“嗯，我咬过你”构成了顺逆：顺着甲的“他肯定咬过狗”这一思路，乙顺势肯定性回答说“嗯，我咬过你”，暗含着甲是狗之义，从而返回去回应了甲对自己的轻蔑。这种语言运用方式，就是我们这里所说的顺逆修辞手法。

一　顺逆的结构模式及常见类型

顺逆的基本结构模式是由“甲方话＋乙方顺着逆回的话”这样两部分构造而成。这又可以细分为直顺逆、曲顺逆两种常见的基本类型。

（一）直顺逆

直顺逆就是一方直接顺着对方话语的表层内容与意思，衍生出别具他意的语句返回去回应对方，中间不经过与对方的其他言语诱导转换。例如：

［4］一个年轻人曾给大仲马去了一封信，希望二人能够合作写本书。

没想到，等来的大仲马的回复是：“先生：你怎么如此胆大包天，竟然想把一匹高贵的马和一头卑贱的驴子套在一辆车上呢？”

年轻人随后回复道：“仲马先生：您怎么如此胆大包天，竟然把我比作马！”

据说大仲马接到此回复后，很高兴地接受了这个年轻人的提议。

［5］据说，当年来中国访问的基辛格曾笑着问周恩来总理：“你们中国人走路怎么总是弯着腰？你看我们美国人，腰挺得多么直！”

周恩来朗朗地笑着说：“你们是下山，走下坡路；我们是上山，走上坡路。”

［6］早年电脑刚开始普及那些年，不少人都在用五笔输入法练习打字，打字速度快的人很让人艳羡。

小文与小隋同在一个办公室工作。小隋的五笔打字操作已达到了不用看键盘来盲打的熟练程度，而小文的相关电脑打字操作还处于一步一看键盘、由一指禅向二指禅过渡的生疏状态。有一次，小文在办公室听了半上午小隋流畅的电脑击键声后，忍不住竖起大拇指对小隋说：“真厉害，完全能够盲打了！”

小隋随即一笑，回应小文说：“没办法，眼神不好，又一直配不上合适的眼镜。”

［7］市场上，一个卖肉的肉床子前，一男性顾客伸手扒拉了几下床子上摆放的两块猪肉，想选择一下。

没想到，卖肉的女子不愿意了：“老扒拉什么呀？再扒拉都扒拉熟了！”

男性顾客微微一笑：“呵，那回家倒省事了！这么好熟吗？”

［8］赤日炎炎的季节，一位做观摩课的男老师穿着牛仔短裤走上了讲台，一度引起课堂上部分学生的目光斜视与交头接耳。

陪同随堂听课的一位本校领导在课后回到办公室讨论交流本课时，大概是想提醒一下这位男老师今天课上的穿着，于是便委婉地对他说：“你今天上课来得挺匆忙是吧？”

老师说：“是呀！你怎么知道的？”

领导说：“你看你，穿着短裤就来上课了嘛！”

这位授课老师绝顶聪明，领导的意思他一下子就听懂了。

当着大家的面，只见这位老师嘿嘿一笑：“哈哈，校长，上级一再号召节俭，我是能省半截儿就省半截儿呀!”

例［4］中的“你怎么如此胆大包天，竟然想把一匹高贵的马和一头卑贱的驴子套在一辆车上”与“您怎么如此胆大包天，竟然把我比作马”直接构成直顺逆，而中间没有经过与对方的其他言语诱导转换。例［5］中的“你们中国人走路怎么总是弯着腰？你看我们美国人，腰挺得多么直”与“你们是下山，走下坡路；我们是上山，走上坡路”、例［6］中的“完全能够盲打了”与“眼神不好，又一直配不上合适的眼镜”、例［7］中的“再扒拉都扒拉熟了”与“那回家倒省事了！这么好熟吗?”，例［8］中的“穿着短裤就来上课了嘛”与“上级一再号召节俭，我是能省半截儿就省半截儿呀”，也同样都分别直接构成直顺逆而中间没有经过与对方的其他言语周折。前文所述的例［1］、例［2］、例［3］中的顺逆用例，也属于顺逆中的直顺逆类。这种用例在实际的言语交际中，尤其在与答问类、机智幽默类相关的言语交际实践中，随处可见，不胜枚举。

（二）曲顺逆

曲顺逆就是一方在经过对对方话语适当的婉曲诱导后，再顺着诱导后的话语的表面内容或意思，衍生出别具他意的语句返回回应对方。例如：

［9］一次，一位记者问基辛格：“我们有多少潜艇导弹在配置分导式弹头，有多少‘民兵’导弹在配置分导式弹头?”

基辛格回答道：“我不确切知道正在配置分导式多弹头的‘民兵’导弹有多少。至于潜艇，我的苦处是数目我是知道的，但我不知道是不是保密的。”

记者急忙说：“不是保密的!”

基辛格于是反问道：“不是保密的吗？那你说是多少呢?”

记者怔在了那里，只好一笑了之。

［10］四岁的儿子几次随爸爸妈妈一起去乡下看奶奶时，都看见爸爸给奶奶钱。

儿子问：“爸爸，咱家的钱你为什么要给奶奶呀？”

爸爸听后，拉着儿子的手说：“你爱爸爸妈妈吗？”

儿子说：“嗯，我爱爸爸妈妈！”

爸爸又问：“那爸爸妈妈有困难需要你帮助时，你能不能帮助呀？”

儿子听后，立即回答道：“我能呀！”

爸爸随即笑着说：“你能，我也能呀！”

例［9］中的顺逆是答问者先通过诱导问话者“我不知道是不是保密的”而进入自己理想的“顺”境——“不是保密的”后，再顺势“逆”回——“那你说是多少呢”。例［10］中的顺逆也是答话者先通过“你能不能帮助呀”将问话者诱入自己需要的“顺”境——“我能呀”后，再顺此“逆”回——“我也能呀”，来回应了孩子的问题。此种用例在公关言语中比较常见，不一而足。

二 顺逆的特殊表达效果

顺逆作为一种特殊的修辞手法，具有不同于其他修辞方法的特殊的表达效果。这种特殊的表达效果，概而言之，择要有二：

（一）外顺内逆，绵里藏针，不仅以其人之道还治其人之身，而且于平静、轻松、圆融的言语交际“顺”向氛围中，雍容完成内蕴着的、不平常的“逆”向转变。如例［1］中，老汉面对无赖取笑他答了“我问驴呢”的话，因而也成了驴了的污辱，其回应与回击，并不是让人感到是针锋相对式地恶语相讥，而是顺着无赖话的思路，顺势转向了驴，通过一句“你这蠢驴，你城里有亲戚，怎么也不事先告诉我一声”来十分巧妙地、指桑骂槐式地回应了无赖，暗含无赖是驴的同类，用无赖对老汉的取笑内容，暗中还回去讥讽了无赖，既未破坏表层上的言语交际合作氛围，又暗中强有力地回击了无赖。又如例［2］中，农夫面对富翁把自己蔑视为跟蠢驴差不多的污辱时，其反击也不是一般常规的恶语相向式的反唇相讥，而是顺着富翁话的路径，量了一下自己跟富翁间的距离，用一句暗蕴富翁是蠢驴的“差一尺远”，来巧妙地、不动声色地回应了富翁，既未破坏表面上的言语交际合作氛围与礼貌氛围，又暗中以富翁之道还治富翁之身的方式，强有力地回击了富翁，颇为给人一种击节叫绝之感。

（二）言语风格诙谐幽默，言语风度睿智、机敏。如例［8］中，男老师当众面对领导委婉的“穿着短裤就来上课了嘛”的提醒窘境，顺势以“上级一再号召节俭，我是能省半截儿就省半截儿呀”这种假装没听懂领导话的本意而以王顾左右而言他的方式为自己摆脱了尴尬的窘境。所回答的语言不仅幽默风趣，而且给人一种随机应变的机智感与智慧感。他如例［5］中的周恩来总理在面对基辛格的问题“你们中国人走路怎么总是弯着腰？你看我们美国人，腰挺得多么直”的这个颇含玄机的诘问时，顺势以“你们是下山，走下坡路；我们是上山，走上坡路”这样的语言回应基辛格，例［6］中的对“完全能够盲打了”的回应“眼神不好，又一直配不上合适的眼镜”等，所用的语言既诙谐风趣，又给人以机智、敏锐之感。

三 顺逆与相邻修辞方法的区别

（一）顺逆与返射

首先，作为两种不同的修辞方法，二者的结构模式不同。返射是“把对方的某些话巧借过来，又以此作为反射对方的手段”①，即“把对方说过的话，借用过来反唇相讥”②，它在结构模式上要先有对方说的话，然后再引用对方说过的话，以返回去回应对方，即它的模式是：“对方话＋引用对方话”。而顺逆的结构模式是“对方话＋顺着逆回的话”，其后一部分不是通过引用对方话来返回回应对方的，而是通过自己表顺实悖的、别具他意的语言来返回回应对方的。比如，赵树理小说《小二黑结婚》中，有一个典型的返射辞格用例：

［11］一会儿，金旺他爹出去小便，三仙姑趁空子向小芹说：

① 黄民裕：《辞格汇编》（增订本第2版），湖南出版社1991年版，第71页。
② 王德春：《修辞学词典》，浙江教育出版社1987年版，第46页。

“快去捞米，米烂了!”这句话却不料就叫金旺他爹听见，回去就传开了。后来就有好玩笑的人，见了三仙姑就故意问别人“米烂了没有”。

这当中的前后两个“米烂了”构成了一个返射辞格，其模式是“对方的话‘米烂了’+引用对方的话‘米烂了’”。若再简化一些，返射辞格的模式就是“对方的话+引用对方的话”。而顺逆辞格的结构模式和返射却存在着根本的不同。以例［2］为例，“瞧你那熊样，跟一头蠢驴能差多远”与“差一尺远”所构成的顺逆辞格中，其结构模式是“对方（或甲方）的话‘瞧你那熊样，跟一头蠢驴能差多远’+己方（或乙方）顺着逆回的话‘差一尺远’”。若也将其再简化一些，顺逆辞格的结构模式就是“对方（或甲方）的话+己方（或乙方）顺着逆回的话”。显然，二者的结构模式是有所不同的。

其次，作为两种不同的修辞方法，二者在修辞效果上也有所不同。返射是重复对方的话，并明显地显露出以此来“打趣，反讥，戏谑，讽刺”对方①，或“反唇相讥”对方②。而顺逆却不是在言语表面上就直接明显地显露出打趣、反讥、戏谑、讽刺对方之倾向，而是采用先婉曲地顺着对方的语义，而后别生出逆向的意思来回应、回击对方，亦即顺逆的讽刺等效果是通过婉转的而不是直白的形式而显现出来的，比之返射更具有婉转性。同时，顺逆还比返射更具有诙谐性与幽默性，能够很好地凸显出言语回应者的睿智、机敏的言语风度。

（二）顺逆与反语

反语是“运用跟本意相反的词语来表达本意，含有嘲弄讽刺的意思”③。它可以是用正面的语句去表达反面的意思，也可以用反面的语句去表达正面的意思。例如：

---

① 黄民裕：《辞格汇编》（增订本第2版），湖南出版社1991年版，第71页。

② 王德春：《修辞学词典》，浙江教育出版社1987年版，第46页。

③ 黄民裕：《辞格汇编》（增订本第2版），湖南出版社1991年版，第66页。

［12］瞧瞧，谁能想到他为这个人忙活了好几天，这个“大善人”就给了他这么几个子儿?

［13］人家的孩子放学早就回来了，我家的这个小死鬼到现在也没回家。

其中，例［12］中的“大善人”这个反语就是用正面的语句去表达反面的意思，例［13］中的“小死鬼”这个反语就是用反面的语句去表达正面的意思。这里我们可以很清楚地看到：反语一般是直接使用跟本意相反的词语来表达本意，而顺逆则不是直接用跟本意相反的词语来表达本意，而是用表顺实悖的语句，通过以其人之道还治其人的办法来表述自己真正的意思。同时，在修辞效果上，顺逆也比反语的讽刺效果相对要深入一些。

（原刊《文化学刊》2022 年第 5 期，第一作者）

语言应用与社会文化摭谈*

一　谐音与民俗文化

语言是文化的镜像，文化是语言的管轨。某一文化背景下的语言，必然要深深地打上某一文化的印记。谐音语言现象作为语言的一部分，自然也会在某种程度上与一定的民俗文化息息相关。

中国的节日文化中，许多家庭过年时都将“福”字倒贴，谐音“福到了”:“福”字倒贴在门上，谐音“福到家门”；“福”字倒贴在炕头儿，谐音“福到炕头”；过年煮饺子时饺子煮开了口儿，除了童言无忌的孩童，一般都不叫饺子“破了”，而叫“挣了”，谐音“挣（着）了”“增了”；过年一般都要吃鱼，谐音“年年有余”；过年一般都要吃年糕，谐音“年年高”；过年做的饭菜一般都要有剩余，谐音“富裕”，剩菜谐音“生财”；过年吃醋时，一般都不叫“吃醋”，有的把“醋”改叫“忌讳”，以免受因谐音而产生的另一不良义联想的影响。

中国的礼俗文化中，馈送别人礼物时，常常要考虑到礼物的寓意。如石榴多籽儿，送石榴，谐音“多子”，亦即“多子多福”之意；也有人认为送石榴除了谐音“多子”，还可以谐音“多子儿”，即“多钱”（“子儿”可指钱)；送鲢鱼，谐音“连年有余”；送福橘，谐音“幸福吉利”；送苹果，谐音“平安”；送发菜，谐音“发财”。乔迁新居，民间习惯上要有亲朋好友前来馈送礼物，以给乔迁新居者“燎锅”。来“燎锅”者送

---

* 本文是从笔者所发表的相关短文中摘取若干篇的一个组合，题目及内容编排序号等为收入本书时所加。

一条鱼，谐音“富裕”“有余”；送一把葱，谐音“充裕”；送一捆宽长的粉条，谐音“宽裕”“长久”。

中国的居室文化中，民间盖房上梁时，常常有从房上往下扔发面馒头的，谐音“发财”“发家”；还有的盖房子追求枣木脊、榆木梁、杏木门，谐音“早积余粮幸福门”。居室饰物图案的选择上，鱼饰物图案的，谐音“吉庆有余”；喜鹊立在梅枝头饰物图案的，谐音“喜上眉头”；蝙蝠、鹿、（寿）桃饰物图案的，谐音“福”“禄”“寿”；三只羊饰物图案的，谐音“三羊开泰”；五只蝙蝠饰物图案的，谐音“五福临门”；蝙蝠、倭瓜饰物图案的，谐音“福窝”；白菜饰物图案的，谐音“百财”“摆财”；壁上悬挂鞋饰物图案的，谐音“辟邪”；案桌上摆放钟、瓶饰物图案的，则谐音“终生平安”。

中国的婚礼文化中，传统的婚礼仪式上，新娘子下轿或下车入大门后，先要迈过一个火盆儿，谐音“红火”，亦即旺腾之意；还要咬一口苹果，跨过一马鞍，谐音“平安”或“平平安安”；新娘子进新房后要坐床，床铺下往往事先就放了一把斧子，谐音“坐福”；新娘子坐床要吃子孙饽饽、长寿面，而面往往是比较生的，新娘子吃面时，或窗外站着的一个孩子、或屋内站着的另外一人要问新娘子：“生不生?”新娘子要答：“生!”谐音能“生儿育女”的“生”。新人的铺盖中，要撒放红枣、花生、桂圆、栗子，谐音“早生贵子”；同时，“花生”还谐音有“花搭着生”之意，即男孩儿和女孩儿搭配着生，寓有儿女双全之意。民间还有的在给新人的铺盖中撒放这些吉祥物时，边撒边唱着撒帐歌：“一把栗子一把枣儿，小的跟着大的跑”，谐音“早立子”，也有能够连着多生几个孩子之意。现代的婚礼仪式上，个别的还有新娘子下车后，脚踩着糕点一路走进新门的，谐音“步步高”或“步步登高”“步步高升”（这里仅就其用意而言。当然，这是否合适，另当别论）；还有的对新人坐的轿车的车牌号码也进行了“吉祥”的选择，如尾号“158”，谐音“要我发”；尾号“168”，谐音“一路发”；还有的对婚礼举行的日期和仪式开始的具体时间也都作了精心的选择：如婚礼举行的日期是“5 月 18 日”，谐音“我要发”；“8 月 28 日”，谐音“发又发”；婚礼仪式开始的具体时间是“9 点 18 分”，谐音“就要发”； “10 点 58 分”；谐音“要令（灵）我发”。

中国的其他民俗文化中，还大量地存在着诸如旧时民间流传下来的考生考前吃熟猪蹄——谐音祝愿考生考试中能碰上“熟题”，民间张贴的“寻人启事”中故意将其中的“人”字倒过来写——谐音“能找到人的启事”等之类的民俗语言文化现象。

五彩斑斓的民俗文化，铸就了丰富多彩的谐音语言现象。

（原刊《课外语文》2005 年第 11 期）

二 避讳与文化

避讳作为一种特殊的语言文化现象，贯穿于大量的古代文化典籍之中。不懂避讳，涉猎古籍及触及一些相应的语言文化现象时，便有许多属于与避讳这种语言文化现象有关的内容不好理解。

避讳的缘起，直接与古代的社会文化影响有关。中国几千年封建专制制度下的封建礼教，在相当程度上催生了避讳这一语言文化现象。避讳的形式多种多样，大致说来，主要有直言避讳与寓意避讳两大类。

（一）直言避讳。即直接称说他人时的避讳，可以分为口头避讳与书面避讳两种。古代社会臣子不得直呼或直书君王之名，子孙不得直呼或直书父祖之名。圣贤之名也避讳。若要用到他们的名字时，需要改音、改字或缺笔、空格等。甚至遇到其他读音与名字相同的字也要避讳。秦始皇名政，正月被改称为“端月”；隋炀帝名为广，于是隋人称《广雅》为《博雅》；司马迁父名谈，《史记》中便把赵国的赵梦谈改写成赵孟同；袁世凯忌讳“元宵”“元煤”，遂将其分别改为“汤圆”“褐煤”；《康熙字典》也为了避讳，竟将康熙之名“玄烨（燁）”缺笔写成“玄煜”；孔子名丘，后世逢“丘”读“某”等或写时添加耳旁为“邱”等，亦颇为常见。至于唐代诗人李贺因避讳父名“晋肃”而不得不放弃进士考试之可悲，宋代常州州官为避太守田登名讳而于元宵佳节闹出的“本州依例放火三日”公告之可笑，则更是流传千古，令人唏嘘。中国的这种封建避讳制度一直沿袭了两千多年。除上述这类人名称说方面的避讳状况外，社会语言生活中还存在着不少事物称说方面的避讳。如讳言如死物之色的“黑色”而改叫如生物之色的“青色”，讳言“八十四岁”而改叫

"明年八十五岁"，讳言"狗尾巴胡同"而改叫"高义伯胡同"，讳言"醋"而改叫"忌讳"，讳言"失火"而改叫"走水"等。《红楼梦》第三十九回中就有"南院马棚里走了水，不相干，已经救下去了"之语，这当中的"走了水"，就是"走水"的变用，即"失了火"或"失火"之义。类似的状况，不胜枚举。

（二）寓意避讳。即避讳某一事物的形象或名称所可能潜隐的、"不吉"的寓意。中国传统民俗中，讲究住宅的院中若要栽树不栽一棵树，主要就是避讳传统的院围的空间造型"囗"（音 wéi），与院中的一棵树（即"木"）所形成的"困"字形状而可能潜隐的不吉祥寓意。据说解放战争时期毙命于淮海战役中的黄百韬，当年他被围困在碾庄陈家大院——一个院中有棵大树的四合院内时，曾因忌讳这一院围的空间造型"囗"与院中树（即"木"）所形成的"困"字形状，命人砍去了院中的大树。而当树倒之后，他却又因疑心自己人在院中，这院中的"囗"与"人"状反又成了"囚"字之形而垂头丧气。这和《三国演义》第三十六回中庞统率军攻打雒城，走到一处名曰落凤坡的地方，惊叫"吾道号凤雏，此处名落凤坡不利于吾"时的心理何其相似！中国传统民俗中还有"前不栽桑，后不栽柳，院中不栽鬼拍手"之说，主要也是出于类似的避讳心理而形成的："前不栽桑"即房前不栽桑树，主要是避讳"桑"之"丧"音联想而可能引起的"丧门""开门见丧"等不吉祥联想；"后不栽柳"即房后不栽柳树，主要是避讳"柳"之"绺"音联想而可能引起的后人不伸张联想、柳树不结籽而可能引起的子不生发联想、"柳"之"流""溜"音联想而可能引起的流失与不聚财联想，以及柳木过去曾多为丧事中使用（如用柳枝作"丧棒"）等而可能引起的不吉祥联想；"院中不栽鬼拍手"即是庭院中不栽像杨树这种遇风树叶会哗啦哗啦响、被称为"鬼拍手"的树，主要是避其树叶响声、树荫遮阳等而可能引起的对人的身心健康上的不良影响。《西游记》第一回中须菩提祖师在给当时还没有名字的孙悟空起名字时，之所以根据孙悟空的"猢狲"之相而给他起的姓为"孙"而不是古月"胡"，就是因为须菩提祖师要避讳"古月"所隐含的不好的寓意——"古者，老也；月者，阴也。老阴不能化育"，因而为孙悟空选择了带有子系的"孙"（孫）字为姓。

当然，一定形态的事物形象或名称尽管也可能在一定程度上隐现出某种隐喻意义或可能呈现出某种意向，但并不一定与人的命运有什么必然的关系。一般来说，客观事物的名称和意义间的关系是约定俗成的，并没有什么必然的联系。这种寓意式的避讳，不过是在一定的社会心理作用下的一种产物罢了。

（原刊《语言文字报》1992年2月16日）

三　望文生义与流俗词源

熟悉《三国演义》的人都知道，《三国演义》中威风八面的猛张飞在百万军中取上将首级，手中使的是一支威寒敌胆的丈八蛇矛枪。后世的许多人都将张飞手中的这支“蛇矛枪”望文生义为“矛刃蜿蜒似蛇形的枪”。电视剧《三国演义》及许许多多流行于世的相关方面的画面中，张飞的手中之枪都是这种蜿蜒似蛇形的枪。实际上，“蛇矛枪”并非蜿蜒似蛇形之枪，这当中的“蛇”字乃是“铊”（亦作“鍦”）字之误。“蛇矛枪”本是一种矛枪，也就是通常所谓的长矛枪。将由于字误而出现的“蛇矛枪”理解成蜿蜒似蛇形之枪，乃望文生义所致。把这类说法误以为是词语的本源意义，就形成了所谓的流俗词源。这种情况在我们的日常语言生活中并不鲜见。

比方说，“西王母”本来是上古时期一个国家或部落的名字，后世的人们望文生义，误将其理解为“西方的王母”，进而将其定型为中国神话故事中居住在西天瑶池之中的“王母娘娘”。“舍不了孩子打不了狼”，一说是它本来是“舍不了鞋打不了狼”，由于受特定的流行区域内“鞋子”与“孩子”同音的影响，于是便成了“舍不了孩子打不了狼”这种字面意思有悖于中国人关爱后代传统的、非本来意义上的习惯用语①。“量小非君子，无毒不丈夫”本来是“量小非君子，无度不丈夫”，由于“度”与“毒”音近，便被一些人讹误成“量小非君子，无毒不丈夫”这种前半句何其有胸襟气度、后半句何其无器量的习语。“可口可乐”（cocaco-

---

① 本文收入本书时补注：关于“舍不了孩子打不了狼”的来源还有另一种说法，可参考本书中《关于“舍不得孩子套不着狼”中的“孩子”的含义问题》一文。

la）本是指用“古柯”（coca）和“可乐”（cola）为原料的饮料，我们在翻译时并未按此翻译，有意将其另随音衍义成为“可口可乐”，被人们理解成为一种“味道可口，令人快乐”的饮料。“鸡眼”本是指生在脚掌或脚趾上的局部皮肤角质层因长期压迫或摩擦而过度增生的一种皮肤病，本叫“趼”（音 jiǎn），后受“趼”音有时被分读的影响，jiǎn 音变成了“jī yǎn”（即“鸡眼”）。许多人因此将“鸡眼”误解为“像鸡的眼睛似的一种皮肤病”，其实是不了解这种理解本源自流俗词源而非其真正的本源之故。

由习非成是而形成的流俗词源多种多样，我们在学习掌握语言时，必须对其详加考查，明确渊源，以免因不明其真意、望文生义而闹笑话。如上文提到的电视剧《三国演义》中，将张飞的“蛇矛枪”变成真如蛇蜿蜒曲折形的枪，就是典型的例证。历史上大学者王安石曾在其《字说》中闹过“坡者，土之皮也”的望文生义的笑话，大文豪苏轼曾对此以“滑者，水之骨也”的王氏推理悖论，嘲讽了王安石的这种不合真意的解释（此笑谈的另一个古代白话小说版是：王安石闹过“波者，水之皮也”“滑者，水之骨也”的望文生义的笑话，大文豪苏轼曾对此以“鸠者，九只鸟也”的王氏推理悖论，嘲讽了王安石）。至于我们的日常语言生活中，一些我们已耳熟能详的、为了某一层次上的认知方便而人为地编造出来的一些当代字释，如“照”字就是“一个日本人，拿了一把刀，杀了一口人，滴答四滴血”，“福”字就是“一口甜不点儿”，“饱”字就是“我饿了，吃个包子就饱了”，“thank you”（英语“谢谢”）就是“三克油”等，则更要注意不能将其作为字词的本来意义去理解掌握了。倘若对上述字词“波”“滑”“照”“福”“饱”“thank you”等这些不合真义的解释信以为真，习非成是，则免不了要闹望文生义的笑话了。

（原刊《课外语文》2004 年第 1 期）

四　带“狗”词语的民族色彩

在许多民族的语言当中，都有不少与“狗”有关的带“狗”的词语。狗在欧美人的心中是一种备受关爱的宠物，但在多数中国人的传统心理中却常常是一种只配做看家护院的、比较下贱的东西。翻开一部《现代汉语词典》，凡是带“狗”的词语，几乎找不出什么好字眼。说了令人难以容受的话语，可以被讥之为“放狗屁”“狗嘴里吐不出象牙”；结党营私，偷窃诈骗的败类，无疑是“偷鸡摸狗”“卖狗皮膏药”的“狐朋狗党”，是“鸡鸣狗盗”“挂羊头卖狗肉”的“狼心狗肺”之徒。效忠于同一主子而为名利彼此争斗，无疑是“狗咬狗”；有恩于己却好坏不分、昏头乱咬，则无疑是“狗咬吕洞宾——不识好赖人”；仗着主子的宠爱而飞扬跋扈、不把别人看在眼里，无疑是“狗仗人势”“狗眼看人低”；给主子出馊主意，想歪点子，又无疑是“狗头军师”。至于卖身求荣、沦落成主子手中没有血性的打手的，则更无疑是“走狗”“狗腿子”，是滚进了为世人所不齿的“狗屎堆”。对于这些“狗娘养的”而又“狗屁不通”“猪狗不如”、专门以害人为能事的“恶狗”“疯狗”“哈巴狗”“癞皮狗”“放屁狗”“丧家狗”“乏走狗”“落水狗”等，不管是“老狗”也好，还是“母狗”也罢，对于“蝇营狗苟”这一群“人模狗样”的“狗东西”，则必须要“关门打狗”，坚决痛打，绝不能让这些“狗日的”有“狗急跳墙”、再次伤人的机会。中国人对于狗类的厌恶情感，由此可见一斑。就连还是幼儿的小朋友，也知道“骗人是小狗儿”。狗在中国人心目中如此下贱，以至于它偶尔即便是替人拿住了耗子，做了好事儿，也没有稍稍改变一下它在人们心目中的形象，反倒又因为它做事超越了自己的权限而闹了个“狗拿耗子——多管闲事”的坏名声。至若这些年来，随着宠狗之风在中国的兴起，个别宠狗人士甚至唤狗为“儿子”，也多半是出于寄托某种空虚与缺憾等心理与心态，除了会更多地引起周围的不少国人的惊讶与侧目，大概很少有人会真的相信唤狗人真的是在把自己所生的儿子跟只能由狗所生的狗类画上了等号。不然，唤狗为“儿子”者，他自己又是什么呢？他又想让别人把他看成什么呢？

与多数中国人的厌狗情感相反，狗作为宠物，在欧美人的心目中却十分可爱。当英语中将“机会难得”说成是“a dog's chance”（字面意思是“狗的机遇”）、把“幸运儿”说成是“a lucky dog”（字面意思是“幸运的狗”）、把“处于支配地位”说成是“a top dog”（字面意思是“顶部的狗”）、把“大亨”说成是“a big dog”（字面意思是“大狗”）、把“门卫”说成是“a watch dog”（字面意思可被认为是“看门狗”）时，这些凌驾于“人”之上的“狗”（dog），在中国人看来，简直是有些令人难以接受。至于在欧美的一些宠狗兴盛的国度所存在的诸如“狗行道”“停狗处”“停狗场”“狗保险”“狗美容院”“狗医疗保健中心”以及“狗殡仪馆”等设施与标牌，很多中国人则往往对此难以理解而不屑一顾。当然，欧美人也并不都是一概宠爱 dog，英语中也有把 dog 比作“无赖”“坏蛋”与“废物”的时候。而中国人，就连可以算成是对狗很礼遇的以“狗”入幼儿乳名的称谓（如“狗剩子”）里，也是取了狗贱、好养活的蕴意，多半掺有自己的孩子能像狗那么容易活下去的希冀。

“Every dog has it’s day”（字面意思是“每只狗都有自己的日子”，实际意思是“凡人皆有得意之日”）。也许，对于狗来说，争取人们（特别是中国人）改变对自己厌恶印象的最好办法，是在于“戒绝”一切人类对自己所厌烦的行径，能堂堂正正地做事，能堂堂正正地多管点儿“闲事”，多拿点儿令人讨厌的“耗子”，以便早日为自己洗清面目，使自己能早日成为多数国人心中真正的“a lucky dog”（幸运儿）。

（原刊《课外语文》2005 年第 4 期）

五 “茄子”的发音与笑容

照相时，许多摄影师常常在即将按下照相机快门的一刹那，让等待照相的人一齐喊一声“茄子!”，目的是让照出的照片上的人的面部带有笑容。然而，恐怕许多人未必明白，为什么喊“茄子”时人的面部会带有笑容呢?

原来，人在发音说话时，不同的字词的音发音时的口形及所呈现出来的面部表情是不完全一样的。语言学家通过研究，把这种不同的状况区分为四类，分别称为开口呼、齐齿呼、合口呼、撮口呼等这样“四呼”。开口呼就是字词发音时，嘴巴张得很大，口形大开，通常韵母不是 i、u、ü 或 i、u、ü 打头的音，都属于开口呼。如“发”“达”“汪”“大”“海”等。齐齿呼是字词发音时，上下牙齿正好对应相合，口形正好是露出两排整齐的牙齿，面呈笑容状态。通常韵母是 i 或 i 打头的音，都属于齐齿呼。如“嘻嘻”“十七”“四十”等。合口呼就是字词发音时，口形呈圆形状态，通常韵母是 u 或 u 打头的音，都属于合口呼。如“五”“福”“无误”等。撮口呼就是字词发音时，口形比合口呼的口形进一步缩小，呈不圆形状态。通常韵母是 ü 或 ü 打头的音，都属于撮口呼。如“鱼”“徐”“吕”等。

由上我们可以看到，汉语字词发音时，唯有发齐齿呼的音时，由于受发音时口形的影响，发音人的面部正好自然呈现出笑容状态。“茄子”（qiézi）的发音正好是齐齿呼，发该音时，发音人的面部正好是自然呈现出笑容状态，因而在照相时，摄影师通常在即将拍摄的一刹那，习惯上都让被照人喊一声“茄子”，以增加被照人笑容可掬的气质风采。

当然，并不是说为了面部可呈现出笑容来，只有说“茄子”这一种方法。根据上面说到的语音学原理，人们在需要面部呈现出笑容时，说“茄子”与说“十七”“丽丽”“嘻嘻”“吃梨”“鸭梨”“笑你”“欣羡”“欣喜”等基本上都是一样的，都有类似的效果。中国台湾地区的一个电视剧中，就有一主人公出去照相时喊“李西”的状况，其效果也跟喊“茄子”是一样的。有一种叫“田七”的牙膏广告，不仅“田七”的名字正合齐齿呼，说出来正好能露出一口白牙，而且画面上说“田七”时的广告人面含笑容，很是迷人，用的正是齐齿呼这个原理。

（原刊《课外语文》2006 年第 5 期）

现代社会交往中的语用观念问题*

今天的报告，我要给大家讲的问题是现代社会交往中的语用观念问题。

这里所说的“语用观念”，指的是语言运用的观念（我在这里用了一个简称），它是指导语言运用的灵魂。现代社会交往中如何树立正确的现代社会语言运用观、掌握相关语言运用的基本准则、把握提高语言运用水平的基本路径，已经成为适应现代生活所需要了解、把握的一种基本技能。

这里我主要想给大家讲三个问题：第一个问题是现代社会交往中语言运用的基本观念问题，第二个问题是语言运用的基本准则问题，第三个问题是提高语言运用水平的基本途径问题。

一　转变一个观念——语言运用的基本观念问题

古人很重视语言怎么运用问题，常常把语言运用与人的道德、行为或者说是品行等联系在一起。一方面，古时候有不少人认为人要“言忠信，行笃敬”（《论语·卫灵公篇第十五》）、“言而有信”（《论语·学而篇第一》）、“言善信”（《老子·八章》）、“辞语者，以信顺为本”（王符《潜夫论·务本第二》）、“讷于言而敏于行”（《论语·里仁篇第四》），认为“信言不美，美言不信”（《老子·八十一章》），“良玉不雕，美言不

* 本文根据笔者2011年前后应邀在辽海讲坛及有关高校所作的相关学术报告整理而成，收入本书时有删节。

文”（扬雄《法言·寡见卷第七》），反对花言巧语，“饰虚言以乱实”（司马迁《史记·秦始皇本纪第六》），主张“修辞立其诚”（《周易·乾·文言》），并常常把能说会道与“花言巧语”“巧言令色”“巧舌如簧”“摇唇鼓舌”“夸夸其谈”“投机取巧”等华而不实、哗众取宠之类的贬义词语相联系。不知道大家注意过没有，汉语中许多带“巧”的词语或语句，除了像“巧笑倩兮”（《诗经·卫风·硕人》）、“大巧若拙”（《老子·四十五章》）、“情欲信，辞欲巧”（《礼记·表记》）、“巧文辩惠”（《国语·晋语九》）、“能工巧匠”（李格非《洛阳名园记》）等一部分含褒义的情况，其他的常常都含有贬义，如上面提到的“花言巧语”“巧言令色”“巧舌如簧”以及像“巧言乱德”（《论语·卫灵公篇第十五》）、“绝巧弃利”（《老子·十九章》）、“巧言如簧，颜之厚矣”（《诗经·小雅·巧言》）、“巧言、令色、足恭，左丘明耻之，丘亦耻之”（《论语·公冶长篇第五》）之类的说法等。另一方面，古时候也有不少人又认为“言谈者，仁之文也”（《礼记·儒行》）、“言之无文，行而不远”（《左传·襄公二十五年》）、“辞不可不修，而说不可不善”（刘向《说苑·善说》），而“质胜文则野，文胜质则史”，因而出现主张语言运用要“文质彬彬”（《论语·雍也篇第六》）、“文质相称”（《后汉书·班彪列传》）、“质文两备”（董仲舒《春秋繁露》）及“事辞称”（扬雄《法言·吾子卷第二》）等。这可能与我们这个民族所受到的以儒家为代表的传统文化思想的影响至深以及崇尚实际的文化心理不无关联。显然，在古人的一些相关方面的思想意识中，“能说会道”很大程度上是含有贬义色彩的。

现代社会，特别是改革开放后的中国社会，由于时代的变迁、思想观念的演进与转变，人们在相关语言运用观念上已开始逐渐地摆脱了旧有的一些思想意识中根深蒂固的不尽合理的因素，理直气壮地倡导以能说会道为荣。这倒不是说“能说会道”原来的理性义或者叫概念义变了，汉语中的“能说会道”本来就是指向“擅长言辞，很会说话”的意思嘛！而不过是“能说会道”这个词语所附加的感情色彩义发生了变化了，发生了更多地走向褒义色彩的变化。与此相应的是，社会上也出现了不少与之相关的研究与著述。时代的发展，要求我们在运用语言时，怎么说、用什么说效果才好，得需要好好琢磨琢磨，好好地把要用的辞给它修一修。而探讨语言怎么运用效果好，本身跟修辞学息息相关，现代修辞学中所讲的“修辞”，其实就是运用语言时的一种对语言的调整与加工，也就是把辞给它修一修。当然，严格说来，可以说修辞是在适合一定的题旨、情境的前提下，积极调动相关语言因素与非语言因素，以便以最恰切的语言形式，取得最理想的语言运用效果；“修辞学”就是研究怎样提高语言运用效果之学，特别是研究有关提高语言表达效果之学的。

真正意义上的能说会道，是需要讲究一些语言运用艺术的。这也是能说会道的一个前提。因为同样一个内容要运用语言去表达时，讲不讲究语用艺术、里边所用的词语或语句琢磨了还是没琢磨、修了还是没修，它的效果是不一样的，甚至有时候是差别很大的。

比方说，我们到市场上去买东西，不同的卖家所用的叫卖语言可能就不一样，所取得的效果自然也不会一样。这里边就有一个语言运用的技巧问题。比如我去市场摊床买豆角：

问：喂，豆角多少钱一斤呀？
答：十块钱四斤！

请注意，我问的是豆角多少钱“一斤”，卖豆角的人告诉我的不是一斤多少钱，而是十块钱“四斤”！好像有点儿答非所问呀！按道理我问的是多少钱一斤，如果按他答话的价格，他应该告诉我豆角是“两块五毛钱一斤”才对。但实际情况是：他没这么告诉我，而是告诉我“十块钱四斤”。为什么呀？一琢磨就明白了：这么说好卖呀！这么说给你的感觉是：你买这个东西的时候，好像最少得来十块钱的；人家这个东西的卖法是以十块钱多少斤为单位来卖的，而不是以一斤多少钱为单位来卖的。因此，你可能也就不假思索地来上十块钱的走人了。假如卖豆角的人他要说他卖的豆角是“两块五毛钱一斤”呢？这时你还一定是要买四斤吗？你也可能买一斤，你也可能买二斤或三斤等，这些都有可能，而不一定非得要一下子买四斤。卖家之所以选择这么样说话，尽管他不一定会从语言运用原理的角度说明白这是什么道理，但他明白：叫卖实践中说多少钱多少斤的这种卖法，比说一斤多少钱的这种卖法卖得多。当然，这种卖法里也有凑整数而不用再考虑算差价等便利。如果留心一下时下市场上卖东西的语言，市场不少摊床卖东西时的叫卖语言都有类似的情况。

还以叫卖语言为例，说是有个人在一家小餐馆吃完了早餐后，结账时对吧台的老板娘说：你看啊，你家早餐卖的鸡蛋实际上挺好吃的，但却好像有点儿卖不动是吧？假如你能听我一个建议的话，你家早餐经营的鸡蛋肯定要比现在这样好卖得多。老板娘说好啊，你说说看。于是这个人建议说：你这儿负责点单的那个服务员在给顾客推荐点单时，说到鸡蛋时话儿说得不太对路：她对顾客说的是“鸡蛋要不要啊?”这么说话，感觉给顾客的只是一个很平常的选择，是在征求顾客的意见，顾客可要可不要。她这么说话卖东西，效果当然不会太好啦！她应该怎么说好呢？她应该这样对顾客说——“鸡蛋要几个呀?”给人的感觉是好像这儿的鸡蛋应该是不错、没什么说的，顾客来了可能通常都吃它，对你来说就是要几个的事儿，你就说个数就行了。这样，你这儿的鸡蛋就自然会好卖了。据说这个老板娘采纳了这个人的建议后，果然早餐的鸡蛋好卖多了。

语言学里关于语言是怎么起作用的机制中，有一个机制叫预设机制，说的是人们在使用语言的时候，有时会有一些不言自明的信息预设在里面，从而使言语交际得以顺利进行。这些有益于言语交际顺利进行的预设信息，有不少是以隐含的形式存在于一定的言语表达形式中的（当然还有其他的形式)，可以从相应的言语表达中推断出来。上述所举的这两个叫卖语言运用的实例，之所以能取得比较好的实效，如果撇开其他的一些相关因素不论，单从语言学的角度上说，其实正是巧妙地运用了语言的这种预设的原理：前者的“十块钱四斤”，隐含着一是买卖双方都该清楚卖东西可以有这么一种卖法、二是买者至少要买十块钱的等这样一些信息；后者的“鸡蛋要几个呀?”，隐含着这里的鸡蛋可能不错、没什么说的、大家可能都挺愿意吃、对你来说只需说要几个就行了等信息。正是这种信息的预设，让买家自觉或不自觉地走进了预设，从而巧妙地助力卖家达到相应的销售目的。这样的实例比比皆是，不一而足。实际上，你要是仔细留意一下街头摊点的招徕市声，尽管许多摊贩不一定在理论上懂得相关语言运用的理念，但往往都明白怎样说话东西好卖的一些道理。比方说街头甩卖衣服的，你观察过没有？面对围上来的人群，一些会卖的人往往是对着靠近的顾客喊“要几件？要几件?”给人的感觉这东西肯定不错、价格便宜、值得拥有、要购买得抓紧之感，用的就是预设的原理。而那些不太会卖的人则常常对着靠近的顾客喊“要不要？要不要？不要靠边儿！不要靠边儿！”二者到底谁的叫卖语言运用的效果好，稍一比较，高下立现，很容易就能体会出来。

再举一个日常说话的例子。《岳飞传》大家可能看过吧？清代钱彩写的《岳飞传》里的英雄人物岳飞，他有一个很好的结义兄弟叫牛皋，是一个比较典型的莽汉。有一次，牛皋与众兄弟一起随岳飞赴东京赶考时，趁众兄弟在所住的店里酒酣未醒之际，自己一人溜出店来看光景。因路上误认为有人要提前去比武的小校场抢夺岳飞他们也想要去比武争抢的武状元，于是一个人急忙回店上马，要前去小校场抢夺武状元。因为他不知道往小校场的路怎么走，恰好看见前面篱笆门口坐着两个老头可以问路，牛皋便在马上对着俩老头叫道：“呔！老头儿，爷问你，小校场往哪里去的？”牛皋的这一问话方式，把老者气得目瞪口呆，没有马上吱声告诉他。后来老头在批评了牛皋是“冒失鬼”后，勉强告诉了他去小校场怎么走。不料牛皋听了后竟然又说道：“老杀才，早替爷说明就是，有这许多噜苏。若不看大哥面上，就一锏打死你！”说完了之后，扬鞭打马而去。牛皋的这话把俩老人肚皮都气破了，指着牛皋的背影骂“天下哪有这样的蠢人！”。及至岳飞等众人发现店里不见了牛皋、出来找牛皋也碰上这俩老头时，岳飞是下马向这俩老头拱手问道：“不敢动问老丈，方才可曾见一个黑脸汉，坐一匹黑马的，往哪条路上去的？望乞指示。”结果老者很愉快地告诉了岳飞情况。同样是问路，两种不同问话方式语用效果的高下优劣已不言自明。

可见，语言运用讲不讲究语用艺术，它的效果确实是不一样的。都说语言是工具，而工具只有被善于使用的人所掌握，才能有效地发挥出它最大的作用。要想在一定的现代社会交往中能说会道，就必须在把握一定的语言运用准则的基础上，来灵活地驾驭相应的语用技巧。

二　把握一个准则——语言运用的基本准则问题

20 世纪 80 年代以来，随着中国社会改革开放的不断深入及人们思想观念的转变，社会上曾兴起了一股研究语言运用艺术的热潮，出现了一大批有关如何进行言语交际等方面的著述。像公共关系语言的艺术啦、言语交际的技巧啦、能言善辩多少方法啦、能说会道多少招儿啦，像赞美的语言技巧啦、批评的语言技巧啦、论辩的语言技巧啦、推销的语言技巧啦、怎么说“不”的技巧啦，乃至如何讨好你的上司啦、厚黑学啦等，林林总总，良莠不齐。一方面，一些著述内容确有让初入此道者茅塞顿开、有所收益的一面；另一方面，一些只是泛泛地罗列什么什么多少法、什么什么多少招等之类的眉毛胡子一把抓的著述，又难免在一定程度上让一些初入此道者如坠云雾，难得实质、灵魂。因为任何事物的运行都有贯穿于其中的基本内核与基本规律，这是实质、灵魂。你林林总总地罗列了一大堆方法与招数，如果不能让人从中把握住贯穿于事物运行之中的基本内核与基本规律，不能让人从中把握住贯穿于事物运行之中的精神实质、内在灵魂，这对初入此道者相关方面整体能力的实质性提升，又能起到多大的事半功倍的助推作用呢？如果能够把握住贯穿于事物运行之中的基本内核与基本规律，抓住了实质与灵魂，你讲的原理也许一两条或两三条就够了，就能够让读者或听者把握住该事物运行的精髓性的东西了；如果把握不住贯穿于事物运行之中的基本内核与基本规律，抓不住实质与灵魂，你讲的招法再多、罗列的方面再全，实质上能起到的作用还是比较有限，还可能会因此让一些初学者云里雾里地抓不住重点了。而真正地能够起到点化人的作用的东西，一定是你自己已经悟透了的东西。凡是悟透了的东西，一定是能让人从中受教益的、最有用的、精髓性的东西，也一定应该是能够用让人相对比较好理解把握的方式表述出来的东西。大道至简嘛！如果你还是以大道至深或大道至繁的架势在说明一个让人感到很难理解把握的东西，那恰恰说明是你对你要说明的东西还没有悟透，是你对你要说明的东西还没有悟透的一种表征。

语言运用到底有没有一个让人相对便于把握的基本准则呢？答案当然是肯定的。前人对于涉及与言语交际有关的一些语用原则虽然也有过不少不同层面的研究与探讨，像语用学中常被提及的会话中的合作原则啦、礼貌原则啦，修辞学中常被提及的准确、鲜明、生动原则啦，适合题旨、情境原则啦，规范与变异适度原则啦，内容与形式相适应原则啦等，尽管这些说法就其本身所表述的内涵来说没什么问题，但所说的内容实际上各自都有一定的侧重性，还不是我们所认为的那种能贯穿于整个语言运用之中的、带有本质规律性揭示的那样的准则，那种带有统领性特征、相对简明易懂、好把握的准则。

在我看来，语言是由底层本质“人类的社会实践活动”（可以简称“实践”）、核心本质“表现”（“表”为表述，“现”为呈现）、特殊本质“符号”而构成的一个系统，语言实质上不过是人类实践活动的音义结合的表现符号（关于这个问题，细说起来牵涉不少东西，有点儿复杂，一两句话恐怕很难说得清楚，这儿就不详细说了，感兴趣的可以去看我的《语言本质理论的哲学重建》那本书）。而衡量语言运用恰当与否或者叫合适与否、规范与否的基本准则，就是要看语言实践表现得体的程度，也就是在具体的语言实践中看它在表现所要表现的对象与内容时是否得体的状况，也可以将其概要地称为“语言实践表现得体度”。

我这里所提出的以“语言实践表现得体度”作为衡量语言运用恰当与否的基本准则，这在学理上是有一定的依据的。限于我们学术报告的时间、性质与重点，这里我对此只概要地强调两点：一是这与历史上中国的一些先贤们在语言运用问题上所倡导的一些基本理念——诸如“辞尚体要”（《尚书·毕命》）、“辞达而已矣”（《论语·卫灵公篇第十五》）以及前面提到的“文质彬彬”“文质相称”“质文两备”“事辞称”等理念——的基本精神是一脉相承的；二是这与语言自身的本质规定——如我上面提到的带有层级系统特征的语言本质观——也是相一致的。

语言实践表现要得体，需要语言运用与一定的对象、内容、环境等相关因素相适合。语言运用涉及的相关因素很多，如表达者、信息传递、接受者及题旨、情境等，语言运用对这些相关因素都要相适合。一般而言，相适合了就得体，不适合就不得体；得体了，语言表达没有什么华丽的词藻，也不一定完全符合生活真实，效果可能也很好；不得体了，语言表达即便是有许多华丽的词藻，也完全符合生活真实，效果也不见得就好。语言运用得好与不好的关键，就是看它的实践表现得不得体的状况。比方说，言语交际需要适合一定的题旨、情境，需要到什么山唱什么歌，见什么人说什么话。鲁迅有一篇文章叫《立论》，就讲了一个与此相关的事例：说是一个老师在课堂上因为要回答学生写作文怎么立论问题，于是他就给这个学生讲了这么一件事：

"一家人家生了一个男孩，合家高兴透顶了。满月的时候，抱出来给客人看，——大概自然是想得一点好兆头。

"一个说：'这孩子将来要发财的。'他于是得到一番感谢。

"一个说：'这孩子将来要做官的。'他于是收回几句恭维。

"一个说：'这孩子将来是要死的。'他于是得到一顿大家合力的痛打。

"说要死的必然，说富贵的许谎。但说谎的得好报，说必然的遭打。你……"

"我愿意既不谎人，也不遭打。那么，老师，我得怎么说呢?"

"那么，你得说：'啊呀！这孩子呵！您瞧！多么……阿唷！哈哈！Hehe！he，hehehehe！'"

这个例子中，前两个人说的话显然带有"许谎"的成分，却因为适合语境、适合对新生儿祝福的氛围，也就是说得比较得体，因而取得了比较好的语用效果，得到了好报；第三个人说的话很真实，完全符合生活真实，符合人人将来都要死的客观规律，简直说的就是真理，但因为不适合语境、不适合对新生儿祝福的氛围，也就是说得不得体，因而取得了很不好的语用效果，不但没有得到好报，反而遭到了在现场的人们一起上来痛打了一顿。而这里边作为学生的"我"因为既不想撒谎骗人，又不想说实话遭打，因此问老师自己该怎么说时，老师教给他的说话方法——"啊呀！这孩子呵！您瞧！多么……阿唷！哈哈！Hehe！he，hehehehe！"，实际上是不带有好坏倾向的模糊表达，等于什么也没说出来。要纯从取得的效果上看，就是最后这个看不出态度、倾向性的模糊表达，也比第三个人说的真话效果好。这也变相地告诉了我们言语交际上的真善美之间的复杂关系：有时候真的不一定就是善的，也不一定就是美的，反过来也是这样。当然，言语交际中的真善美若能统一起来是最理想的，但是有时候它们确实是不统一的，需要在一定的语言运用的基本准则下，根据具体语言实践状况来具体问题具体分析。

比方说，我语言运用或语言表达的出发点是好的，心思是好的，其效果是不是就一定是好的呢？这可不一定，这得看语言运用或语言表达是否跟要表达内容的具体语境相适合。《刘宝瑞单口相声选》里边儿有一个《善意恶语》的故事，说的是有一对为人挺善良的夫妻，常常在好心做好事的同时，因说话不太讲究方式而得罪人。有一次，邻居的一个领着两个小孩过日子的寡妇家不幸死了一个孩子，想请这家的男人帮忙弄出去埋了。寡妇先是伤感地告诉这家男人说："我的孩子死了。"这个男人说："哟！死啦？死几个呀？"寡妇一脸不高兴地说："哟，您这是怎么说话哪？我寡妇失业的，就守着这么两个孩子，死了一个就够伤心的，还死几个？"这个男人忙解释说："您别误会。是这么回事，要是死一个，我费事，得用棍儿窝着；您要死俩我就凑一挑啦！"等到这个男人帮着寡妇把死去的孩子弄走后，心里不是滋味的寡妇又找到这个男人的媳妇，诉说她家的男人不会说话。没想到，这个男人的媳妇在努力地替自己男人打过了一阵圆场、寡妇的心态已有所平复后，末了又补充了一句说："下回您那个孩子死后，可就别找他啦！"这话说得自然又让寡妇一顿郁闷。无疑，语言运用尽管出发点可能是好的、心思也可能是好的，但要是不注意表达方式的得体与否，效果也不一定会好。

语言运用没有拿到什么场合都绝对好的话，也没有拿到什么场合都绝对不好的话。语言运用得好与不好，只有得体与不得体之别。我曾偶然听到过一个作营销培训的人在培训课中说：凡是有来往迎送顾客的场合，顾客要走的时候，经营部门的服务人员都要微笑礼貌地跟顾客道别，跟他们说一声"欢迎惠顾，欢迎你再来！"，以便使顾客的心里感到温馨、舒畅。其实，这种说法呀，只是一种大概地、笼统地说说而已。严格说来，说话是要看场合、看对象的，没有不论什么场合、拿到哪儿都一定好的话。比方说，我是开理发店的，顾客来我这儿理过发后要走的时候，我对他说一句"谢谢惠顾，欢迎你再来！"这倒尚属可以，因为这个场合比较适合这么说呀！但假如说是开医院的呢？病人就相当于是来医院的顾客，本来来看病就是花了一大把钱、遭了很多罪后，才好不容易把病灶给拿出去了。然后病人在出院的时候，你作为医院的一员，对他说"谢谢惠顾，欢迎你再来！"病人会是什么感觉？这么说好吗？这么说合适吗？我再举一个极端一点儿的例子：火葬场是不是也是属于有顾客来往的场所？一拨心情沉痛的送行人员来到这儿刚刚送完死者要离开，你作为火葬场或者叫殡仪馆的工作人员，对人家说"谢谢惠顾，欢迎你再来!”，这对于身处火葬场的来客来说会是一种什么感觉？这么说合适吗？这么说可以吗？如果这种场合真的要是有人这么说话的话，那说的人恐怕离挨骂、找抽就不远啦！你看，哪有不分什么场合、拿到哪儿都一定好的话？语言运用的把握中只有适不适合某一场合或某种情况的话、在某一场合或某种情况中得不得体的话。有一个典型的语用艺术段子说，有一对恋人在湖里划船，女方的妈妈也坐在船上。船划到湖心的时候，女方突发奇想，对男方说：“假如这时我和我妈一起掉进水里，你先救谁呢?”这显然是一个二难推理问题，单纯地回答说“先救你”（含有你妈妈不是最重要的、排不到你前面等意味）或“先救你妈妈”（含有你不是最重要的、排不到你妈妈前面等意味）都不是最佳选择，都有不太合适的地方。这个男的是这么回答的：“我当然先救未来的妈妈啦!”这个回答不仅机智，也比较得体。为什么呢？因为这个回答是一个能兼顾二者的回答：男方将来跟女方结婚后，女方的妈妈也成为男方的妈妈，现在女方的妈妈就相当于是男方“未来的妈妈”；女方如果将来结婚后有了自己的孩子，当然也成为妈妈了，所以现在的女方也可以是“未来的妈妈”。因而，这个回答在这个语境中兼顾了双方，没有显出有厚此薄彼的倾向，让母女俩谁都没受到心理伤害，属于是一种比较巧妙的模糊回答，效果自然比说先救其中的某一个人要好得多。

有一句名言说：“得体的言语常常是通行无阻的护照。”说的正是语言运用得体的重要性。

三 了解一个途径——提高语言运用水平的基本路径问题

面对纷繁的大千世界、各种复杂的人际关系，很多人都想提高自己的语言运用水平，却往往又不太清楚到底该如何下手好。对于这个问题，我认为应该两手抓：一手是伸向书本，主要是向前人学习，向前人已有的相关体悟、心得学习，以提高自己的语言运用理论水平；另一手伸向生活，主要是向生活学习，因为生活是源头活水，生活往往是最好的老师，以此来提高自己的语言运用实践能力。这是一条理论与实践、理性与感性相结合的学习、提高之路。

（一）关于向书本学习问题

向书本学习，主要是学习前人已有的相关体悟、心得，相关的理论经验、方法技巧等，用这些知识来武装自己，以便从理论上提高自己驾驭语言运用的水平与能力。

比方说，语言运用实践中常常会遇到怎样去赞美人的问题。那么，赞美语言的基本原则是什么呢？关于这方面的问题，前人实际上已经提出了不少相关理性原则可供我们去学习借鉴。比如说像因人而异原则啦，实在、具体原则啦，突出重点、兼顾左右原则啦等。这些原则是在说，我们在使用赞美语言的时候，不能千人一面，而要根据具体对象的具体情况来进行，既不能在赞美的内容上虚浮不实、运用的赞美语言上言过其实，也不能无原则地总是以自己的偏好去三番五次地、厚此薄彼地滥用赞美的语言。又比如说，社会上的人男女有别，从赞美的角度的选择上看，通常来说，男人往往都很关注自己事业的发展，所以赞美男人时，同等情况下可以考虑先选择赞美他的事业；女人往往都很关注家庭、个人的魅力等，所以赞美女人时，同等情况下可以考虑先选择赞美她的家庭、魅力等。当然，我说的这些都是前人所总结提出的一些常规性的一般规律，特殊情况还需要具体问题具体分析。语言运用实践中也常常会遇到怎样去批评人的问题。那么，批评语言的基本原则是什么呢？关于这方面的问题，前人实际上也有不少相关方面的理性思索可供我们去体悟、归纳、总结、借鉴。比如说像对人不对事原则啦、尊重人格原则啦、适情入理原则啦等。就是说，我们在使用批评语言的时候，要尽量针对具体事情去进行批评，而不要形同人身攻击，要尊重被批评者的人格去开展批评，批评的方式与语言要适情入理，以让人心悦诚服。举个例子：比方说近日我们班级里总有个别同学上课迟到，作为老师，需要对此提出相应的批评和提醒。此时老师的反应可能会有两种不同的状况：一种是针对这些迟到者本人直接进行诸如“不要脸”“脸皮厚”“吊儿郎当”“毫无组织纪律观念”等有类于人身攻击式的“对人”的批评；另一种是针对迟到这种现象进行诸如“班里出现了一种迟到现象”“迟到会影响正常的教学秩序”“希望引起同学们重视”等“对事”的批评。显然，后一种“对事”而不是“对人”的批评，摆脱了尖刻的负面性刺激，更容易让人平静地接受。再比方说，关于营销语言的一些策略与技巧问题，现在的不少著述中也有比较成熟的一些理念可以借鉴。除了我们前面已经提到过的预设策略，其他的像犯美丽的错误策略啦、利他基础上的利己策略啦等，讲得也都挺有启发性。又比方说化解尴尬局面的语言策略，这方面情况在一些有关公共关系语言研究的著述里也有不少比较成形的思索，可供我们学习、借鉴。比方说像幽默策略啦、王顾左右而言他策略啦、模糊表达策略啦等，不少内容说得都是很富有启发性的。举个例子：有一个幽默故事说，马克·吐温有一次见到了一位漂亮的夫人，于是前去对这位夫人说："夫人，你真漂亮!"没想到夫人却回答说："谢谢！可惜我不能同样赞美你。"这个回答无疑会让马克·吐温非常尴尬。然而，出人意料的是，马克·吐温对此却微微一笑，回答说："没关系，你可以像我一样说一句谎话!"这里，马克·吐温一个幽默，轻松地化解了尴尬的局面。类似的还有一个关于普希金的趣闻说：普希金在一次舞会上想请一位年轻漂亮的小姐跳舞，没想到对方拒绝说："我不能带着一个孩子跳舞!"言外之意，对方是嫌普希金长得瘦小。这个回答无疑会让普希金感到很尴尬。没想到的是，普希金随即微微一施礼，回答说："哦，小姐，对不起，我不知道你已经怀孕了!"普希金的这个回答，显然是假装没听懂对方所说的话是什么意思，而采用了王顾左右而言他的办法，从而化解了所遇到的这种尴尬的局面。

提倡大家向书本学习的目的，是要从中汲取有益的营养以为我所用。而由于种种因素的限制，许多东西书本上并不一定都会有现成的答案，这就需要我们在读书时不能死读书，要开动脑筋，学会从相关蛛丝马迹中理出头绪，寻找规律，进行有思考地读书、有发现地读书、有收益地读书。比方说，就交往语言中到底怎么称谓对方合适这样一个看起来似乎比较小的问题，这里面学问就挺大，有不少内涵仍然还需要我们去好好地琢磨才行。举个例子：在座的可能不少人看过电视剧《亮剑》吧?不知你们看过《亮剑》的原著作没有。《亮剑》的原著作中，李云龙因养伤遇到护士田雨后，想跟田雨处对象却又一时不知怎么开始才好，于是便求教于曾跟他搭档过的原政委、曾经在燕京大学学习过的赵刚。赵刚给他出的主意是：先让田雨把管李云龙叫"首长"的这一称呼改称为"老李"开始。你想过这是为什么吗?这样改称能拉近两个人之间的距离呀！语言交际中称谓语的使用有一个基本的规律：尊敬度或正式度越高，人与人之间的亲近度相对就越低；尊敬度或正式度越低，人与人之间的亲近度相对就越高。比方说，我今天来这儿作报告，主持人介绍我时称呼我为“沈阳师范大学文学院于全有教授”。而我在单位，熟悉我的同事们不少都称我为“全有”及“小于”“老于”的，我父母在家里叫我则常叫“有”（带语气），这其中的尊敬度或正式度与亲近度或距离间的关系，应该很好理解了：从第一种叫法到第三种叫法看，尊敬度或正式度越来越低，亲近度越来越高，彼此间的距离越来越近。反过来，从第三种叫法到第一种叫法看，尊敬度或正式度越来越高，亲近度越来越低，彼此间的距离越来越远（其实不光称谓语是这样的，人际往来关系也如此。你看民间说的“柴米夫妻，盒儿亲戚”，就是如此：生活中夫妻俩是相对很亲近的，越亲近越平实，整日是实实在在的柴米油盐过日子的事，因而整日忙于柴米油盐这些实实在在的生活琐事的，那是夫妻；亲戚比自己家庭内部成员间的关系相对要远一些，越远越客套，拎着盒儿礼而来以示尊重，因而拎着盒儿来的是亲戚。绘画中的“近实远虚”原理也有点儿与之相类之处：离得越近的，画得或表现得越实；离得越远的，画得或表现得越虚）。这样，我们就可以理解让田雨改叫李云龙为“老李”的奥妙了：田雨叫李云龙为“首长”，尊敬度或正式度高，距离感强，两个人之间的亲近度相对就低，不利于进一步发展两人之间的亲密关系；让田雨改叫李云龙为“老李”，尊敬度或正式度降低，距离感弱，两个人之间的亲近度相对就会增高，有利于进一步发展两人之间的亲密关系。有一个电视剧叫《神枪》，里面也有类似的情况：彭团长喜欢女狙击手李杏花，私下里多次不让李杏花叫他“团长”，让李杏花把他当成是战友、朋友、彭铁头什么的都行，就是别老把他当成团长，李杏花因此渐渐地开始改称彭团长叫“老彭”了。彭团长之所以叫李杏花改称呼，显然就是为了拉近两人之间的距离、增强亲近度嘛！有一篇讲爱情的过程的小小说，就是源于这个原理，通过“李素芬”这个称谓语在她爱情的不同时期的不同变化——“李素芬同志、李素芬、素芬、芬、芬芬、李素芬、李素芬同志”，反映了整个爱情由初始时的生疏到热烈时的亲密，直至终结时复归平静的过程。别看就这么长一点儿的一篇小文，角度与笔法却十分老到，对爱情的过程没有过切身体悟的人，通常是写不出来的。这个如果你现在还理解不了，你可以将来慢慢去体悟。这里我就不对此再作过多的解释了。当然，类似的通过称谓语的变化来拉近或推远人与人之间关系的方法，也并不只有上面所说的这样一种，不少相关的方式与手段仍还需要我们去发掘、汲取。比方说，儿化就有表示亲切、喜爱的作用，称谓语的适当儿化也能在一定程度上起到提高人与人之间亲近度的作用。如“×铁蛋儿”与“×铁蛋”就不一样，“×杏花儿”与“×杏花”也不一样，“小红孩儿”与“小红孩”、“×小宝儿”与“×小宝”等也分别都不一样。你仔细地品味一下，可以体味出带儿化的都比不带儿化的更能增强、提升与对方间的亲近度与喜爱感。同时，上面我在讲称谓方式跟人与人之间的疏密关系时，着重举例讲了称谓方式对拉近人与人之间关系距离的影响与作用。而我们在具体的语言运用过程中，也完全可以根据需要，反过来运用这一技巧，即通过不同的称谓方式的变换来达到疏远与某人之间关系、不让与某人之间关系发生升温性改变的目的。如一位年轻漂亮的女性在遭遇本单位完全属于是自己长辈的领导硬要叫她“小妹儿”时，她敏锐地用称呼该领导为“×爷爷”，来委婉地提醒他跟她之间需要保持的伦理界限。这些语用技巧与艺术的运用，都需要语言运用者在了解、掌握一定的语言运用原理的大前提下，根据具体情况来随机应变，灵活把握。

（二）关于向生活学习问题

要想运用好语言，除了通过书本向前人学习相关理论、经验、方法、技巧，还要特别注意留心生活中的语言运用现象，注意向活生生的语言生活学习。生活是最好的老师，处处留心皆学问。

生活中有许多生动活泼的语言运用现象，往往不是我们这些坐在书斋里的人能够凭空想象出来的，非常值得我们去思索、琢磨。比方说，有一次，我去一家大型市场买肉。虽然我这个人对肉的品质没太多的研究，但按照一般买东西的例行做法，总得简单地扒拉扒拉看一下怎么样再买吧。我先在一个卖肉的肉床子上扒拉了一下，接着转身又分别在紧挨着的另两家卖肉的肉床子上扒拉了两下，简单一比较，感觉好像还是第一家床子的肉能好一些，于是转身回到第一家那个肉床子前，伸手扒拉了两块肉想选择一下。没想到，卖肉的那个岁数看起来并不大的女子就不干了："老扒拉什么呀？再扒拉都扒拉熟了！"你瞧瞧，她说得多夸张呀！我一点儿也没生气："呵，那回家倒省事了！这么好熟吗？"下面你知道我怎么做的吗？把肉先买了？我是立马转身靠到一边，掏出笔悄悄地把这个例子先记了下来再说！你说这例子多生动啊！这是我们这些成天宅在书斋里面的人随便就能想得出来的吗？早年我参加相关学术讨论会，曾经听到这样一个故事：说是两个人骂了起来，其中的一个人对另一个人说："你嘴巴张得那么大干什么？你能把我吃了怎么的？"没想到，这时另外那个人嘿嘿一笑说："我吃你干嘛？我是回民！"言外之意，骂对方是猪。你瞧瞧，这人骂的，一个脏字不带，骂得你是狗血喷头啊！如果抛却骂人这事的本身不论，仅从语言表述的方式上看，这水平挺高呀！是很高级的一种骂人方式。后来，我在生活中也比较注意留心类似的语言现象。你还别说，有一回我在公交车上还真碰上了类似的一个例子。大概是1995年夏季的一天，我在市区大街上坐公交车。当时我坐的公交车是一辆无轨电车，有三个车门，中间门是上车的，两头儿门是下车的（有售票员把门验票）。坐车的人得从中间门上来，之后再看情况移动到前门或后门，以便下车。那时候私家车不像现在这样多，出门坐公交车的人很多，车上很拥挤。因为上车后没有座位坐，我只好挤在中门附近的过道里，握着车上的扶手站着，挨着我对面挤着站的是一位穿白衬衫的女同志。不大一会儿，下一站上来了一位光着膀子、一身汗水的男的。因为他要向下车的门口串位置，需要从过道上的人群中挤过去，于是他便硬是从我俩中间拱了几拱，挤了过去。他身上的那些汗大部分都蹭到了我们俩的衣服上了。我当时身上穿的是一件豆绿色的衬衫，还算是耐脏，出门碰到这类没办法的事虽然很烦，却也不好去计较，但我身边站着的那个女同志就不干了："老拱什么呀？猪年来了就乱拱哇？"这话说得够厉害的，言外之意是你怎么像猪似的在那儿乱拱。没想到，那个已经挤过身去的男的回过头来看了一眼这个女的，愣了一下说道："嚷嚷什么呀？狗年都过去了，还在这儿汪汪叫哇？"瞧这男的话儿对的，是不是也挺神呢：你不是言外之意说我像猪么，我也用同样方式回敬你像狗！跟刚才我说的上一个例子有异曲同工之处。想知道我是怎么反应的吗？当然不能放过啦！这样的对话咱一共能见到过几回呀？我赶紧扭身翻包摸笔，悄悄地记下了这个例子。当然，我举这两个例子的目的不是让你们学会怎么骂人，而是让你们平时多留心身边的语言生活，多观察老百姓是怎么说话的，多从生活的源头活水中去捕捉语言运用的灵感、积淀语言运用实践的生动素材，以为我们的语言实践（包括日常生活语言实践、创作语言实践）、语言教学与研究等服务。

社会生活涉及方方面面，与之相应的社会语言生活也涉及方方面面。而人的多方面的语言运用能力的提高，离不开多方面的语言运用实践的熏陶。因而，师法生活，向生活要发现、要灵感、要源头活水，自然不失为一条提高语言运用能力（包括语文写作能力）的重要途径。当然，这需要我们要有不断学习、处处留心的意识与精神。我好多年前曾经历过这么件事：一次骑自行车出去经过一个大楼的门洞，有两个老头正在里面说话。我在经过他们身后的时候，就听一个人对另一个说："哼，他呀？骡子！"显然，这两个人在谈论第三个人，其中的一个人把他们所谈论的第三个人比方成骡子了。我吃了一惊，心想这俩城市老头不简单哪，还明白骡子是怎么回事儿。你们知道把人比方成骡子是什么意思吗？我小时候在农村生活过，曾几次在学校放暑假期间做过挺长一段时间生产队的放牲口娃，接触过骡子这种牲畜。骡子的特点我太了解了：骡子一般都是由驴跟马杂交而来的，通常它自己不能繁衍后代。也就是说，骡子是杂交而来的、它通常是没有子孙后代的一种动物。说某某某是"骡子"，显然是骂此人是一个断子绝孙的杂种。能说这话的人，是挺熟悉骡子的习性、把骡子的特点琢磨透了，所以才能仅用"骡子"两个字，不带一个脏字，就把他们所说的另外一个人骂了个狗血喷头。我举这样一个例子，同前面举过的类似几个例子一样，不是要教你怎么去骂人的，而是想说在大都市里突然听到通常应该出现在与农村生活有关的人事里才有的一种语言运用现象的时候，让我感到颇为惊讶的是：如果没有一定的本方面的生活感受，能说出这样的话吗？真不能想当然地揣测或低估基层百姓的一些语言实践能力，他们有些话是很传神的！有不少地方我们这些经常宅在书斋里的人得向他们学习呀！早年我在一次基层教育实践中，还曾见识了这么一件事儿：一位做观摩课的男老师，因为天气热穿着短裤进课堂上课，曾一度引起课堂上部分学生的目光斜视与交头接耳。陪我们随堂听课的一位本校领导在课后回到办公室讨论交流本课时，大概是想提醒一下这位男老师上课的穿着问题，于是便委婉地对他说："你今天上课来得挺匆忙是吧?"那个老师说："是呀！你怎么知道的?"领导说："你看你，穿着短裤就来上课了嘛!"这位领导说话其实是挺讲究语言艺术的，他没有直接质疑那位老师怎么穿着短裤就来上课，而是用言外之意的方式在婉转地提示他：你应是懂得教育规律的，如果不是着急，按说你是不应该这么穿着打扮的。没想到，这位授课老师绝顶聪明，领导的意思他一下子就听懂了。那么，此时此刻，他该怎么回答合适呢？当着我们的面儿质疑领导关于老师衣着打扮上的这种要求有何依据？显然不一定合适；如果就此默认、一声不吭，好像也不一定合适。没想到，当着大家的面，这位老师随即是嘿嘿一笑："哈哈，校长，上级一再号召节俭，我是能省半截儿就省半截儿呀!"看看这个老师的这个回答，整个是一个假装没听懂的王顾左右而言他，又加上幽他一默的形式，把前面我们说过的两种化解尴尬局面的策略叠加到一起了，机智又不失风趣地化解了所遇到的这种比较尴尬的局面。生活中这种新鲜的语言用例还有很多，如胖叫"富态"、瘦叫"苗条"（多用于女性)、淘气可以叫"活泼"、不爱吱声儿可以叫"深沉"、起床比较晚的人可以叫"后起之秀"、上课爱睡觉的学生可以叫"特困生"等。许多鲜活的语言形式都很富有启发性，需要我们留心去观察、把握，以更好地为我们的语言运用实践服务。

"晒"族新词与社会文化心理通观

引 言

近两年来，继"博客""播客""闪客""换客""彩客"等之后，互联网及报纸杂志上又悄然出现了专门以"晒××"为能事的又一新客——"晒客"。伴随而来的，是涌现出一大批以"晒工资"为代表的"晒××"类新词：什么"晒工资""晒股票""晒基金""晒账单"，什么"晒宝宝""晒小孩""晒女友""晒老公"，什么"晒名表""晒汽车""晒游艇""晒别墅"，什么"晒厨房""晒客厅""晒电视""晒窗帘"，什么"晒衣服""晒首饰""晒包包""晒皮鞋"。互联网上甚至还出现一些专门的"晒"类网站，如"晒网""晒吧""晒货网""两天晒网""晒客中国"等。本文拟就"晒××"类"晒"族新词与社会文化心理问题进行初步的分析与探讨。

一 "超级大晒"："晒客中国""大玩晒"

中国互联网上悄然刮起的这股"晒××"之风，起源于2006年下半年。该风肇始于"晒女友"（的好坏），兴盛于以某名校副教授"晒工资条"为典例的"晒工资"风潮，炽热于时下的不放过一切可"晒"之物的"晒可晒"。从"晒女友"到"晒工资"，从"晒家底"到"晒可晒"，"晒客"一族乐"晒"不疲，玩起了花样繁多的"超级大晒"。

笔者于2007年3月26日在"百度"搜索引擎以"晒—（被子 太阳 阳光 雪）"为关键词（此关键词表达式意为：搜索所有包含"晒"字的网页，

但要排除"晒"的对象为"被子、太阳、阳光、雪"的网页）进行搜索，得到相关网页约29 500 000页之多。这些林林总总的与"晒××"类"晒"族新词语相关的内容，大致可以划分为以下几种类型：

（一）晒收支

"晒收支"，就是把自己的经济收支情况拿出来贴到网上，让它见见"阳光"，让大家看看自己的收支。如"晒工资""晒工资条""晒年终奖""晒加薪""晒红包""晒福利""晒春节福利""晒三八节福利""晒投资""晒存折""晒存款""晒股票""晒基金""晒债券""晒彩票""晒理财""晒理财状况""晒保单""晒清单""晒交易单""晒账单""晒花销""晒春节开销""晒房租""晒房子装修费用"等。

（二）晒行头

"晒行头"，就是把自己的行头——包括戴的首饰、穿的衣服、拎的东西等，照下来挂到网上，供他人浏览。如"晒首饰""晒珠宝首饰""晒皇冠"（结婚时头上戴的一种首饰）、"晒耳环""晒钻戒""晒手表""晒手链""晒衣服""晒春装""晒夏装""晒皮带""晒仔裤""晒西裤""晒皮鞋""晒凉鞋""晒鞋帽""晒包包""晒香包""晒手提包""晒手机""晒手机链"等。

（三）晒家珍

"晒家珍"，就是把那些自己认为重要的或引以为荣的东西——可能是价值连城的珍品，可能是对别人或许一文不值或不值一提的"敝帚"——找出来贴到网上，不求对别人有什么价值，只求对自己进行一次自我陶醉。如"晒照片""晒靓照""晒结婚照""晒老照片""晒奖状""晒奖项""晒奖牌""晒纪念品""晒厨房""晒客厅""晒电视柜""晒床单""晒窗帘""晒书柜""晒宝宝""晒小孩""晒老公""晒丈夫""晒女友""晒妻子""晒名表""晒名笔""晒汽车""晒名车""晒跑车""晒房子""晒装修""晒房价""晒别墅""晒游艇""晒证书"等。

（四）晒所好

“晒所好”，就是把自己的爱好——可以是实物，也可以是思想——用文字、图片的方式展示出来，与大家分享。如“晒收藏”“晒古董”“晒宝贝”“晒玉器”“晒瓷器”“晒字画”“晒好书”“晒邮票”“晒秘笈”“晒厨艺”“晒美食”“晒零食”“晒小吃”“晒特色菜”“晒花卉”“晒宠物”“晒电影”“晒歌曲”“晒明星八卦”“晒游戏”“晒游戏机”“晒经验”“晒攻略”等。

（五）晒可晒

“晒可晒”，是指除上面提到的几种主要“晒××”类之外的一切可以翻出来在网上“晒”的东西。它充分地显示了“晒客”的“一切皆有可‘晒’”的特征。如“晒月亮”“晒班费”“晒药价”“晒提案”“晒菜谱”“晒免费资源”“晒育儿心得”“晒家庭矛盾”“晒婆媳关系”“晒隐私”“晒身体隐私”“晒心情”“晒感情”“晒友情”“晒亲情”“晒幸福”“晒初恋”“晒恩爱”“晒心得”“晒信息”“晒成长”“晒学业”“晒校园生活”“晒寒假作业”（一般是家长把孩子的作业拿出来晒）等。

二 “晒”族新词的“晒”源、“晒”义及衍生模式比较分析

《现代汉语词典》（第5版）对“晒”的释义是：“①太阳把光和热照射到物体上：烈日~得人头昏眼花。②在阳光下吸收光和热：~粮食丨让孩子们多~太阳。③<方>比喻置之不理；慢待：把他给~在那儿了。”[①] 然而，这些义项都无法更好地、更合理地解释新出现的“晒××”类“晒”族新词的“晒”源、“晒”义。那么，这些“晒××”类“晒”族新词中的“晒”义到底是源于何处？它所表达的又是怎样的含义？其衍生模式和其他新词相比较，又有何特点呢？

---

① 中国社会科学院语言研究所词典编辑室：《现代汉语词典》（第5版），商务印书馆2005年版，第1184页。

(一)"晒"源

关于"晒××"类的"晒"源问题,目前有这样几种相关的、比较有代表性的说法:

1. 源于广东话"晒"说

这种说法认为,"晒"字从广东方言"晒命"中借来,"晒"的意思是"炫耀"。在广东话里,"晒命"指的就是把自己值得炫耀的东西放在嘴边,或者迫不及待地讲给人家听,有贬义的意味,不过现在更趋向于中性词①。

2. 源于英文"share"说

这种说法认为,"晒"音译自英文"share",即"分享"或"共享"的意思。"晒"是晒客把自己的生活、经历和心情展示在网上,与他人分享。这种分享,不为炫耀,不比金钱,只为展示生活,分享快乐。这种分享,更重要的是网友之间的交流,晒客之间的互动。与之相连的"晒客",也源自英文"sharer",即是把自己的淘宝收获,心爱之物统统拿到网络上去,与人分享,由人评说②。

从上述说法中我们可以看到,"晒××"类"晒"族新词中的"晒"的来源主要有两种:一是源于广东话"晒命"之"晒",义为"炫耀";二是源于英语"share"的音译,义为"分享"或"共享"。

实际上,根据我们对"晒××"类"晒"族新词的考察,上述这两种来源上的"晒"义在"晒××"类"晒"族新词中都有(详见下文)。我们认为,是上述这两种"晒"源一同构成了"晒"族新词中的"晒"义源头。

---

① 王萌:《大庆工资最让人眼红 专家分析"晒工资"晒出了啥》,https://heilongjiang.dbw.cn/system/2007/02/12/050703767.shtml,2007年2月16日;王萌:《哈尔滨工资不算高,大庆工资最让人眼红》,http://news.sina.com.cn/s/2007-02-12/115511224683s.shtml,2007年2月16日。

② 西贝:《晒工资:工资条也可共"分享"》,《哈尔滨日报》2007年4月1日第8版;《网"客"家族又添新成员》,http://news.sohu.com/20070405/n249212567.shtml,2007年4月10日。

（二）“晒”义

依据“晒”之来源及“晒”族新词的使用现状，“晒”的新义主要可以细划为以下几种：

1. 炫耀、夸耀、显摆。例如：

［1］一贯成熟老练的嘉欣，一提“亨亨”即变回怀春少女般笑个不停，并大晒幸福：“他会送有意思及背后有故事的首饰给我，等我将来可以讲出来，是关于我跟他的故事，这是其他男友做不到的，要很细心才行。”（http://news.sohu.com/20070313/n248684781.shtml，2007-03-13）

［2］房价飞涨数字历历在目　业主忙攀比网上晒房价（http://news.sohu.com/20070326/n248984750.shtml，2007-03-26）

上面例子中的“晒”义为“炫耀”“夸耀”“显摆”。从修辞效果上看，“晒”与明显带有贬义的“炫耀”“夸耀”“显摆”相比，比较含蓄，暗含着你要是不服就比比，是骡子是马也拉出来遛遛之底气十足的自鸣得意之情状。

2. 共享、分享。例如：

［3］大家有工作的可以晒工资，当学生的可以晒成绩，收藏家可以晒宝贝，爱做饭的可以晒厨艺……哪怕是晒晒心情，跟朋友们分享自己的开心和不开心也是可以的。晒客是一个鼓励原创的地方，欢迎大家一同来分享自己的生活。（http://bbs.kutj.com/list.asp?boardid=1）

［4］记者近日在沈阳一家房产论坛上发现，一些小区业主群里正流行“晒房价”，新老业主在网上公布出买下房子的价格，相互进行比较。（《沈阳今报》2007年3月26日）

上面例子中的“晒”义为“共享、分享”，与英文中的“share”所表示的“分享”义相当。作为继“秀”（show）、“酷”（cool）之后的又一流行新词，“晒”（share）与“秀”（show）、“酷”（cool）相比，又有所不同：“秀”（show）、“酷”（cool）多是给别人看，而且是看自己好的一面；而这里的“晒”（share），则是不管你喜欢与否，我只是把自己的东西（包括好与不好的）“晒”出来，让大家共享。

3. 公开、展示。例如：

［5］深圳市民旁听人代会，现场问领导“能不能晒一晒工资”，市人大常委会副主任李华楠现场回应，“晒”出“月收入一万元不到”。（《南方都市报》2007 年 3 月 25 日）

［6］父母上网“晒”孩子周末安排（http：//news. sohu. com/20070326/n248985725. shtml，2007 -03 -26）

上面例子中的“晒”义，是“炫耀”“夸耀”“显摆”和“分享”“共享”两个“晒”的新义中都可以引申出来的引申义——“公开”“展示”。从词义的引申关系上看，“炫耀”“夸耀”“显摆”也是一种“公开”“展示”，不过前者带有贬义色彩的味道；“共享”“分享”也是一种“公开”“展示”，二者都可以引申出“公开”“展示”之义。同时，像“共享”“分享”义，表示的是把可晒之物翻出来放在网络上“共享”，让那些需要它的人“分享”，可晒之物对晒东西的人和看晒的东西的人都有用。而“公开”“展示”表示的只是晒东西的人把所晒之物拿出来“展示”“公开”，并不关心对那些看晒的东西的人是否有用。从修辞角度上看，用“晒”比用“公开”“展示”等更为形象、生动，更富有表现力。

（三）“晒”族新词衍生模式比较分析

“晒”族新词是在语言的求新机制、同化机制、类化机制等作用下涌现出来的[①]，并借助网络媒介迅速壮大起来。从衍生模式上看，“晒”族

① 于全有：《一种非常值得注意研究的“非常”语言现象》，《语言文字应用》2000 年第 1 期，第 88—92 页；于全有：《语言理论与应用研究》，中国社会出版社 2000 年版，第 291—301 页。

新词的衍生模式与一般新词语的衍生模式有很大的不同。

首先，构词的途径有所不同。一般而言，共同语中的一个新词的构型，通常有源于共同语内部、源于共同语外部以及源于共同语内部与外部相结合等几种模式。其中，源于共同语外部的新词，又可细分为源于外来语、源于本族语中的方言等模式。以近些年我们民族共同语中所出现的新词为例，“跑博士点”“光棍节”类的新词①，就属于源于共同语内部的新词；“酷”“克隆”类的新词，属于源于共同语外部的外来新词；“忽悠”类的新词，属于源于共同语外部方言中的新词；“SOS 儿童村”类的新词，则属于源于共同语外部的外来的“SOS”（英语 save our souls 的缩写）与源于共同语内部的“儿童村”相结合的新词②。而新近才流行开来的“晒××”类“晒”族新词，虽然表面上大致可以把其归到由源于共同语外部的“晒”与源于共同语内部的“××”相结合的一类新词中，但在衍生渠道上，却较以往的一些新词的来源模式更为复杂：以往的源自共同语内部与外部相结合模式的新词，通常要么是共同语与外来语两结合，要么是共同语与其方言两结合。而“晒××”类新词，则是共同语（“晒××”中的“××”）与外来语（英语 share）、方言（广东话“晒命”之“晒”）的三结合。这使“晒××”类“晒”族新词在构词途径上，呈现出一种比以往的新词的衍生模式更为复杂综合的新模式。

其次，词义衍生的方式有所不同。除部分情况外，以往的一些带有共同语固有构词成分的新词词义的衍生，往往都是直接通过对原有的一个词或构词成分的某一意义或形态推衍而来的。如近年新产生的、以“复光”（重做“光光”。“光光”意为男光棍，源于网络语言“GG”）、“复明”（重做“明明”。“明明”意为女光棍，源于网络语言“MM”）类的“光棍”族新词③为代表的一些新词，其词义就是此种衍生的方式。

---

① 于全有：《“跑”族新词与跑族心理》，《语文月刊》2003 年第 6 期，第 21 页；于全有、裴景瑞：《“光棍”族新词与社会文化心理通观》，《文化学刊》2007 年第 2 期，第 54—60 页。

② 中国社会科学院语言研究所词典编辑室：《现代汉语词典》（第 5 版），商务印书馆 2005 年版，第 1835 页。

③ 于全有、裴景瑞：《“光棍”族新词与社会文化心理通观》，《文化学刊》2007 年第 2 期，第 54—60 页。

然而，“晒××”类“晒”族新词词义衍生的方式，却与这种常见的词义衍生方式有所不同：它并不是由原共同语中已有的“晒”义再推衍出新义，而只是在沿用或借用共同语中已有的诸如“晒太阳”“晒粮食”类的“晒××”常用构词模式，抽掉了“晒”的原共同语意义中的常用义项，新装上了原共同语意义以外的复合式的新义——方言义（炫耀）、外来语义（共享），并且几乎是在这种新义流行的同时，又从由此复合而来的新义再共同衍生出了一个新的引申义——“公开、展示”义。这使“晒××”类“晒”族新词在词义衍生方式上，又呈现出一种不同于以往的状态：共同语的常见构词模式“晒××”与全新的外部新义——“方言义+外来义”的复合——组配到一起，并在流行中又由此而迅捷地引申出了一个新的意义。

这使我们看到，共同语中的一个词，不管在其产生之初，原有的词义是源于共同语的内部还是外部，但只要词的形式和意义结合一旦确立之后，其在以后发展过程中的更新词义的衍生，引申的方式始终是词语衍生新义的重要方式①。同时，我们还看到，具有多个义项的一个词，其原初的意义或基本义可能是任意的，但由此再衍生出的该词的其他词义，则是有理据的（主要是通过引申的方式产生的）。这也部分地说明，当代语言学（特别是认知语言学）对索绪尔语言符号任意性学说的指正是有一定的道理的：语言符号既有任意性的一面，又有理据性（包括组合关系中的象似性）的一面，是任意性与理据性的对立统一②。

三 “晒”族新词与社会文化心理

语言是社会文化的镜像，社会文化是语言的管轨。一定的语言，总是忠实地记录并反映一定的社会文化；一定的社会文化，也必定对一定的语言产生这样或那样的影响。“晒××”类“晒”族新词的涌生与兴盛，比较集中地体现了新的时代条件下的新的社会文化现实，以及与之

---

① 引申主要可以通过比喻引申、借代引申、通感引申等多种方式来实现。参阅于全有、陈新义、谢茹《现代汉语专题研究》第二章第二节，黑龙江人民出版社2007年版。

② 王寅：《论语言符号象似性——对索绪尔任意说的挑战与补充》，新华出版社1999年版，第9—64页。

相应的种种复杂的社会文化心理。

粗略道来，“晒”族新词所映现出的社会文化心理，主要有以下几种：

（一）“晒甜蜜”：“晒”族新词与彰显心理

近年来，随着我国改革开放的不断深入、国人生活水平的日益提高以及国人自信心的不断增强，人们的思想也日趋开放。彰显个性，展现自我，已在某种程度上成为现代人新的社会追求。部分人已不再满足传统的默默无闻的生活方式，张扬自我，凸显个性，已成为其现实生活的重要组成部分。特别是在这个以尽可能地吸引别人的注意力为特征的眼球经济时代，有些人不但竭尽自己所能来彰显自我，吸引眼球，甚至是不惜通过开放自己的隐私来吸引别人的关注，借以收获一份被人注目、重视、羡慕乃至追捧的心理满足或其他收益满足。

于是乎，便出现了诸如“晒耳环”“晒皇冠”“晒钻戒”“晒首饰”“晒春装”“晒夏装”“晒皮带”“晒仔裤”“晒皮鞋”“晒凉鞋”“晒包包”“晒手机”等，把自己的行头“晒”给别人看，“显摆”给别人看，也出现了诸如“晒名表”“晒名笔”“晒汽车”“晒房子”“晒房价”“晒别墅”“晒游艇”“晒装修”“晒奖项”“晒理财”“晒存折”等，把自己的家底实力拿出来“晒”给别人看，“显摆”给别人看。晒客所希望得到的，是在别人的一片欣羡声中，收获一份陶然沉醉的愉悦与甜蜜。

同时，像“晒宝宝”“晒小孩”“晒老公”“晒丈夫”“晒女友”“晒妻子”“晒靓照”“晒自己”“晒隐私”“晒身体隐私”等所晒之物，在引得网上跟帖夸誉的人少则几十、多则成百上千，使晒客在虚荣心得到极大的满足的同时，也部分地引发了一些晒客希望借此来吸引眼球的彰显心理。特别是“晒隐私”“晒身体隐私”“晒靓照”等，也部分地折射出沉迷于此的部分晒客企望像网上成名的许多“明星”一样，通过此种“晒”的方式，吸引公众眼球，倘若因此而幸运地被星探发现并被包装，自己便可以一跃成名。

（二）“晒所爱”：“晒”族新词与分享心理

人是一种社会性的存在。人的社会性存在，离不开人与人之间的社会交往与交流。把自己的所爱所好及对人生酸甜苦辣的感受，能以适当的方式与人交流、分享，而又无损于自身的利益，无疑是人生的一种惬意之事。

在没有互联网之前，由于受种种社会因素的影响，个人的家中自珍之物、带有隐秘性的一些事物，若要拿出来与人分享，往往会受到诸如安全性、隐私性等诸多不便因素的影响。互联网出现后，在网络上将自己的所爱好的收藏挂上去晒晒，既能得到与他人分享沟通的乐趣，又可以借网络世界的虚拟性而有效地保护自己的身份，较好地免除了无谓的泄密之忧。这给以与他人分享为主要目的的"晒客"提供了充分发挥自己"晒"智的机遇与土壤。像"晒收藏""晒古董""晒宝贝""晒玉器""晒瓷器""晒字画""晒邮票""晒家居""晒游戏""晒秘笈""晒厨艺""晒美食""晒花卉""晒厨房""晒客厅""晒电视柜""晒床单""晒窗帘""晒书柜""晒心情""晒幸福""晒恩爱""晒感情""晒心得""晒装修"等一批"晒××"类"晒"族新词的涌生，正是晒客的这种分享心理的反映。

以"晒装修"为例，已装修过房子的晒客，把自己装修房子的经历——从瓷砖、卫浴、地板、电器，到无烟锅、音响、滑轨、水龙头，以及每一项花费及经验，挂到网上，而相应时间内没有装修房子经历的网友在网上看到这种"晒"出来的装修记录，对相应的装修情况心里就有了底。同时，跟帖里的不少正在装修的网友们的心得及各大装饰市场装饰材料的对比情况记录，对后来进行装修的人都有重要的参考作用。这样的帖子甚至对已经装修过房子的网友们也有参考价值：对比一下，看看自己在哪些地方做得合适，哪些地方做得不适当。正是这种分享的心理，为相当一部分"晒××"的涌生提供了适宜的机遇与土壤。

（三）"晒明白"："晒"族新词与寻知心理

对自身相关事情寻求知情的心理，是人类的共性。对于相当一部分晒客来说，"晒××"是一个寻求知晓的过程。这方面最为典型的例子，就是"晒工资"。据《中国青年报》的民意调查数据显示，"49.7%的人觉得，'晒工资'是为了让工资更透明；45.1%的人认为'晒工资'能帮助大家认清自己的社会地位”①。许多晒客通过“晒工资”，了解了自己收入的水平、层次，也了解到自己真实的社会处境。

其他如“晒股票”“晒基金”，则是部分晒客分别把股票、基金买卖的详细记录搬到网络上，并在后面写上了自己的心得体会，以期通过讨论，总结出更有实效的投资经验。另如上面提到的“晒古董”“晒收藏”“晒玉器”“晒瓷器”“晒字画”等，也都在满足与他人共享或分享的同时，兼有寻知所藏之物价值信息的心理意图。

（四）“晒心愿”：“晒”族新词与诉求心理

近年来，随着社会不断向前发展，国人间经济上的差距相对拉开。一方面是在以部分垄断行业为代表的领域，相关人员的收入较高；另一方面是部分生活在社会中下层的人们工资收入相对较低，一定程度上存在着因生存焦虑而引发的对分配公平的积极诉求。在此背景下，以“晒工资”“晒工资条”“晒账单”“晒年终奖”“晒红包”“晒交易单”“晒房租”“晒花销”“晒春节开销”“晒福利”“晒春节福利”“晒三八节福利”等为代表的这些高收入者借以炫耀的内容，同时又成为中下层的低收入的晒客要“晒”的重点内容之一。这部分晒客之所以要在网上晒一晒自己，一方面是要借此坦露自己相对较低的社会处境、微薄的收入，借以抒发自己对之不平、自嘲与无奈的心境；另一方面有对未来有所期望，希望能引起社会的关心注意，以便较好地改善一下自己的处境。这些“晒××”类“晒”族新词，充分地折射出部分生活在中下层的晒客在“晒自己”时那种戚戚然而又期期然的社会文化心理。

语言是一种社会文化现象，语言随着社会文化的发展而发展。“晒××”类的“晒”族新词的涌生和大行其道，其所折射出的种种复杂的社会文化心理，对我们更好地理解、认识、研究、处理相关的语言现象及社会文化问题，无疑具有十分积极的启发意义。

（原刊《语言文字应用》2007 年第 3 期，第一作者）

---

① 《“晒工资”晒出心理失衡　“白骨精”节后兴跳槽风》，https://business.sohu.com/20070225/n248339608.shtml，2007 年 2 月 27 日。

“被”族新语与社会文化心理通论

引 言

近年来，网络乃至其他报刊媒介等报道中，渐次出现了一大批以“被自杀”“被自愿”“被就业”等为代表的“被××”式“被”族新语，并于2009年迅速蹿红网络及相关媒体，进而一跃成为“2009年汉语第一字”①。新出现的各式各样“被××”式“被”族新语，不仅数量大，而且涉及面广，已广泛地触及政治、经济、文化等诸多领域，诸如“我的工资被增长了，我的生活被小康了，我的女儿被就业了，我的意志被自愿了。不过我还算好的，因为还有人被自杀了”② 等。目前学术界对“被××”式“被”族新语的探讨，主要集中在对“被××”作为一种结构的构成模式分析及其语法分析、语义分析、语用特征分析等方面上③，鲜有对“被”族新语中的“被”义（非“被××”结构义）、结构特点及与社会文化心理的关系等问题的系统分析与探讨。本文拟对后者作一比较系统的梳理、分析与探讨。

---

① 应妮：《“被”字被中国网民票选为“2009汉语第一字”》，http：//news.sohu.com/20100206/n270105515.shtml，2010年6月28日。

② 《不知道这些流行语你就OUT了!》，《东亚经贸新闻》2009年12月28日第22版。

③ 可参阅靳开宇《“被+××”式词语结构模式分析》，《长春大学学报》2010年第7期，第48—50页；何洪峰、彭吉军《论2009年度热词“被×”》，《语言文字应用》2010年第3期，第81—88页；侯颖《“被时代”的语言学解读》，《现代语文》（语言研究版）2010年第2期，第136—139页；刘斐、赵国军《“被时代”的“被组合”》，《修辞学习》2009年第5期，第74—81页；刘文正《“被”的语用现象和理性义》，《汉语学报》2009年第4期，第93—94页；陈文博《汉语新型“被+×”结构的语义认知解读》，《当代修辞学》2010年第4期，第80—87页。

一 “被”受关注：“被时代”的“被××”组合概观①

（一）“被”族新语的萌生与发展情况调查

通常认为，中国互联网及其相关媒体中的这种风头正劲的“被××”新语的萌生，始于2008年的上半年。其实，根据我们的考察，近年流行的这种新式用法的“被”族新语的萌生情况，却并非如此。为了更好地弄清有关情况发展路径，我们借助公开的数据库——北京大学CCL语料库、中国期刊全文数据库及“百度”搜索引擎等，对其进行了不同角度的检索及综合分析，发现了不少有意义的线索。

我们的调查方式是：先是全文查阅了北京大学CCL语料库现代汉语部分（该语料库最新一次的更新时间为2009年7月20日），查得含有“被”字的语料共计266 218条。经逐一甄别筛选，里面没有查到我们所理解的“被××”式“被”族新语的使用状况。然后我们又对目前比较具有权威性的“中国期刊全文数据库（CNKI）”进行检索：在该数据库总目录中选择“人文与社会文献”下的四个人文社科类子项——“哲学与人文科学”“社会科学Ⅰ辑”“社会科学Ⅱ辑”“经济与管理科学”（排除“自然科学与工程技术文献”，以便使查索内容符合一般社会生活），检索出1915年至2010年间所有人文与社会科学类期刊中题名带“被”的项目，然后再一一甄别筛选，整理出“被××”式“被”族新语在书面语体中的基本发展脉络（见表1），再佐之以一般网络语体中的“被”族新语相关实际情况为参照，来总体上分析、把握“被”族新语的基本发展趋向等情况。

表1　“被”族新语在书面语体中的基本发展脉络

年份	频数	内容及频次
1991—1992	0	
1993	1	被吵架 1

① 《“被”时代：逃不出的荒谬》，http：//news. 163. com/special/00012Q9L/beishidai090724. html，2009年11月18日。

续表

年份	频数	内容及频次
1994	0	
1995	0	
1996	2	被面子 1 被买断 1
1997	1	被告别 1
1998	1	被焦点访谈 1
1999	2	被等 1 被赶 1
2000	4	被 DELL 1 被现代化 1 被传销 1 被（补）钙 1
2001	1	被烤（试）1
2002	4	被代表 1 被现代化 1 被娱乐 1 被补（课）1
2003	2	被听（证）1 被罚睡 1
2004	3	被卡拉 OK 1 被代表 1 被经济 1
2005	3	被娱乐 1 被传奇 1 被弱视 1
2006	6	被暴利 1 被行销 1 被统计 1 被高烤 1 被弃权 1 被殖民主义 1
2007	5	被统计 1 被娱乐 1 被潜规则 1 被增长 1 被对策 1
2008	6	被娱乐 2 被观念 1 被等级 1 被芭蕾 1 被上海 1
2009	102	被就业 29 被增长 13 被自愿 7 被精神病 6 被高速 5 被代表 4 被死亡 3 被捐款 2 被网瘾 2 被统计 2 被自杀 1 被高铁 1 被娱乐 1 被满意 1 被慈善 1 被失踪 1 被艾滋 1 被听证 1 被 G2 1 被培训 1 被消费 1 被成功 1 被胜利 1 被全勤 1 被主动 1 被留学 1 被中产 1 被繁荣 1 被强大 1 被富裕 1 被委屈 1 被合同 1 被间谍 1 被直播 1 被热点 1 被达人 1 被降低 1 被面试 1 被自愿关闭 1
2010	202	被增长 19 被就业 17 被高速 8 被自愿 6 被第一 6 被死亡 5 被保险 5 被代表 5 被精神病 5 被高铁 4 被消费 4 被中产 3 被自杀 3 被平均 3 被幸福 3 被捐款 2 被结婚 2 被广告 2 被离婚 2 被退休 2 被独秀 2 被火锅 2 被留学 2 被听证 2 被加班 2 被学习 2 被发达 2 被毕业 2 被补习 2 被署名 2 被娱乐 1 被和谐 1 被优惠 1 被落榜 1 被忠实 1 被节日 1 被满意 1 被富裕 1 被民意 1 被中奖 1 被手术 1 被健康 1 被购物 1 被幽默 1 被艾滋 1 被考试 1 被全勤 1 被祝贺 1 被天价 1 被贷款 1 被功利 1 被开会 1 被豪宅 1 被购物 1 被奋斗 1 被上网 1 被成熟 1 被服务 1 被烦恼 1 被接触 1 被假货 1 被农技 1 被科普 1 被接班 1 被标准 1 被参与 1 被办卡 1 被舒适 1 被低碳 1 被经济 1 被走强 1 被平安 1 被加碘 1 被现货 1 被表决 1 被科研 1 被贫穷 1 被泡沫 1 被代言 1 被信仰 1 被模式 1 被拼团 1 被考研 1 被发展 1 被出土 1 被训练 1 被优秀 1 被对策 1 被绿化 1 被活动 1 被有罪 1 被无罪 1 被苦难 1 被冻薪 1 被限数 1 被应付 1 被发达 1 被广告 1 被贷款 1 被总裁 1 被敌人 1 被中文系 1 被潜规则 1 被阿凡达 1 被顶梁柱 1 被兴高采烈 1

根据上述考察分析，我们认为“被××”式“被”族新语的产生与发展，大体上可以区分为以下三个阶段：

1. 萌发阶段。这一阶段的时间大致在1993年下半年至2008年年初。根据我们的查索资料显示，“被××”式“被”族新语并非萌生于2008年上半年。起码早在1993年10月，我们的书面语言生活中就已经出现了“被吵架”这种比较典型的“被”族新语（见表1相关年份情况）。在1993年后的几年中，随着1996—1999年“被面子”“被买断”“被告别”“被焦点访谈”“被等”“被赶”等“被”族新语的相继出现，到2000年时，“被”族新语开始逐渐走上较快发展的轨道，“被现代化”“被代表”“被娱乐”“被统计”“被增长”“被潜规则”等这样一些比较典型的“被”族新语在2008年3月“被自杀”事件爆现网络前，已不同频度地在我们的书面语言生活中出现。由于此时的有关“被”类事件尚未在以网络为代表的媒体上及社会生活中引发较大规模的社会关注与热议。因而，这时的有关“被××”式“被”族新语，无论是从其产生的数量上，还是从其影响度上，都尚处于大量涌生的前期孕育阶段。

2. 涌生阶段。这一阶段的时间大致在2008年3月“被自杀”事件爆现网络之后至2009年年底。从我们检索到的书面资料上看，“被××”式“被”族新语2008年的发展情况在量上与2007年、2006年似乎并没有什么质的区别，好像差别不大，只是2009年一下子蹿升了几十倍。但这只是我们查索的不包括网络等社会语言实际生活状况在内的部分书面语中的相关情况。之所以说2008年3月后至2009年年底是“被”族新语的大量涌生阶段，这主要与2008年3月以后，我们现实的社会语言生活中（不只是期刊中），以网络媒体为代表的相关媒介对“被”类事件的更多关注及其相关的追踪报道所引发的社会公众对类似事件的越发关注与热议，而导致的“被”族新语的数量、频度与社会认知度均蹿升到一个全新的高度，有很大的关系。

中国互联网及相关媒体中这种风头正劲的“被××”式新语的大量涌生，始于2008年3月。作为该风潮涌起的重要引领，是曾颇受社会公众与主流媒体关注，并持续发酵的下述三大“被××”事件：

一是2008年3月，曾多次进京举报原阜阳市颍泉区区委书记张治安违法占用耕地、修建豪华办公楼“白宫”等问题的举报人李国福，突然在监狱医院内离奇死亡。当地警方裁定：李为“自缢身亡”。李国福的家属不服裁定，认为事存蹊跷①。该事件引起媒体与网民的极大关注，被不少人称为“被自杀”。一时间，“被自杀”一语爆现网络，广为传播。“被自杀”类的“被××”式新语开始广为社会公众所认知。

二是2009年5月底，内地某媒体披露重庆铜梁县教育局要求孩子读小学要缴纳九千元的“教师节慰问金”、不缴就“退人”的惊人消息。该县教育局局长随后出面澄清：缴纳“慰问金”并非强迫行为，乃是家长们“自愿”的②。霎时间，该说迅速引爆了社会舆论的强烈质疑，“被自愿”之说风行网上，充斥于媒体。“被自愿”类的“被××”式新语再一次广为社会公众所认知。

三是2009年7月12日，一位应届毕业生在网上抛出一纸檄文——《谁替我签的就业协议书？注水的就业率!》。文中揭露该毕业生和他的同学们在完全不知情的情况下，被学校安上了“虚拟”的就业单位。此事引发了不少学生及相关网民的纷纷爆料：称自己也曾和楼主一样有过同样的遭遇——“被就业”了③。一时间，该事件又引爆了媒体与网上新一轮的“被××”类的“被就业”热议。“被就业”类的“被××”式新语又一次广为社会公众所认知。

以上述这三大“被××”类事件为典例，“被××”式新语在社会公众中迅速获得了广泛的社会认知与认同，并迅速引爆了社会公众对相关方面的“被××”类事件的关注，从而又更进一步地加剧了新的“被××”式新语的涌生与流行。如2009年7月25日，某统计局发布了与民众实际感受不符的上半年在岗职工平均工资数据，某网友随后便在其博客上对其质疑为“被增长”；2009年7月31日，某地水价调整听证会代表们的投票结果违反了大多数市民的真实意愿，网上随之将此事称为“被代表”；2009年8月28日，某市公布人均GDP数字，其数据意味着该地区已达到中上等

---

① 《安徽阜阳豪华办公楼举报人蹊跷死于监狱》，http：//news. sina. com. cn/s/2008 - 04 - 22/084413775045s. shtml，2008年4月26日。

② 《重庆铜梁读小学需交万元“教师节慰问金”》，《西安晚报》2009年5月29日第5版。

③ 《大学生被就业引起网络轰动　网友称赞发帖者》，《西安晚报》2009年7月25日第4版。

国家或地区的富裕水平，随后又引发了网上“被富裕”的质疑[①]。“被”字一跃成为“2009 年汉语第一字”，“被××”式“被”族新语自然也成为当年最为流行的词语。

笔者曾于 2009 年 11 月 15 日在“百度”搜索引擎以“被时代”为关键词进行搜索，搜索到的相关网页已超过 1 100 000 篇。这还不包含以其他“被××”类新语为关键词进行搜索的状况。什么“被就业”“被择校”“被录取”“被买房”“被股东”“被重组”“被结婚”“被离婚”“被手术”“被 3G”了，什么“被自杀”“被注销”“被死亡”“被复活”“被车祸”“被上吊”“被失踪”“被艾滋”“被甲流”“被网瘾”“被精神病”，什么“被全勤”“被离职”“被辞职”“被退休”“被资遣”“被降调”“被义务”“被考试”，什么“被自愿”“被捐款”“被慈善”“被消费”“被觉醒”“被麻木”“被满意”“被鼓掌”“被娱乐”“被爱国”“被道歉”“被承诺”“被主动”“被公正”“被作为”“被腐败”，什么“被增长”“被开心”“被幸福”“被小康”“被绿化”“被现代化”“被辉煌”“被光荣”“被高尚”“被忠诚”“被繁荣”“被和谐”“被强大”“被温暖”“被优惠”“被服务”“被优化”“被销售”“被富裕”“被贫困”“被长大”“被用水”，什么“被代表”“被听证”“被支持”“被民主”“被民意”“被统计”“被平均”等。这林林总总的“被”类现象，伴随而来的林林总总的各式“被”族新语，一如新加坡《联合早报》曾对此发出的惊呼：中国进入“被时代”[②]。

3. 泛化走势阶段。这一阶段的时间大致始于 2010 年。这一阶段跟上一阶段相比，“被”族新语在发展上的一个主要变化在于：“被”字在一跃蹿升为“2009 年汉语第一字”的顶峰之后，开始出现泛化的走势，这主要表现在“被”族新语从“被××”的形式到“被”的意义已基本上以广为社会所认知、认同的比较固化的状态在使用（详见下文），已扩展到了方方面面的相关情况的表述中。根据我们的考察统计，截至 2010 年 10 月，在中国期刊全文数据库中能检索到的文章用名中，使用“被××”式“被”族新

---

① 《反思“被”现象折射的民意诉求——让生活不再承受之“被”》，《新华日报》2009 年 9 月 10 日第 B7 版。

② 《中国进入“被时代”》，《联合早报》2009 年 8 月 6 日。

语的已达202次。这不仅在数量上比"被"字的使用已蹿升至"汉语第一字"顶峰的2009年"被××"式"被"族新语期刊用名次数的102次几乎又增长了一倍，而且在新词语所及的范围上也明显地比蹿至顶峰时期的2009年的状况要广泛得多（参见表1）。我们还曾在"百度"搜索引擎以"被时代"为关键词，进行过相关方面的跟踪抽查搜索比较：2009年11月15日在"百度"搜索引擎搜查到的与"被时代"相关的网页有1 100 000多篇，2010年10月31日在"百度"搜索引擎搜查到的与"被时代"相关的网页已达3 540 000多篇，比2009年又增长了2倍还多。这也从一个侧面部分地反映了目前"被"族新语的使用与走势情况。

（二）"被"族新语的类型

关于"被"族新语的类型问题，目前学术界已有从"被××"中的"××"语法性质上，将其分出名词性的、动词性的、形容词性等类别情况①。实际上，"被"族新语完全可以从不同的角度对其作出不同的分类。服从于本文研究目的的需要，这里我们将内容繁杂、包罗万象的"被××"式"被"族新语，从意类的角度，大致将其划分为以下两大类：

1. "被民生"类

"被民生"类，指的是与人们具体现实的社会生活相关的一类"被××"式"被"族新语。如"被自杀""被死亡""被复活""被车祸""被跳楼""被上吊""被失踪""被辞职""被离职""被退休""被降调""被考试""被失业""被买房""被股东""被恋爱""被结婚""被离婚""被手术""被消费"等。

2. "被民意"类

"被民意"类，指的是与人们自己的内心意愿相关的一类"被××"式"被"族新语。如"被民主""被支持""被赞成""被投票""被决策""被自愿""被代表""被捐款""被慈善""被满意""被幸福""被温暖""被开心""被光荣""被辉煌""被高尚"等。

---

① 何洪峰、彭吉军：《论2009年度热词"被×"》，《语言文字应用》2010年第3期，第81—88页。

二 “被”族新语的“被”义与结构特点

“被”族新语有着不同于以往的“被××”类词语的“被”义及不同的结构特点。

(一)“被”族新语中的“被”义

《现代汉语词典》(第5版)对“被”的释义是:“1. 被子。2. ①遮盖。②遭遇。3. ①[介]用于被动句,引进动作的施事,前面的主语是动作的受事(施动者放在被字后,但有时省略)。②[助]用在动词前表示被动的动作。”① 但这些义项尚无法恰切地解释目前新出现的种种“被××”式“被”族新语中的“被”的含义。

在“被”族新语中,“被”的意义,除了沿用了旧有的“被××”组合中的“被”之被动含义,又由此生发出了以下几种既有区别,又相关联的新的意义:

1. 被强迫。例如:

[1] 为裁员企业下套 “被辞职”女工上当(《河南工人日报》,2009年10月22日第3版)

[2] 堵住职工“被培训”漏洞最关键(《京华时报》,2009年8月8日第2版)

[3] 中学老师凭什么强迫学生签订“自愿补课同意书”,让学生“被补课”?(四川在线,2010年1月25日)

[4] 被全勤,带薪休假,想说爱你不容易(Tom社区,2010年3月28日)

例[1]中,“被辞职”意即“被强迫(为)辞职”,反映的是有的用人单位既想辞退某些女工,又为了避免违反劳动法,遂用逼迫女职工

---

① 中国社会科学院语言研究所词典编辑室:《现代汉语词典》(第5版),商务印书馆2005年版,第61页。

自己辞职的办法来达到其目的的社会现象。例［2］中的"被培训"，指的是一些用人单位利用职业培训的名义强行收取培训费的现象，即员工被强迫进行培训。例［3］、例［4］中的"被补课""被全勤"，也分别为"被强迫补课""被强迫全勤"之义，二者所反映的均为在"被强迫"的条件下使受事者接受"补课"和"全勤"的事实。从"被"族新语的类别上看，这种情况多出现在"被民生"类的"被"族新语中。

上述表述"被强迫"义的"被××"式"被"族新语有一个共同的特点："被××"类中的"××"，均为事实为真的情况，它在和"被"组合成"被××"时，表示的是一种被强迫成事实的意义。

2. 被愚弄。例如：

［5］江都市小康民调竟配建议答案　网友质疑"被小康"（http：//news. hsw. cn/system/2009/11/06/050353493. shtml，2009 年 11 月 6 日）

［6］《幸福指数调查报告》引网友反思：真幸福还是"被幸福"？（http：//www. taihainet. com/news/xmsq/2010 - 04 - 02/516535. html，2010 年 4 月 2 日）

［7］福利补贴计入工资总额　人均工资又"被增长"？（http：//money. sohu. com/20091129/n268548188. shtml，2009 年 11 月 29 日）

［8］为工作，您被健康了吗？（Tom 社区，2010 年 3 月 28 日）

例［5］中，"被小康"意即"被愚弄（为）小康"，反映的是在小康状况的调查中，某地方为可能受访群众事先准备理想的"小康"政绩"标准"答案的做法，一夜之间使原本在达标水平之下的群众都被愚弄为小康的社会现象。例［6］中的"被幸福"指的是有关部门公布的幸福指数不具科学性，并与人们的实际感受不符的现象。例［7］、例［8］中的"被增长""被健康"，也分别为"被愚弄（为）增长""被愚弄（为）健康"之意，二者所反映的也均为在"被愚弄"的状况下使受事者接受增长和健康的事实。从"被"族新语的类别上看，这种情况在"被民生"类与"被民意"类中都存在。

上述表述“被愚弄”义的“被××”式“被”族新语有一个共同的特点：“被××”类中的“××”，实际上均为事实为假的情况（非真实性的情况），它在和“被”组合成“被××”时，表示的是一种被愚弄为真实的意义，实际上就是假象的意思。

3. 被做主。例如：

［9］哈尔滨市民“被代表” 听证会忽悠老百姓（http://news.sohu.com/20091211/n268859399.shtml，2009年12月11日）

［10］实名制问民意，警惕“被民意”（《渤海早报》，2010年2月9日第31版）

［11］自称“被股东” 5人齐喊冤（《北京晨报》，2010年7月9日第A13版）

［12］网友称农民工“在京买得起房”不可信 是“被买房”（http://www.chinanews.com.cn/estate/estate-qnht/news/2010/01-26/2090882.shtml，2010年1月26日）

例［9］中的“被代表”，意即“被做主（为）代表”，指的是百姓的话语权被他人掌控了，老百姓的意见被一些所谓的“代表”代表了。例［10］中的“被民意”，意即“被做主（为）民意”，指的是一些部门利用虚假调查数据代表民意，完全忽视民意甚至与民意相反的做法，即民意完全被他人做主了。同样例［11］、例［12］中的“被股东”“被买房”案例中，也分别为“被当作股东”“被当作买房”之意，二者反映的也是受事者在不自主不知情的状况下，被他人做主为“买房”“股东”的情况。从“被”族新语的类别上看，这种情况多出现在“被民意”类中。

上述表述“被做主”义的“被××”式“被”族新语有一个共同的特点：“被××”类中的“××”，实际上均为亦真亦假的情况：受事者意愿为假，被他人做主事实为真。它在和“被”组合成“被××”时，表示的是一种被他人做主弄假为真的意义。

纵观汉语发展史上“被”词义发展演变的基本内在逻辑，“被”本有名词义“被子”（《说文》曰：“被，寝衣”，指的就是这种名词义），而被子的用处是盖身体，因而它自然又可以引申出"被"的另外一种动词义"遮盖"。而"遮盖"的抽象意义从施动者的角度可以理解为有"施加"义，从受动者的角度来说，就是"蒙受"或"遭受"义。东汉以后，汉语中的"被"和动词之间可以插入施动者，这样，"被"从名词的"被子"之义引申到动词词义"遮盖、遭遇"等之义后，又出现了虚化为介词及助词等状况①。而今"被"义中又新出现的"被强迫""被愚弄""被做主"等义项，虽然是"被"的已有义项"遮盖""遭遇"等义的再引申发展的必然逻辑结果。这也从一个侧面再一次证明：具有多个义项的一个词，其原初的意义可能是任意的，但由此引申出的其他词义则是有理据的，引申的方式始终是词语衍生新义的重要方式②。

（二）"被"族新语结构特点分析

"被"族新语虽来源于传统语法中的"被××"组合模式，常常都在表现受事者的某种不快与受损害的状况，但与传统的"被××"组合模式，也有很大的不同之处。

首先，传统的"被××"组合中的"被"字部分通常出现在谓语位置，有时"被"字后面还要直接带上施为者。但多以被动短语的形式出现的"被"族新语，除了也有置于谓语位置的，更多的情况是作为一种现象的代名词而被用作主语、宾语及定语，而且"被"后通常不出现施为者（施为者通常可以从上下文中体悟到），这使"被"族新语有了一种不同于以往的"被动句"的简明、新颖的特点。

其次，传统的"被"组合中的主语，既可以指人，也可以指物，两者间没有明显的量的差别。而"被"族新语中的主语，则明显地大多数为人（少数主语是与人密切相关的所属物）。这也使人们能相对简便地使用"被"族新语来表达与人的自身利益密切相关的不幸遭遇及传达受事者不愉快的心情。

---

① 刘钧杰、李行健：《八百汉字意义源流探索——〈现代汉语规范字典〉编写札记》，中国广播电视出版社 2007 年版，第 14 页。

② 于全有、裴景瑞：《"晒"族新词与社会文化心理通观》，《语言文字应用》2007 年第 3 期，第 94—100 页。

最后，“被”族新语较之传统的被字句及被动短语的另一大的不同，是“被”字后的组成成分不同。传统的被动词组中“被”字后多数为动词，而且多是及物性二价动作动词，有极强的动作性①。但新兴的“被”族新语中突破了传统的语法观念，被广大的使用者用之于不及物动词、形容词及名词，如“被自杀”“被离职”“被温暖”“被高尚”“被义务”“被精神病”等。少数动作性不强、往往不会被用在传统“被字句”中的非动作性及物动词，也出现在“被”族新语中，如“被代表”“被支持”等。这也使“被”族新语有了一个不同于以往被动句的更为阔大的组合选择空间。

我们认为，“被”族新语在结构上的上述这些新的特点，是形成今日“被”族新语如此蔚为大观的重要原因之一。

三　“被”族新语与社会文化心理

语言总是随着社会文化的发展变化而变化，忠实地记录着时代发展所引起的种种社会文化状况。“被”族新语产生的自始至终，都伴随着使用者用以表达自己境遇的不幸与无奈的情绪，反映了种种复杂的社会文化心理。

（一）“被”族新语与被迫心理

被动句的使用是为了强调表示受事的个体或群体处于被动状态。在“被”族新语中，受事者均为具有高度生命体特征的个人或群体，而且几乎无一例外都是弱势一方，都是自身的权利遭到了强势一方的侵犯。在强权下，弱者只能被迫承受却无力对抗。同时，“被”族新语在一定程度上反映了某些荒谬的社会现实。在许多“被”字案中，受事者的自身权利遭到损害，内心受到严重的压抑，使这些原本自主的行为，变成了非自主、不可控的行为。

“被全勤”“被离职”“被退休”“被辞职”等一系列“被”族新语反映出员工的权利被无情剥夺，他们完全处在一种受人摆布的不自由状

---

① 张豫峰：《现代汉语句子研究》，学林出版社2006年版，第25页。

态，而剥夺他们这种权利的，正是强势的有关单位。如“被辞职”，女职工是否辞职原本应是其自主行为，与用人单位没有任何关系，但用人单位却完全控制了女职工的自主权。不少公司的员工有假不能休，员工带薪休假的权利被无情地剥夺了，网友们将这种公司逼迫员工拿“全勤奖”的现象称为“被全勤”。同样的情况还有“被资遣”“被降调”“被义务”等。有的老师称，学校为了督促全体老师提高业务水平，一部分老师“被考试”了，但仍有一小部分老师“被分流”了。在青年网民中经常使用的“被潜规则”，指青年人刚刚步入社会及工作岗位，被其中明里暗里的“游戏规则”弄得晕头转向，无所适从。“被”族新语真真切切地反映出一些人本具有主动权的被迫状态，表达出其内心深处无处言说的痛苦经历。

（二）“被”族新语与无奈心理

在“被”族新语中，许多事情本来是自发的、主动的、心甘情愿的，但在强势一方的操作下，许多非自愿的行为也被称为自愿行为。有时人们虽然明知道被欺骗，却仍要假装附和。“被”族新语的使用准确地传达出民众的尴尬与无奈。人们用种种“被组合”描述着身边的“被现象”，但背后隐藏的却是人们内心深处的无可奈何。

在前述“被捐款”事件中，捐与不捐、捐多捐少本都是公民的自由。但在一些单位的干预下，捐款转变为“工作表现”，即使是自愿行为，在这样的情境下也变成了员工的无奈举动。又如在典型的“被小康”事件中，某部门为受访民众安排了理想的答案，让那些生活标准原本在小康达标水平之下的群众都“被满意”了，“被小康”了。又如网友们称国家公布的居民收入调查数据与实际感受完全不符，称其收入“被增长”了。还有我们的市民“被开心”了，我们的生活“被幸福”了、“被小康”了，我们的城市“被绿化”了、“被现代化”了，我们的业绩“被辉煌”了，我们的人生“被光荣”了、“被高尚”了、“被忠诚”了，我们的经济“被繁荣”了，我们的社会“被和谐”了，我们的祖国“被强大”了，我们的农民“被富裕”了、“被温暖”了、“被优惠”了、“被服务”了，我们的宜居指数“被优化”了，我们附近的楼盘“被销售”了。有的网友家水费通知单上的数据与实际水表的数据严重不符，称其家里

“被用水”了。人们用类似种种的“被××”组合，将心中的种种无奈描绘得淋漓尽致。

（三）“被”族新语与追求自主心理

在“被”族新语流行的同时，从报刊网络到电视媒体都对种种“被××”现象予以谴责。在种种“被××”组合的背后，我们可以看到人们正在觉醒的自主意识。“被”族新语表面看似不合逻辑，却透露出弱势群体不甘被愚弄的自主心理。他们渴望被关注，同时他们更渴望自由与平等。

“被××”所论述的现象涉及人们日常生活的许多方面，许多现象都与公民的权利及切身利益息息相关。随着民众自主意识的不断增强，越来越多以前往往被忽略的“被××”现象出现在网络。如一些人在全然不知的情况下被他人操纵为购买了房子，不仅损害了自身利益，甚至有的因此失去了购买经济适用房的资格，人们便用“被买房”来揭露这种虚假的操纵行为；当老百姓的意见和利益被一些虚假的行为操纵，而无法真正地反映民意时，人们便用“被代表”类“被”族新语来揭露相关部门没有认真履行好自己的职责，寻求属于自身的真正的自主权。又如网络上出现民众“被支持”了、“被人权”了、“被民主”了、“被民意”了，我们的数据“被统计”了、“被平均”了，部分患者因“过度医疗”的存在“被手术”了，在“吃加碘盐是否带来甲状腺疾病”的争论中出现的我们“被吃加碘盐”了等，这些“被××”组合生动地表达出现今人们渴望自主的心理状态。透过这林林总总的诸多“被××”式“被”族新语，其所潜隐着的社会弱势群体不甘被愚弄、追求自主的心理已跃然而出。

（原刊《文化学刊》2011 年第 4 期，第一作者）

“光棍”族新词与社会文化心理通观

引　言

近年来，随着我国对外开放的逐步深入，国人的节日文化生活日趋丰富，越来越多的各种名号的节日开始出现在国人的日常文化生活中。从我们传统的春节、清明节、端午节、中秋节等节日，到舶来的情人节、母亲节、父亲节、感恩节、圣诞节等节日，纷至沓来的各种中西交替的节日，令人眼花缭乱，很有一些“乱花渐欲迷人眼”的味道。然而，就是这样，似乎也并没有挡住国人对节日的热情与追逐，近年来，又一个听上去很是让人有些戏谑感的节日——“光棍节”，又在中国的大地上生根开花，并产生了一批与之相关的新词：什么“光光”“明明”“脱光”“复光”，什么“金棍”“银棍”“铁棍”“摘牌”；什么“小鸟级”“菜鸟级”“肉鸟级”“骨灰级”，一大批“光棍”族的新词随之相继出笼，并颇受“光棍”族的喜爱与喜用。“光棍节”究竟是怎么回事？为什么这些“光棍”族新词能够涌生并能在一定的范围内大行其道？它们的涌生反映出了一种什么样的社会文化心理？这正是本文要探讨的问题。

一　“光棍节”的由来及部分“光棍”族新词释义

（一）“光棍节”的由来

由于“光棍节”是近几年才在中国大行其道，许多国人并不是十分清楚“光棍节”到底是怎么来的。据《中国青年报》与搜狐网在2005年

11月上旬联合推出的一个有关“光棍节”的调查数据显示：超过57%的网民表示听说过“光棍节”，但对“光棍节”的由来，许多人却并不清楚。就连一些对“光棍节”竞相炒作的报纸杂志、商家、媒体，对此也众说纷纭，各执一词。

“光棍节”的由来，粗略道来，目前主要有下列三种版本的说法[①]：

1. 校园版

校园版“光棍节”既非传统意义上的“土节”，也不是舶来的“洋节”，乃是20世纪90年代初诞生于高校中的校园趣味文化的代表产品之一。

“光棍节”的创意，最初来源于高校大学生们对数字“1”的联想。因为数字“1”就像一个形单影只的光棍，而每每在11月11日晚上11点时，校园中往往会听到因有学生敲打脸盆、饭碗、杯子等而出现的“乒乒乓乓”的声响及男女声部都有的“光棍万岁”之类的喊声，并间或穿插着“某某某我爱你”之类的喧嚣，将欢乐的气氛推向高潮。“光棍节”的说法便由此产生。这种“光棍节”的说法，最初主要是用于对在校大学生们的这种带有恶搞的行为与现象的一种调侃。随着一批批高校毕业生走出校园，近两年，“光棍节”的气氛竟悄然由校园向社会弥散，并在网络传媒的推波助澜下，逐渐在社会范围内形成了一种过“光棍节”的社会文化氛围。“11月11日”便被人称为“光棍节”，亦称“光光节”。与之相应，还有人把“1月1日”称为“小光棍节”，把“1月11日”和“11月1日”称为“中光棍节”。

2. 博彩版

传说有4个没有老婆、没有女朋友、没有情人，也没有性伴侣的“绝对光棍”相约搓麻将。4人从上午11点搓到晚上11点，竟出现了一个十分奇怪的现象：搓麻将过程中，不论是谁和牌，自摸也好，接炮也罢，自始至终都是四条。4人深感纳闷，不会是上天在暗示什么吧？查老皇历，4个光棍惊奇地发现：当天的日子竟然也是4条——11月11日！

---

① 这些说法均从互联网上的有关说法归纳而来。可参阅 http：//astro. lady. qq. com/a/20061025/000009. htm；http：//zhidao. baidu. com/question/1088926. html；http：//news. sohu. com/s2006/06guanggunjie/。

为了纪念这段传奇的经历，他们4个“光棍”便倡议把每年的“11月11日”定为“光棍节”。

3. 典故版

关于“光棍节”由来的典故版，说的是“光棍节”源于这样一个典故：

传说3世纪时，古罗马有一位暴君叫克劳多斯。由于当时古罗马的战事一直连绵不断，暴君克劳多斯便征召了大批国民前往战场。为了保证国人忠于战争，克劳多斯下令禁止人们在此时结婚，甚至连已订了婚的人也要马上解除婚约。牧师瓦伦丁对克劳多斯的暴行感到非常难过。当一对准备结婚的情侣来到神庙请求瓦伦丁的帮助时，瓦伦丁便在神圣的祭坛前为他们悄悄地举行了婚礼仪式。随后，此消息一传十，十传百，很多想结婚的人慕名而来，在牧师瓦伦丁的帮助下结成伴侣。消息终于传到了克劳多斯的耳里。克劳多斯勃然大怒，暴跳如雷，命令他的士兵们冲进神庙，将正在为一对新人举行婚礼仪式的牧师瓦伦丁强行拖走，投入地牢。公元270年11月11日，瓦伦丁最终在地牢里受尽折磨而死。悲伤的瓦伦丁的朋友们将瓦伦丁的遗体安葬在圣普拉教堂。后来，为了纪念瓦伦丁，人们便把“11月11日”这一天作为“光棍节”来纪念他。

（二）部分“光棍”族新词释义

与“光棍节”的出现如影随形，社会语言生活中逐渐涌现出了一批与“光棍节”密切相关、富有“光棍”特色的“光棍”族新词。这些新生的“光棍”族新词因刚刚出现，有的多半流行于热衷于此道的“光棍”族中，不少词语的含义，一些非此中人或许还很陌生。这里仅将新近流行的与“光棍节”有关的部分“光棍”族新词的含义，作一个必要的阐释①。

光光：男光棍，源于网络语言“GG”的变体。

明明：女光棍，源于网络语言“MM”的变体。

铁棍：大学不谈恋爱，是铁杆光棍。

---

① 可参阅 http：//baike. baidu. com/view/23105. htm；http：//news. sohu. com/s2006/06guanggunjie/。

银棍：大学毕业了还不谈恋爱，是银质光棍。

金棍：大学毕业了五年还没谈恋爱，是金质光棍。

小鸟级：不是不想恋爱，而是找不到恋爱对象的那种级别的。

菜鸟级：处于两场爱情的间歇期，纯属休息的那种级别的。

肉鸟级：因恋爱受到伤害而不想再轻易谈恋爱的那种级别的。

骨灰级：万花丛中过，已看破红尘的那种级别的。

脱光：男光棍已名草有主，摆脱光棍了。

失明：女光棍已名花有主，摆脱光棍了。

光光明明：男女光棍配成了对。

双双：男女光棍配成了对。

摘牌：摘下光棍的牌子，脱光/失明成功。

挂牌：在 BBS 上贴出自己是光棍的帖子。

复光：重新做回“光光”（男光棍）。

复明：重新做回“明明”（女光棍）。

二 “光棍”族新词与社会文化心理

语言是一种特殊的社会现象，它随着社会的演变而演变，发展而发展。同时，语言又是社会的一面镜子，语言的发展变化与一定的社会文化心理息息相关。

改革开放以来，中国社会发生了前所未有的巨变，人们的社会意识、文化思想、价值观念都发生了深刻的变化。“光棍节”的兴起及“光棍”族新词的涌生，正是在这种社会文化背景下产生的，带有强烈的时代、社会文化心理的特征。

（一）“光棍”族新词与梦想、期待的社会文化心理

“光棍”族中的“光光”“明明”们，有相当一部分原本不想，也不甘于这样“光棍”下去，也梦想着“脱光”，期待着“失明”。因而，他们在庆贺自己的节日的同时，多少也掺杂着一份期冀，“明明”们希望邂逅自己如意的白马王子，“光光”们期待着在节日的聚会里牵手自己心仪的白雪公主。这种造成了“光光”想娶，“明明”欲嫁的心态与心理，客

观上促成了"光棍节"光棍们一年比一年趋之若鹜，一年比一年火爆的状况。

1. "光光"想娶

"光光"之所以想娶，源于社会上存在着部分的"光光"难娶的现象。造成"光光"难娶的原因有诸多因素。暂且撇开个人的因素不谈，仅就宏观上的全国男女人口的比例上看，中国虽然早在20世纪70年代就开始实行计划生育政策，并在人口数量调控方面取得了很大的成就，但在相应年龄的男女性别比例协调性上仍不能尽如人意。请看下面的两组数据：

> ［1］据第五次人口普查数据显示，我国出生男女性别比高达117∶100，即每出生100个女孩即有117个男孩出生。这是目前任何一个国家都没有达到的比例。到2020年我国全面实现小康之日，全国将有3000万至4000万处于婚育年龄的男青年无妻可娶。
>
> 在我国不满20岁的人口中，男性已经比女性多出2000余万人了。平均每个年龄男性比女性富余100多万人，我国目前每年多增计划外生育男性人口60多万①。
>
> ［2］一组人口普查的数据表明，目前北京和上海两地的单身男女已经冲破百万。而在1990年，北京30岁至50岁单身人数约为10万人。有关专家指出，中国第四次单身潮正在来临②。

上述两组数据已明确显示：我国目前已部分地存在比较严重的男女性别比例失调，几千万的"光光"面临着无偶可择、无法"脱光"的尴尬境地。难怪有人会因此而幻化出这样搞笑的场面：一个女孩很骄傲地对"光光"说："我很丑，可我很抢手"。"光光"则只是苦笑着摇头对曰："我很帅，可我很无奈。"

"光光"们不仅面临着比较严重的男女性别比例失调、适龄佳偶较难

---

① 江有汜：《2000万光棍的幸福生活》，《现代妇女》2005年第1期，第4—8页。

② 《四次单身浪潮》，http：//news. sohu. com/20061110/n246317160. shtml，2006年12月8日。

寻找的问题，而且要面对现代快速的生活节奏，承受着越来越大的工作竞争压力，使得“光光”难得有更多的闲暇、精力与能力去寻求自己如意的“明明”，生活的圈子越发窄小。于是，“小鸟级光光”的出现，也就不难理解了。“光棍节”的出现，则部分地可能使“光光”们扩大自己的生活圈子，并有机会获得和“明明”们有一个彼此交流与交往的机会。至少，这也可以在一起聚聚，既能缓解一下自己的工作压力，又能慰藉一下自己的情感，说不定还可能因此而“脱光”“摘牌”。这使相当多的“光光”们对“光棍节”期期然、欣欣然。“脱光”“摘牌”等一批“光棍”族新词所反映出的，正是这样一种梦想与期待的预期心理。

2. “明明”欲嫁

如果说“光光”想娶的梦想与期待是“光光”们热衷于“光棍节”的巨大的内驱力的话，那么，由于部分“光光”们对自己想娶的“明明”的年龄要求已趋下移，当代人的婚姻观念已从以往的“大龄女难嫁”，渐次已演变成了如今的“小龄女也着急找”的趋向，这在客观上造成了相当一批的“明明”们，也纷纷以尽可能靓丽的形象出现在“光棍节”上。

请看下面的一组资料：

> 据对上海各高校毕业生的抽样调查，20%的“80后”甚至“85后”女生毕业后首先考虑的问题不是如何找到一份好工作，而是如何找到一位好老公。而这样做的目的多是为了“降低奋斗成本”。
>
> 和老一辈人看重“工作”、努力争取就业的心态不同，当代女大学生宁愿向现实妥协。面对目前职场竞争中普遍存在的性别歧视，79.1%的女大学生选择“更急于学好专业技能与提升自我多方面的能力”，但也有16.4%“更急于美容瘦身为择偶做准备”或“在大学期间寻找条件好的婚姻配偶”①。

同时，“80后”的新生代大多是独生子女。在这一代“明明”们成长的过程中，她们中的不少人大多都缺少必要的生活磨炼，生长的环境

① 王尧：《“光棍节”：当代人情感生活的自娱自乐?》，《中国社会报》2006年11月15日第8版。

相对安逸。她们在面对职场竞争中，特别是面对社会不甚公平的性别歧视的压力时，部分"明明"往往选择逃避，渴望找到一个好老公，以抵御生活的压力。这就是部分"明明"美其名曰的"降低奋斗成本"。许多"明明"之所以热衷现身于"光棍节"，很大程度上和其梦想、期待着能找到一个自己如意的"光光"，以便能早日"失明"的心理期盼有直接的关系。而"脱光""摘牌"等"光棍"族新词，同样也反映了"明明"们内心欲要摆脱"光棍"的期盼与梦想。

（二）"光棍"族新词与轻松、戏谑的社会文化心理

进入"后现代"社会以来，在"后现代"文化消解传统、张扬个性的社会文化思潮及价值观念的冲击下，新生代的人们已逐渐摆脱了传统价值观念的束缚，追求自我、轻松的个性生活。在这种背景下，不仅"光棍节"在中国能生根开花，而且与之相关的一大批诸如"铁棍""银棍""金棍""脱光"等"光棍"族新词已被许多"光光""明明"们所津津乐道，充分反映出了新生代的"光光""明明"们对"光棍节"的那份轻松、戏谑的心态与心理。

据《中国青年报》和搜狐网于 2006 年 11 月 8 日联合推出一个有关"光棍节"的调查数据显示：截至 2006 年 11 月 10 日，将近 80% 的受访者认为单身并不是孤独、寂寞、乏味的代名词；相反，单身有时意味着更独立、更自由，可以无拘无束地规划自己的人生。在被问及单身者越来越多的原因时，40% 的受访者认为是由于年轻人自我意识增强，对另一半要求更高；20% 的网民认为是由于社会环境变得宽松了，使"打光棍"所面临的舆论压力也相对减轻了①。这使社会上现实存在的诸多"光光""明明"们有了相对更宽松的社会环境来轻松地面对身为光棍的现实。

随着社会宽容度的提高，"光光""明明"尽管对婚姻也不乏向往，但同时也认为一个人也可以生活得很好，打光棍也并不见得一定是一件见不得人的、面上无光的事。这样，一个充满趣味、欢乐，甚至是很有

---

① 赵博：《"光棍节"：调侃、自在、独立……唯独不悲哀》，《新华每日电讯》2005 年 11 月 11 日第 3 版。

些滑稽感的“光棍节”以及由此而来的“铁棍”“银棍”“金棍”等种种新潮称谓，从一个侧面折射与反映出当代新生代的“光光”“明明”们面对“光棍节”的一种轻松、达观、戏谑、调侃的社会文化心理。甚至，就连那些“光光”“明明”们选择“光棍节”来结束单身生活的本身，多少也很有些轻松浪漫的、戏谑的味道。据报道，2006 年 11 月 11 日“光棍节”这一天，上海就有多对新人特意选择在“光棍节”这天订婚或结婚。许多星级酒店的婚宴都排得满满当当。不少新人表示，在“光棍节”里结束单身显得更浪漫，也更有意义。除了觉得“光棍节”告别单身别出心裁，也有相当一部分新人觉得“11 月 11 日”这个日子的口彩也非常好。这种被视为“光棍”象征的 4 个“1”，在新人的眼里则成了“一心一意、一生一世”的好口彩，没有丝毫不吉利、犯忌讳的意思。而据另一些新人透露，2006 年的 11 月 11 日正好是个适合结婚的“好日子”，又恰逢周六，成为结婚高峰日也就在情理之中了①。

从上面的这则报道中，我们足可以看到新生代对“光棍节”浪漫轻松的心态与心理。而“铁棍”“银棍”“金棍”“脱光”“失明”“菜鸟级”等一批“光棍”族新词的大批涌现，所反映出的也正是这样一种不乏轻松、戏谑的社会文化心理。

（三）“光棍”族新词与欣羡、欣喜的社会文化心理

钱锺书先生曾在其名作《围城》里有过这样一个经典的比喻：婚姻像一座围城，城里的人想出来，城外的人想进去。如果说现今的“光光”“明明”们就是这“城外的人”的话，那么，他们对“光棍节”更多是充满了要成为“城里的人”的期冀与梦想；而如果说结了婚的“双双”和本已结了婚、后又“复光”“复明”者也就是这“城里的人”或曾经是这“城里的人”的话，那么，他们对光棍节的情感更多是充满了一种莫名的欣羡与欣喜。而“复光”“复明”等一些“光棍”族新词所反映的，也正是这样一种欣羡与欣喜的社会文化心理。

---

① 王尧：《“光棍节”：当代人情感生活的自娱自乐?》，《中国社会报》2006 年 11 月 15 日第 8 版。

1. "双双"的欣羡

"光棍节"不仅是属于那些未结婚的光棍者的节日，在某种程度上，它也属于那些已经走进婚姻围城内的、已婚却又有"想出来"的诸多心有戚戚然与期期然的男男女女。现实的家庭生活的琐碎与操劳，工作中的种种压力，使"城里的人"的日常生活并不一如他们"入城"前所希冀的那样浪漫，那样轻松，那样自由。"光棍节"的降临，想到做光棍的种种好处，使部分已结了婚的人不禁对"光光""明明"们的那份无牵无挂、一身轻松的自由与恬静也欣羡起来。这正如《法制日报》在2006年11月12日推出的《光棍节学术研究报告（2006年度）》中所说的那样："单身者的这种自由状态，也引得一部分已婚者表示羡慕，调查中有17%的已婚者表示羡慕光棍的自由状态。"

同时，每个人婚前都曾经做过光棍，即使已婚、已经从"光光""明明"走进"双双"或"光光明明"，也并非一定非要对"光棍节"漠然置之：在"光棍节"这个特殊的日子里，将所有的事放在一边，独自一个人或约几个朋友一起到酒吧、歌厅等场所放松一下，暂时忘却日常生活的烦乱与压力，变成此时此地的"光光""明明"，这些都成为结了婚的人也热衷于"光棍节"及习惯于"复光""复明"等这些词语中所带来的那份欣喜、欣羡与轻松的重要因素。

2. "复明""复光"的欣喜

列夫·托尔斯泰在《安娜·卡列尼娜》中说过："幸福的家庭是相同的，不幸的家庭各有各的不幸。"同样，幸福的婚姻是相同的，不幸的婚姻也各有各的不幸。面对婚姻中的一些不幸，新生代的许多人往往不一定再选择恪守婚姻，不如意就分手、还自己一份轻松的观念已成为许多新生代的生活价值观。这也是"光棍节"中部分"复明""复光"们以喜悦的心情与面貌出现于节日欢庆中的一个重要的原因。

"复光""复明"们在"光棍节"上出现，一方面，反映出人们已能更加轻松地选择生活，抉择婚姻，呈现出部分"复光""复明"者们在结束自己的不幸的婚姻后，走出围城，解放自己，重新获得光棍的自由、坦然与窃喜；另一方面，也不排除部分"复明""复光"者们在庆幸自己重新获得"光棍"的自由的同时，也为自己又获得了可以重新选择爱情生活的机会而油然而生的那份自得的欢愉与喜悦。在他们热情参与"光棍节”活动的背后，也充满了难以掩饰的重新选择生活、选择爱情的欣喜与期盼。“光光明明”“双双”等这些词语的出现，也部分地在另一个层面上，反映了部分“复光”“复明”者们的复杂而微妙的期望心理。

语言是社会文化的镜像，社会文化是语言的管轨。一定的语言，忠实地记录着、反映着一定的社会文化生活。“光棍节”中的“光棍”族新词的产生与流行，比较集中地折射并反映出了新的时代条件下我们的现实生活中实际存在着的、与之相关的社会文化现实及与之相应的种种复杂的社会文化心理。

（原刊《文化学刊》2007 年第 2 期，第一作者）

“跑”族新词与跑族心理

近年来，在我们的社会语言生活中，出现了一大批以“跑项目”等为代表的“跑××”新词。什么“跑项目”“跑赞助”“跑资金”“跑地皮”“跑手续”“跑业务”“跑市里”“跑招办”“跑×部门”“跑×机关”“跑硕士点”“跑博士点”等一大批“跑”族词语，已频繁地出现于人们的社会生活中。从我们旧有的“跑××”类的词语看，尽管也不乏用“跑”之“为某种事物而奔走”之意构成的“跑买卖”之类的词语，但大多还是以“跑”之“奔”“逃走”“漏走”等之意而构成的“跑步”“跑了和尚跑不了庙”“跑电”等一类的词语为多。而近些年新涌现的“跑××”等一类新词中，其“跑”之意义，却更多地以“跑”之“为某种事物而奔走”之意居多。这种“跑”之意义的“跑”族新词的频现与上扬，其所映现出的某种社会意识与社会心理，是颇为耐人寻味的。

从“跑××”类“跑”族新词的内部构成上看，“跑”的对象“××”，基本上都是我们的社会生活中与跑族某一方面的实际利益十分重要、值得跑族们为之花大气力、下大功夫，甚至舍大本钱去“跑”的一些利益攸关的方面，也是跑族们要千方百计地打通渠道以便谋取某种自身利益的重要方面。“跑”之意义，虽表面上仍可笼统地归入“为某种事物而奔走”之意中，但实际上基本上已质变为“拉”“弄”“疏通”等同义语。“跑××”类“跑”族新词的实质，基本上是“跑关系”。“跑××”类“跑”族新词所描述的，大多伴有上下串联、暗度陈仓、以便在时机成熟之时谋取到某种利益的实际意图。

从“跑××”类“跑”族新词的修辞效果上看，“跑”族新词最传神的妙处是“跑”。粗略道来，其神妙之处起码有三：

其一，“跑”是运动，是运作，且是“跑”起来的运动，“跑”起来的运作，而不是一般的、正常的行动，更不是按部就班地等待。当下的许多正常的事情之所以会出现一些不正常的现象，究其原因，除了掌管者的个人因素，恐怕这当中的相当一部分与跑族们的“跑”动运作影响了或打乱了事情的正常的运行规律，而致使掌管者“跑调儿”“跑辙儿”有关。这也是“跑”之甜头所在，跑族们大兴“跑”道的动力所在。而这些甜头，都是“跑”来的。这也使一些本来不习惯于“跑”、不愿意“跑”，也不屑于“跑”的人们，为了不丧失应有的机遇，也只好改弦更辙，被迫加入了跑族行列。

其二，“跑”相应于“拉”“弄”等词语而言，比较含蓄。用“跑”能避免用“拉”“弄”等词所可能映现出的一丝不怎么正当、不怎么光明正大的赤裸与直白，显得务实而不失委婉。

其三，“跑”既是符合时代精神的快速、高效的象征，也是开拓进取的象征，更是辛勤、辛劳、辛勉、辛苦的象征，尤其是作为为某一小团体的利益而辛勤奔波、不辞劳苦的象征。这也是当下的相当一部分跑族们为什么动辄言“跑”、行“跑”、大兴“跑”道，借以彰显功绩的普遍心理。

“跑”族新词基本上都是商品经济大潮下的产物。其所涉及的跑族人物，其社会角色亦并非都是传统意义上的“跑龙套”“跑马卖解”之类的“跑江湖”者、“跑生意”者或一般的“跑堂儿”“跑脚儿”者，更多的是处于一定的社会位置、意欲通过某种捷径谋取某一事务、成就一番“不平凡的大事业”者。从“跑”之原始情结上看，跑族们其实是在从事与原始的“跑买卖”“跑生意”“跑圆场”等相通的一类“跑上跑下”“跑跑颠颠”的活动，以使某一事物的掌管者“跑调儿”“跑辙儿”，来谋取自己能在某一方面如意地“跑车”“跑马”之所。

“跑××”类的“跑”族新词，折射出了跑族的复杂心理。“跑”族新词所映现出的，有一份渴望，有一份进取，有一份辛酸，有一份无奈，也有一份侥幸，有一份巧取，有一份彰显，有一份无耻，还有一份腐败。

（原刊《语文月刊》2003 年第 6 期）

“教”的本义及其他

涉足中华为教之道，不能不涉及对我们民族文化传统中凝聚着民族教育智慧的“教”的本真内涵的追问与思考。

尽管在中国古代的甲骨文中很早就有了“教”与“育”这两个字词，并自《孟子》中的“得天下英才而教育之，三乐也”[①]句中就已出现了“教”与“育”这两个字词连用而来的“教育”之表述形式[②]，但在中国古代教育史上相当长的一段时间里，中国古汉语表达以单音节词为主背景下的许多教育家们在涉及“教育”含义的表述时，往往习惯上依然是将“教”跟“育”分开使用、以“教”与“学”来表达我们现在意义上的“教育”的有关内涵[③]。特别是以“教”来表达“教育”之义，或者说是用“教”来指称“教育”的状况，颇为常见。因而，发掘我们民族文化传统中凝聚着民族教育智慧的中华为教之道，以汲取先贤留下的有益的精神内涵为我们的民族教育发展服务，显然就不能不叩问我们民族文化传统中的“教”的本真内涵到底是什么。

---

① 孟子等：《孟子》，张博编译，万卷出版公司2018年版，第294页。

② 依据清代焦循《孟子正义》（中华书局1987年版，第905页）、当代的《十三经注疏》整理委员会《十三经注疏·孟子注疏》（北京大学出版社1999年版，第362页）等文献阐释，此《孟子》句中连用的“教育”之表述形式，不过是“教”与“育”两个词及意义的连用，大致相当于“教而育”表述形式之含义，并非完全等同于我们现在意义上的“教育”一词的内涵。在《孟子》这本书中，这种“教育”连用的情况为仅见。

③ 柳海民：《现代教育原理》，人民教育出版社2006年版，第87—89页。

一　关于“教”的本义问题

一说到我们民族文化传统中的“教”的意义，不少相关研究者往往会想到“教育”“教导、指点”“告诉”“政教、教化”“效仿”等含义（此含义下的“教”，音 jiào）以及“把知识或技能传授给人”等含义（此含义下的“教”，音 jiāo）[①]。其实，这不过是“教”在历史发展的过程中所产生的一些相对比较常见的意义，并不是我们民族文化传统中的“教”的本义。

“教”字从字形上看，有“[illegible]”（甲骨文）、“[illegible]”（篆书）等若干表现形式，本是一个会意字，从“攴”（音 pū）、从“孝”（音 jiào）。许慎《说文解字·支部》曰：“教，上所施下所效也。”[②] 段玉裁《说文解字注》对此注曰：“上施，故从攴；下效，故从孝。”[③] “攴”从字形上看，像手里拿棍子（或教具）在击打或训诫（也有人认为是“用手操作演示灼龟取兆”等[④]）。《说文解字》在对“攴”的解释时就说：“攴，小击也。”[⑤] “孝”从字形上看，由表示“效”义的“爻”与表示孩子义的“子”构成，意为效仿（也有人认为“爻”是八卦的长短横道，这儿是借爻代表经典，“孝”是指在经典的规范下言行[⑥]）。“孝”的意思本为“放也”，段玉裁在《说文解字注》中对此解释说：“放、仿古今通之也”[⑦]，即这里的“放”即“仿”义，亦即“效仿”之义。由“攴”和“孝”合起来构成的“教”字，其原本状态意义上的本义，当是一个人手里拿着棍子（或教具）在击打或训诫学子，让其学习、效仿所教的内容。而一般相关汉语工具书中对“教”义的解释，除了前述所提到“政教、教化”等意义，还有“教育”“训诲”“效法”“传授”等意义。而

① 柳海民：《现代教育原理》，人民教育出版社 2006 年版，第 87—88 页。

② 许慎：《说文解字》，中华书局 1985 年版，第 69 页。

③ 段玉裁：《说文解字注》，中华书局 1988 年版，第 127 页。

④ 叶澜：《教育概论》，人民教育出版社 2006 年版，第 4 页。

⑤ 许慎：《说文解字》，中华书局 1985 年版，第 67 页。

⑥ 鲁洁：《教育学》（第 2 版），河海大学出版社 2003 年版，第 2 页。

⑦ 段玉裁：《说文解字注》，中华书局 1988 年版，第 743 页。

这些意义，仔细推究起来，无疑均内蕴于本义之中，并由此而衍生出来。

按照惯常的一般理解，“教”的意思好像本就是“教育”（此义中“教”，音 jiào）、“传授”（此义中的“教”，音 jiāo）等。尽管“教”的众多义项里，也确有“教育”“传授”等常见义项，在说到“教”的本义时，有时大概这样说说也未尝不可，但须要明确的是，这并不是原本状态意义上的“教”的本义，它们不过是由“教”的原本状态意义上的本义而衍生出来的“教”的一些常见的意义。

二　由“教”的本义所引发的若干为教之道的思考

我们民族文化传统中的“教”的本义的澄明与厘清，对于我们教育的正本清源、健康发展，无疑具有十分积极的启迪意义

（一）“教”本身是一种扬善抑恶、有赏有罚的教育教化行为

“教”的本义意味着：我们民族文化传统中的“教”，不仅仅只是一种传授知识的行为，它同时也是一种上施下效的教育、教化的行为；“教”不仅仅是一种扬善的教育、教化行为，它同时也是一种抑恶的教育、教化行为；“教”不仅仅是为达至扬善的教育目的而可以采用褒扬、赏识的方式去进行的一种教育、教化行为，它同时也是为达至抑恶的教育目的而需要适当采用必要的训诫、批评的方式去进行的一种教育、教化行为。并且，在古人的意识里，对上述意味中的后者的关注与重视，起码不弱于前者。这种理解，不仅从“教”字的会意构形及其本义上可以得到体现与印证，而且跟古代先贤所提倡的人心应当向善抑恶、“教也者，长善而救其失者也”[①] 等教育、教化思想是一脉相承的。

古往今来，无论是孟子的人性善之说也好，还是荀子的人性恶之说也好，抑或是人性有善有恶之说、人性无善恶之说也好，尽管人们对人性善恶的理解与主张并不相同，但有一点却是相同的：无论持哪种看法的人，都主张人心应当向善抑恶。而社会人心向善抑恶的实现途径，无

① 戴圣：《礼记》，张博编译，万卷出版公司 2019 年版，第 239 页。

外乎是教育、教化与修行。而要有效地达至这种向善抑恶的教育、教化之目的，教育必然要有自己的原则与方式，有一套相应的能够使受教育者远恶向善、以达到相应的教育目的的教诲方式、方法与措施。这本是为教之道的应有之义。关于这一点，我们也可以从前贤已有的对由“教”的本义而衍生出来的“教”的其他意义的阐释中，得到某些相应的、回向性的印证。《广雅·释诂三》曰：“教，效也。”《唐韵·效韵》曰：“教，法也。”后者同时又曰：“教，教训也。”唐玄应《一切经音义》亦曰：“教，诲也。”[①] 前贤的这些对“教”的“效法”“教诲”“教训”之衍生义的阐释，等于同时也从不同层面回向性地映现了“教”所内蕴着的这种教育、教化行为内涵的基本轮廓。而教育若要达至使受教育者远恶向善的教育目的，为教者在具体的致知教育实践中，必然需要对受教育者施行扬善抑恶、纠正其错误与不足的教育。西汉戴圣在《礼记·学记》中说道：“人之学也，或失则多，或失则寡，或失则易，或失则止。此四者，心之莫同也。知其心，然后能救其失也。教也者，长善而救其失者也。”这段话的大意是说：人在学习时，有的人是错在贪多，有的人是错在所学太少，有的人是错在把学习看得太容易，有的人是错在学习时遇到困难就止步不前。这四种过失，是心理不同造成的。为教者需要了解学习者的心理，然后才能挽救其过失。教育就是要激励学习者好的地方而挽救其过失[②]。清代魏源在《古微堂内集卷二·默觚下·治篇七》中说：“不知人之短，不知人之长，不知人长中之短，不知人短中之长，则不可以用人，不可以教人。用人者，取人之长，辟人之短；教人者，成人之长，去人之短也。”[③] 清人魏源在这当中所说的“教人者，成人之长，去人之短也”，与西汉时期戴圣所说的“教也者，长善而救其失者也”，可以让人明显地感到他们对相关为教之道的理解与认识是一脉贯连的。而扬善或扬长之教，可以以赏，以便激励、弘扬；抑恶或纠错之教，则需要用罚或批评，以便戒除、纠正。正所谓“赏以劝善，罚以抑恶”

---

① 汉语大字典编辑委员会：《汉语大字典》缩印本，湖北辞书出版社、四川辞书出版社 1996 年版，第 613 页。

② 戴圣：《礼记》，张博编译，万卷出版公司 2019 年版，第 239—240 页。

③ 魏源：《魏源全集（第十三册）》，岳麓书社 2011 年版，第 46 页。

是也。这二者之间本是相辅相成、不可偏废的一种关系。这样才合乎为教之道、赏罚分明之道。倘若偏废二者之间的关系而不分青红皂白地一味崇赏讳罚，这固然可能会使善的行为相对变得更为美好，但同时也可能会使不善的行为相对变得更为恶劣。这显然是不合乎相应的为教之道的。《礼记·学记》有言："能博喻然后能为师。"意思是说：能够相应地采用多种方法对受教育者进行教育，这才能做老师①。前贤之言，值得后人玩味、深思。

（二）"教"是一种有原则、有底线的教育教化行为

"教"的本义也意味着：我们民族文化传统中的"教"，是一种有原则、有底线的教育教化行为。而这种教育教化行为，不仅在施教者那里是一种有原则、有底线的教育教化行为，同时对受教育者而言也是一种让受教育者养成对世事要有敬畏之心，为人行事要有原则、有底线的教育教化行为。

尽管我们在教育方法上常说"教无定法"，但这却并不能因此而推衍出教育无原则或教育无定则、教育没底线或教育没定线这样的逻辑来。对于施教者而言，教育是一种有原则、有底线的教育教化行为意味着，施教者必须要遵循并坚守一定的、合乎基本的为教之道的原则与底线，去开展相应的教书育人工作。这应该是施教者能够胜任教席、以免于误人子弟、以免于"己之昏昏，何以使人昭昭"之虞的一种基本的素质与素养。同时，对于受教者而言，教育是一种有原则、有底线的教育教化行为也意味着，教育应当将这种有原则、有底线的行为教给受教育者，让受教育者效法并养成一种对世事要有敬畏之心（包括与之相关联的感恩之心等），养成为人行事要遵循并坚守一定的原则与底线的气质与素养。这也是"教"之本义中的"上所施下所效也"的应有之义。而此应有之义的达至，除了为教者本身的言传身教，必要的训诫批评教诲方式、方法与措施即是为教者借以达至一定的教育目的的一种凭借与手段（当然，这里我们并不是不讲原则、条件与方法地，不分青红皂白、不合教育规律地在推崇训诫批评的教诲方式）。毕竟，在"上所施下所效"的这

① 戴圣：《礼记》，张博编译，万卷出版公司2019年版，第240页。

种教育教化行为实施的过程中，没有规矩，难成方圆；毕竟，一定的目的与目标的实现，合乎相应规律的必要的凭借与手段是必不可少的基本条件。此乃自然之理。

（三）“教”必须以合乎并尊重教育的基本规律为前提

“教”的本义还意味着：我们民族文化传统中的“教”，自有自身的规律与轨道，教育中的一叶障目、无知无畏、舍本逐末等违反本身基本规律的行为，既是对为教之道应有规律的一种漠视与误读，也是一种到头来必将会因此而受到教育本身基本规律惩罚的行为。任何教育行为，必须以合乎并尊重教育的基本规律为前提。

近年来，随着赏识教育的兴起与流行及某些社会现象的影响，不分青红皂白、生吞活剥地简单机械套搬赏识教育的状况时有发生，一定程度上违背了基本的教育规律的现象也并不鲜见。我们的一些教育在某种程度上已部分地远离我们民族文化传统中凝聚着民族文化智慧的为教之道的应有之义，不仅教育中应有的、必要的批评教育之道不同程度地受到莫名的挤兑与排斥，以至于我们的一些教育已在某种程度上失掉了批评教育的勇气与氛围，造成某些必要的批评教育之道的缺失与错位，而且不加分析与区别地对赏识教育的一味迎合，已使我们的某些教育部分地呈现出有滑向浮化、庸俗化的泥淖之虞。时下，不少学生与学生家长都以学生能够在所在的集体中当个什么“长”及获得过什么奖“赏”作为是否受到有关方面“赏识”的重要标志之一。这又致使不仅各级各类层次学校中的各路披衔带“长”的名头的行情，也随之一再看涨，颇受追逐，而且各种名目、各种角度的“奖”项满天飞，并部分地呈现出由仅对学生行为的思路而扩展到包括对教职工行为的思路上发展，以至于一度曾传出某小学为了迎合这种“赏识”的需要，竟然在班里“创造”出“第×窗台长”之类的这种带“长”的“赏识”名目来，以满足某种畸形的心理与追求。由此可见，目前我们的部分教育中的这种“赏识”的庸俗化及对教育的本然规律把握的缺失，已经到了多么捉襟见肘、智商捉急的窘境。这还是我们民族文化传统中的为教理念与为教追求的应有之义吗？

为教有原则，方式有尺度。任何不适切地盲目打破或超越规律应有的限度与尺度的行为，往往会适得其反。正所谓“物无美恶，过则不美”是也。为教之道，必本于根。

（原刊《文化学刊》2023 年第 1 期，第一作者）

语言王国中的“霸王”词族

“霸王”本是历史上秦汉之间的楚王项羽的一个称号，后世的人们常以此喻指极端地霸道之人，曾是令许多世人讨厌并避讳的一个词语。

随着商品经济的不断发展及社会价值观念的逐步演进，语言王国中的“霸王”类词语逐渐兴盛、膨胀起来，成为名副其实的“霸王”族。

一　“×+霸/王”式

“霸王”词族中，最蔚为大观的，当首推“×+霸/王”式的“霸王”族词民。

这又可以分为“×+霸”式与“×+王”式两类。

（一）“×+霸”式

时下，电力行业中有“电霸”，水力行业中有“水霸”，交通行业中有“路霸”，市场上有“市霸”，交易中有“行霸”，学术界中有“学霸”，权力系统中有“权霸”；空调品牌中有“凉霸”，洗浴电器品牌中有“浴霸”，手纸品牌中有“纸霸”，矿泉水品牌中有“泉霸”，方便面品牌中有“面霸”；清洁剂品牌中有“洁霸”，木材品牌中有“森霸”，音响品牌中有“声霸”，彩电品牌中有“彩霸”，乳罩品牌中有“波霸”，文具品牌中有“笔霸”。就连求职的过程中，多次参加面试者，也被戏称为“面霸”；多次参加笔试者，也被戏称为“笔霸”；多次参加招聘会者，也被戏称为“会霸”；多次被拒绝者，更被戏称为“巨（拒）无霸”。在这个处处都显现出争强追霸的竞争时代，就连国人一向对之十分谨慎的姓名用字中，也出现了向来少见、往往仅在古籍中的个别非正派人物形象的用名上才偶有体现的“霸”字入名的情况。笔者几年前就曾在一个小学的点名册上，见到过有叫“张霸”的。

（二）“×+王”式

如酒类品牌中有“金州王”“东港王”，彩电品牌中有“王牌”“王中王”，楼盘称名中还有“地皇之王”，足球行业中有“球王”，娱乐行业中有“天王”等。

二　“×+霸王”式

如酒类品牌中有“酒霸王”，电池品牌中有“电霸王”，学习机品牌中有“小霸王”，钳子品牌中有“钳霸王”等。

三　“霸王+×”式

除了上述“×+霸/王”“×+霸王”式的“霸王”格式形式，“霸王”词族中还产生了不少类似于“霸王花”“霸王酒”“霸王鞭”之类的“霸王+×”式新成员。例如，“霸王餐”，指吃饭不给钱；“霸王面”，指求职过程中没有通过笔试，却主动找到用人单位，强行要求面试；“霸王笔”，指求职过程中没有通过简历关，没接到笔试通知，强行要求参加笔试；“霸王 offer”，指通过参加霸王面、霸王笔而得来的 offer（即录取通知）等。

语言王国中的上述种种名目繁多的“霸王”类词语，基本上都分别是由“×+霸/王”“×+霸王”“霸王+×”式的语构槽模化、派生出来的。根据目前西方学术界颇为流行的、基于达尔文进化论的观点来解释文化进化规律的模因学（memetics）理论，语言本身是在语言模因（meme，文化的基本单位，通过非遗传的方式，特别是模仿而得到传递）经过不断变异而丰富与发展起来的。而一种语言模因之所以能够形成，一个很重要的条件就是该模因起码要具有流行上的时尚性、表达上的实用性与合理性等特征之一。而目前我们的语言中之所以“霸王”类词语逐渐繁盛，很大程度上正是与这类词语既能相对比较恰切地反映目前的部分社会现实（体现了表达上的实用性与合理性）、又能相对具有时代气息（体现了流行上的时尚性）有关。

语言是随着社会的发展而发展的。作为社会发展的一个缩影，语言王国中的“霸王”类词族的繁盛，反映了社会在价值观念上、思维方式上正在不断发生的、新的、巨大的变化。

（原刊《语文月刊》2007 年第 6 期）

关于“舍不得孩子套不着狼”中的“孩子”的含义问题

“舍不得孩子套不着狼”本是在我们的日常生活中广泛流行的一句俗语，有“舍不得孩子套不住狼”“舍不了孩子打不了狼”等多个版本，其基本意义是比喻要做成大事，必须要付出大的代价。关于这句俗语中的“孩子”一词的含义问题，学术界很早就有本不是指“孩子”而是实指“鞋子”一说。如王捷、徐建华、刁宝明编著的《中国俗语》中，在“舍不得孩子套不住狼”词条里，就曾明确地说该句俗语“原为‘舍不得鞋子套不住狼’，‘鞋子’讹误为‘孩子’”，并认为该句俗语“又作‘舍不得孩子就骗不住狼’‘舍不了孩子打不了狼’”①。

《语文月刊》2007 年第 9 期刊登的司念鉴《谐音讹化而成的俗语》一文中，在谈到“舍不得孩子套不着狼”这一俗语时，沿袭了学术界旧有的“孩子”原指“鞋子”的这一看法，认为“孩子”是在我国四川、湖南、湖北、上海、广东等地方言中至今一直保留着的、古汉语“鞋子”的音，并加以解释说：“为了打到一只狼而不惜去冒让一个孩子丢掉性命的危险，这种做法也未免太残忍了点，代价也未免太大了点。”②“这句俗语的本来面目是‘舍不得鞋子，套不着狼’，意思是说要想打到狼，就要不怕跑路、不怕费鞋。这是因为狼生性狡猾，且体格健壮，能奔善跑，一旦被猎人发现，它不是东躲西藏，就是逃之夭夭。猎人若想逮住它，往往要翻山越岭，跑许多山路；而爬山路是非常费鞋子的一件事情，再

① 王捷、徐建华、刁宝明：《中国俗语》，上海文艺出版社 1992 年版，第 246 页。

② 司念鉴：《谐音讹化而成的俗语》，《语文月刊》2007 年第 9 期，第 24 页。

加上古人脚上穿的多是草鞋、布鞋，很不耐磨。所以，在古时候，人们往往要在磨破一两双鞋子之后才有可能捕到狼，如果舍不得费一两双鞋子就很难捕到狼。就这样，‘舍不得鞋子套不着狼’这句俗语就诞生并广泛流传开来了。”[①] 对于上述这种把俗语“舍不得孩子套不着狼”中的“孩子”的含义作“鞋子”理解的推断与推测，笔者认为，这还很有再进一步细探深究的必要。

一 从形式结构与语义表达上分析

从这句俗语的本身结构及所要表达的意义上看，“舍不得孩子套不着狼”这句俗语本身是一种表示假设关系的结构，字面意义是说假如要套着狼或打着狼的话，必须要先“舍得孩子”，实际上是借此喻指要做成什么事，必须要付出代价才能达到目的。它展现的是一种假如要干成什么，就要不怕损失、不怕代价的决心。对于这个俗语，我们需要明确的几个前提性的问题是：一是代价与决心是有大小的。一般来说，要表现不怕代价的决心越大，作为代价的事物在重要性上就要越大。二是作为代价物的重要性在所要做成的事情中的价值，对所涉及的双方而言，是有单向和多向之别的。有的代价物只对要做成事情所涉及的双方中的一方重要，对另一方无所谓；有的代价物则对要做成事情所涉及的双方都很重要。相应来说，就一般情况而言，代价物对要做成事情所涉及的双方都很重要的，对所要做成的事情来说，可能性相对就更大一些。

准此而论，“舍不得孩子套不着狼”这句俗语中，起码有三个基本问题应该是非常明确的：第一，不管这句俗语中的“孩子”是实指“孩子”也好，还是实指“鞋子”也罢，这句俗语所表明的，无非是一种要做成事情不怕代价的决心（不是主要为了让孩子去冒险），而这种决心的大小是由舍得付出的代价的大小来显现出来的。就一般情况而言，所付出的代价如是“鞋子”，就不如付出的代价是“孩子”所表现出的决心大。第二，就做成事情的可能性来说，所付出的代价物对所涉及的双方越是重要，成功的可能性一般来说相对就要越大一些。就这句俗语本身来说，

---

① 司念鉴：《谐音讹化而成的俗语》，《语文月刊》2007 年第 9 期，第 24 页。

所付出的代价物若是“鞋子”，只是与套狼者或打狼者一方的利益有关，只是相对于套狼者或打狼者而言具有一定的重要性，与狼一方的利益与重要性无关。也就是说，代价物若是“鞋子”，只能说是仅仅在一定程度上显示了套狼者或打狼者想打狼的决心。如若所付出的代价物是“孩子”，则不仅与套狼者或打狼者一方利益攸关，十分重要，更好地显现了套狼者或打狼者想打狼的决心，而且通常与吃人的狼一方的贪婪利益也有关，也为贪婪的狼所注重。“孩子”可能成为套狼者或打狼者能够套住狼或打着狼的凭借或诱饵等。也就是说，代价物若是“孩子”，不仅能更好地显示套狼者或打狼者想打狼的决心，而且能显示套狼者或打狼者能够套住或打着狼的可能性。当然，这种可能性并不是建立在“孩子”一定会在狼面前受到残害的基础上的，只是要冒此风险。第三，从表现力上看，比较而言，“舍不得孩子套不着狼”比“舍不得鞋子套不着狼”的表现力更强、更丰富，所传递出的意蕴更合这句俗语本身要表达的这种较大决心之宗旨。

二　从民俗角度分析

从把“舍不得孩子套不着狼”这句俗语中的“孩子”理解为“鞋子”的依据上看，此说一般都不过是由我国南方某些地区目前仍保留的“鞋子”发音类同“孩子”来推测“舍不得孩子套不着狼”这句俗语中“孩子”的意义的，但却既没有确凿的社会历史事实能够证明“舍不得孩子套不着狼”这句俗语本源就一定都是指“鞋子”而不可能会有指“孩子”的，又不能证明我国北方地区中所流行的“舍不得孩子套不住狼”这句俗语中的“孩子”也源于“鞋子”。在中国北方，恰恰倒是有确凿的、源于中国北方地区的社会文化事实，能够证明北方俗语中“舍不得孩子套不着狼”中的“孩子”，在北方地区实际存在的一些风俗习惯中，原本所指的就是“孩子”本身，而与“鞋子”无关。

中国北方游牧民族历史上早就有舍得自己的小孩子来打狼的习俗。历史上，草原牧民在打狼时，对隐藏于狼洞中的小一点的狼，有时要让能钻进狼洞里的孩子钻进狼洞掏出这些狼来以便打它们。这种让孩子钻洞掏狼来打狼的行为，对钻狼洞的孩子而言，是存在着一定的风险的：

倘若打狼者判断失误，狼洞内还藏有大狼的话，钻狼洞掏狼的孩子就要冒很大的风险了。据姜戎的名作《狼图腾》中记述：一个叫巴图的人十三岁时跟父亲打狼，就在钻狼洞掏狼时，遇到了大母狼还在狼洞里的凶险情况。十三岁的巴图在狭窄的狼洞里是通过果敢地用头顶住了大母狼的喉咙，把狼头顶在了狼洞顶上，双手抓住了母狼的两条前腿，由等在外面打狼的大人再帮忙倒拽着巴图退出狼洞，从而让大人在狼洞外打死了大母狼，巴图才摆脱了凶险，并又入狼洞把狼崽子掏了出来①。而巴图的儿子巴雅，则在七岁时，就在随大人打狼中钻进狼洞掏狼②。这是在事实上存在于我国北方地区的、活生生的舍不得孩子就套不着狼或打不了狼的真实图景与实际写照。而在北方地区存在的这种舍不得孩子就打不了狼的习俗中，我们可以明确地看到：一是舍得孩子去打狼本是一种打狼的方法，是一种社会存在事实；二是这当中的“孩子”本就是孩子，与“鞋子”了无关涉。

三　同类表述的对比印证

从我们的语言中还存在着的、与俗语“舍不得孩子套不着狼”的说法相类似的其他俗语比较上看，汉语中还存在着不少与“舍不得孩子套不着狼”相应的俗语：如“舍不得孩子就骗不住狼”“舍不得娃子逮不住狼”“舍不得子，套不了狼”等（可参阅王捷等编《中国俗语》，钟敏文编《俗谚大全》等）。这些俗语中所涉及的“孩子”“娃子”“子”等，从文理上看，它们可以分别支配着动词“骗”“逮”“套”（不同于“鞋子”不能支配动词“套”之状况），均明显地应是指作为人的“孩子”，而非“鞋子”。

综上所述，我们认为，尽管学术界存在着将“舍不得孩子套不着狼”中的“孩子”的本义理解为“鞋子”之说，但此说却并不能因此而排除这当中的“孩子”原本就有指作为人的“孩子”义的可能性。就目前已有的事实依据上看，“鞋子”说更近乎是一种联想推测，而“孩子”说则

---

① 姜戎：《狼图腾》，长江文艺出版社 2004 年版，第 83—84 页。

② 姜戎：《狼图腾》，长江文艺出版社 2004 年版，第 33 页。

有确凿的社会存在的事实为依托及同类义场中的诸多相近表述形式的比照为依托。更何况，“孩子”说在整个俗语的表现力上也较“鞋子”说更强、更丰富，更适合该俗语本身想要表达的宗旨。

（原刊《辽宁教育行政学院学报》2009 年第 11 期）

“节兵义坟”释义考辨*

一

1841 年 1 月 7 日，为抗击英军入侵我国虎门沙角炮台，有 600 余名清兵为此而壮烈殉国。在这壮烈殉国的 600 余名清兵中，有 75 具四肢不全、尚未被英占领军全部焚尸殆尽的清兵残骸，被当地群众偷偷运出掩埋。后世发现此墓葬时，发现该墓伴葬有一尊阴刻“道光二十三年六月吉旦·节兵义坟·节兵共七十五位合葬”字样的墓碑。值得注意的是，该碑的碑名“节兵义坟”中的“节”（節）字，在当时的繁体字刻写时，明显地将原字右下角的单耳旁“卩”，错刻为右双耳旁“阝”，即把正常的繁体字形式的“節”字刻写成了“𮅕”字；“义”（義）字繁体字刻写时，下面的“我”字也明显地少了右上角的一个点儿，而成了“義”字（见图 1①）。

墓碑的礼制向来以端庄、守规而见称，一般轻易不会错字。而碑名“节兵义坟”这几个用字也并非什么生僻难掌握之字，何以一共才四个字就错刻了两个？面对这样一尊墓碑上的这种字形，后世的人们难免疑窦丛生，猜测不一，不少人认为可能是当时刻碑人文化水平太浅所致。著名考古学家郭沫若先生对此考证分析后认为，这一碑名中的两个错字并非刻碑人文化水平太浅所致，而是另有寓意的有意所为。郭老认为该碑名的碑刻寓指的意思是：两耳不听逆耳忠言、出卖国家利益和民族气节

---

* 本文收入本书时，版式及个别语句有所改动。

① 图 1 为本文收入本书时，为方便读者理解所加。图片来自网络。

图 1 "节兵义坟"墓碑

的清政府"错节""错义"或"无节""无义"①。笔者认为，郭老对碑名寓意的这种"错节""错义"或"无节""无义"的理解与看法，很有进一步探究的必要。

二

孤立地看，将该碑刻上的错字"節"与"義"分别理解为"错节""错义"，似乎也无可厚非，并无不可。但若联系整个碑文的上下文看，郭老的这种解释就有悖情理、龃龉不然了。这是因为：

第一，倘若将碑名的碑刻上的错字分别理解为"错节"与"错义"的话，那么，碑名的主体文字"节兵义坟"及落款"节兵共七十五位合

① 参阅盛长峰《虎门炮台上的"节兵义坟"》，《中国青年报》1998 年 6 月 27 日。

葬”等语句的含义该怎么理解、解释呢？如依郭老之说，上述这两句话岂不分别成了“错节（无节）之兵错义（无义）之坟”“错节（无节）之兵共七十五位合葬”？这显然与这些为国浴血疆场的士兵们的真实表现根本不符。

第二，作为墓碑，就其功能而言，其碑名所载，通常理当直接与墓中人的实际身份与所葬情况相联系。纵然有所隐晦，也不该脱离墓碑的基本功能而与墓中人的实际状况相去较远，甚至令人难以想见。对碑名意义的理解，一般来说，也应以此为着眼点，而不宜随意脱离碑文的文体特征及碑文的具体语境去另外探寻“微言大义”。将碑名意思与当时的清政府的“错节”“错义”相联系，既与墓碑的主要功能特征不尽相适，又与碑文上语句的整体文意难以相合。并且，从“节”与“义”这两个字的繁体字的本来字形“節”“義”上看，纵然原碑名就算是想要以此来寓指“错节”“错义”的话，也尽可在原字的许多笔画上任择一处加以改造，即可表示“错”的含义，如“節”字字形中有很多笔画可改，而此处却为什么单单改在了“節”字字形中的右单耳旁为右双耳旁上？“義”字上部“羊”和下部“我”有好几个点画可改，而此处却为什么单单改在了“我”上缺了一点儿了呢？这究竟是一种巧合，还是另有机杼、别寓他意呢？

三

从当年发生的历史事件的本身上看，奋力抗击英敌入侵、直到最后全部为国壮烈牺牲的这些清军将士，不可谓没尽节尽义。尽管当时的清统治者确在此间曾奉行了一条为后人所不齿的、有失国家民族利益与尊严的错误路线。但若将这些为守土而尽节的将士墓碑的碑名表义直接跟当时的清政府的“错节”“错义”状况相联系，而不是直接更多地与墓中人的实际情况相联系，这既游离于墓碑的主要功能与原语句的具体语境，又给人一种很有一些图解政治、拔高碑辞境界的倾向与牵强的味道，也与本为边远僻野之事的历史语境难以相合。

实际上，“节兵义坟”中的这两个错字本身所传递出的信息，既不应是刻碑人文化水平太浅，也不应是暗示清政府的“错节”“错义”。这当中的“节”字的繁体字字形由右单耳旁变为右双耳旁，其寓意应是“为国尽节”之义。因为右双耳旁“阝”，本是“邑”字的变形形式，而“邑”的本义本是国家。《说文解字·邑部》曰：“邑，国也。”凡从邑旁的字，不少都与国家、城邦有关。如“邦”“都”“郊”等。“節兵”即是寓指“为国尽节之兵”。“义”字的本义本通“仪”，本是“仪”的古字，“威仪”的意思，可以引申为“仪容状貌”或“容貌”之义（“义”作“仪”解时，音 yí。至于后起的“义”作“仁义”等义解时，音 yì）。《说文解字·我部》曰：“义，己之威仪也。”段玉裁在《说文解字注》中对此解释说：“言己者，以字之从我也。……故谓身曰己。义各本作仪，今正。古者威仪字作义，今仁义字用之。仪者，度也，今威仪字用之。”段玉裁的解释不仅说明了“义”的本义等情况，而且还说明了“义”字的繁体字字形中的“我”，与“己”“身”义相通。他如《汉书·高帝纪下》中的“其有意称明德者，必身劝为之驾，遣诣相国府，署行、义、年”，颜师古对此注曰：“义，仪容也。读若仪。”《叔向父毁铭》中的“共明德，秉威义”这句话里的“义”，也是“容貌”之义。而“节兵义坟”中的“义”，实际上在这里也是“容貌”的意思。“義”字字形中的“我”（与“身”义相通）上少了一点儿，其寓意应是指“身体缺少了一点儿”，亦即“容貌缺少了一点儿”（即指这七十五位士兵已尸首残缺不全），这和当时坟中所葬士兵的实际状况是完全一致的。因此，“节兵义坟”的真正含义应是“为国尽节之兵身体或容貌已缺少了一点儿之坟”，亦即“为国尽节之兵残骸之坟”，而不应是郭老当年所理解的、寓指清政府“错节”“错义”这种微言大义了。

由此可见，“节兵义坟”这一墓碑碑刻，并不是刻碑人文化水平太浅所致，而恰恰是制碑人在不违背墓碑的基本功能及相关墓碑礼制基础上的一尊新异而不失碑制、婉约而不失信实的匠心独运的墓碑碑刻。

（原刊《中国教育报》1999 年 7 月 27 日）

“男女衣着，悉如外人”新释

一

陶渊明《桃花源记》中，在叙述进入桃花源的渔人看到的景象时，有“男女衣着，悉如外人”一语。关于这句话的释义问题，学术界习惯上往往多将其释义为“男女衣着，完全像桃花源以外的世人”。蔡振湘先生在《“男女衣着，悉如外人”试释》（《语文月刊》1997年第10期，以下简称蔡文）一文中认为，这句话中的“如”应作“不如”解，因而认为这句话的意思应改释为：“（桃花源人）男女衣着（古老朴实），完全不如桃花源外的世人（的衣着那样新颖、美观）。”笔者认为，以上诸说均值得商榷。

从《桃花源记》原文的叙述及其相关史料的佐证上看，陶渊明笔下的桃花源人自秦时即来此独居，与世隔绝，因而在服式上仍沿袭秦时服式，这已是不争的事实。关于这一点，陶渊明《桃花源记》中的“自云先世避秦时乱，率妻子邑人来此绝境，不复出焉，遂与外世隔绝”与其《桃花源诗》中的“俎豆犹古法，衣裳无新制”的描述以及王维《桃源行》中的“居人未改秦衣服”的记述，均可相互印证，毋庸争辩。显然，若将“男女衣着，悉如外人”释义为“男女衣着，完全像桃花源以外的世人”，于情于理，委实说不通。

二

关于对这句话中的“男女衣着”“悉”“人”等词语的理解与认识，

目前学术界的看法与认识基本一致，鲜有异议。关于这句话中的“如”的意义问题，虽然蔡文所据的《汉语大辞典》中“如”确有作“不如”解一义项，但在“悉如外人”这句话中，蔡文对“如”的释义却仍有值得商议之处。

1. 在古汉语中，“如”作“像”解是“如”的一个常见的基本义项；作“不如”解的情况，相对而言，则比较特别，少见。《说文》曰：“如，从随也。”段玉裁对此解释说：“从随，即随从也。随从必从口。从女者，女子从人也。幼从父兄，嫁从夫。夫死从子。故白虎通曰：‘女者，如也。’引申之，凡相似曰如，凡有所往曰如，皆从随之引申也。”从东汉时期许慎的《说文》及清代段玉裁的解释上，我们可以明显地看到：“如”作“像”解，确为“如”最常见的一个基本义项。

2. 从“如”能作“不如”解可能出现的语境上看，将“悉如外人”中的“如”释为“不如”，不合“如”能释为“不如”时所应具有的特定语境条件。清代俞樾的《古书疑义举例·语急例》中曰：“古人语急，故有以‘如’为‘不如’者”。《左传·僖公二十二年》有“若爱重伤，则如勿伤；爱其二毛，则如服焉。”孔颖达疏曰：“若爱彼重伤，则不如本勿伤之；若爱其二毛，不欲伤害，则不如早服从之。”何休注曰：“如，即不如，齐人语也。”《汉书·翟义传》曰：“欲令都尉自送，则如勿收耶！”颜师古注曰：“言若都尉自送至狱，不如不收治。”从能够支撑起“如”作“不如”解的上述材料上看，且不论何休注中已经明确指明该义项的所属“齐人语也”，单就上引“如”作“不如”解所脱胎的语境上看，“如”若作“不如”解，可能出现的语境往往是带有“若（欲）……则”这样一种明显地含有假设语气的语句。从语言逻辑的角度看，这也是符合否定义出现的语境的。而“男女衣着，悉如外人”之句，明显地是一个没有假设语气的陈述句，叙述的是进入桃花源的渔人看到的桃花源人穿着打扮情况。这当中的“如”所出现的语境已和“如”能作“不如”解常见的语境迥然不同。汉语中陈述某处某物的样态时，多用肯定的；而如果这句话中的“如”作“不如”解，这种眼前亲眼所见事实的陈述，何必一定要悖反常规，非要用通过具有假设语气的句式才可能显现出表达的意义（即“不如”义）来的叙事方式呢？何况“男女衣着，悉如外人”之句本身也并没有明显的假设意味。显然，此中的

“如”若作“不如”解，既不符合惯常的叙事方式，也不符合语境。

三

理解“男女衣着，悉如外人”这句话含义的关键，并不在于意义已相对明确的“男女衣着”“悉”等词语，关键在于对这当中的“外人”作何解释。笔者认为，这当中的“外”是“别的、另外”的意思，“外人”即“别的人”或“另外的人”，可引申为“别的/另外的（时代/集团）人”，而不是似是而非的“外面的人”。因此，“男女衣着，悉如外人”的含义，依据原文的语境，既不应是惯常所解释的“男女衣着完全像桃花源以外的世人”，也不应是蔡文所理解想象的“男女衣着（古老朴实）完全不如桃花源以外的世人（的衣着那样新颖、美观）”，而应是“男女衣着完全像别的（时代）的人”，“如”仍作“像”解。这样解释，不仅符合文意，与原文及诸文献中所述的桃花源人为“避秦时乱”而“来此绝境”的秦人后裔、“衣裳无新制”“居人未改秦时服”等相合，而且通俗、简易，便于理解把握。

（原刊《语文月刊》1999 年第 4 期）

“灭此朝食”辨

《语文月刊》1994 年第 10 期发表刘光明《“灭此朝食”别解》一文（以下简称《灭》文），认为成语“灭此朝食”中的“朝食”应是“聚餐庆功”之意，“灭此朝食”的本意应该是“消灭了敌人后，大家聚餐庆功”，并断言“唯有此解，情理方可通达”，笔者实在不敢苟同。

第一，从“灭此朝食”所脱胎的原语境看，“齐侯曰‘余姑翦灭此而朝食’!”这句话本是齐顷公在大战到来之际，发出的呼唤与誓言。其本意并不是有意要让士兵饿着肚子去打仗，无非是要在战前显示自己必胜的信念与决心，表明急于铲灭敌军的迫切愿望，借此激励将士，振奋士气，奋勇杀敌。也正是在这个意义上，“灭此朝食”常被后人用来形容急于完成某事的心理愿望。因此，将“灭此朝食”的字面意义解释为“消灭了敌人后再回来吃早饭”，并不见得一定就存在《灭》文所担心的那种会使人觉得齐顷公糊涂到连基本的军事常识（填饱了肚子再打仗）都不懂的地步。如是，则“朝食”未必就一定是庆功餐，它依然有指“早餐”的可能性。

第二，再看“灭此朝食”一语出现的逻辑前提。对“余姑翦灭此而朝食”中的“姑”字忽视不得。“姑”即“姑且”之意，它表示行动作某种让步，隐含着“本来应该如此，现暂不如此”的行动逻辑。如果把“朝食”释为“吃早饭”，那么，“余姑翦灭此而朝食”的意思应为“我且消灭了敌人再回来吃早饭”。其逻辑前提是：本来应该是先吃饭，后打仗。这是符合事物发展的一般逻辑规律的。可是，如果按《灭》文的观点，把“朝食”释为“聚餐庆功”的意思，那么，原文的意思便成为“我且消灭了敌人后再回来聚餐庆功”。这种解释所隐含的逻辑前提就变成：本该是（还没杀敌建功以前就）先聚餐庆功，然后再去消灭敌人（建功）。这显然是违背常识、不合一般事物发展规律的。以此解释这句话，是不合道理的。

第三，从已有的史料上看，把“灭此朝食”的字面意思解释为“消灭了敌人后再回来吃早饭”，不仅符合该成语所脱胎的语境，而且有历史上的依据，和上古时代的社会历史情况也相吻合。据史书记载，上古时代，我们的祖先通常每日只吃两餐，这早上的第一餐就叫“朝食”，也叫饔（yōng），在上午八九点钟；第二餐叫晡（bù）或“飧”（sūn），在下午四点左右。汉语中直至今日还保存着的一个成语“饔飧不继”中的“饔”和“飧”，指称的就是上顿饭和下顿饭的意思（直至汉代，有些地方才开始出现一日三餐的情况）。齐顷公所处的时代是上古时期的春秋之际，将“朝食”理解为“吃早饭”，是符合当时的实际情况的。

（原刊《语文月刊》1995 年第 4 期）

“更衣”新释*

《资治通鉴·赤壁之战》中，在描述孙吴统治集团内部关于如何对待曹军南下的议论时，有“权起更衣，肃追于宇下”之句。关于这段话中的“更衣”的解释，学术界习惯上一直都将其释义为“去厕所”。这种说法，笔者认为值得商榷。

在古汉语中，“更衣”一词通常认为有两种含义：一是指换衣服或换衣休息之处，并因此可以用于借指宴会时离席及帝王陵寝的便殿；二是婉言去厕所（参见《辞海》《辞源》《汉语大词典》）。我认为，从“权起更衣”这句话所出现的背景及实际情况看，将“更衣”理解为“换衣服”或借指“离席”，比解释为“去厕所”更为适切、恰当。其理由如下：

首先，从《赤壁之战》中出现这句话的当时背景上看，面对曹操强兵压境、威震吴中的严峻局势，东吴已处于生死存亡的紧要关头。作为一国之主的孙权，正面临或战或降的痛苦抉择。在这生死成败只此一举、已不容许决策者有一丝一毫的懈怠、马虎与差错的关键时刻，对孙权来说，认真地听取众谋臣的意见和看法，对自己的最终决策十分重要。孙权作为一个比较英明的一代君主，这个道理是不会不懂的。因此，从情理上说，如果不是万不得已，孙权是绝不会在这种集思广益、听取意见的十分紧要的关头，随随便便地撇下众人，突然离席而去的。所以，孙权此时此刻起身去“更衣”，只能或是出于急于去厕所的实际需要而被迫离席，或是出于其他心理而被迫离席去“更衣”。也就是说，这里的“更

* 本文收入本书时，个别语句有改动。

衣”，从动因上看，存在着上述两种可能。

其次，从孙权离席后的行为活动上看，在这紧要关头，不得已要去“更衣”的孙权，并没有径直进入厕所，倒是又同随后赶来的鲁肃在屋檐下（一说在走廊里）进行了一段时间的关于目前局势的推心置腹的分析交谈，并终于被鲁肃的卓见所打动。从孙权的这一行为活动过程的时间上看，孙权在这紧要关头的离席“更衣”，并不是迫于要急不可耐地立即去厕所的实际需要。否则，对他又同鲁肃进行这么长一段时间的形势分析及因应对策的谈话，便难以作出让人心悦诚服、适情入理的解释。

最后，从孙权当时的心理实际上看，在曹军强大声势的威慑下，作为一国之主的孙权，面对自己内部张昭等人的主降论调，其内心复杂、矛盾的利害得失冲突状况，可以想见。此时此刻，以张昭为首的众谋臣的主降论调与孙权内心深处要努力维护自身利益的主观愿望已大相径庭，这绝不是身为一国之主的孙权所愿意悉心聆听并心安理得的。它必然要激起孙权内心的失望、焦虑、犹豫与不安。如果是这样的话，此时此刻，孙权起身去“更衣”，就并不见得一定是出于要急于“去厕所”的实际需要，倒极有可能是出于要摆脱这种令人失望的烦闷气氛而拂袖离席去“更衣”的。而从孙权在离席后与鲁肃的一番对话中，可以明确地看到，孙权当时的确是在众人所议“甚失孤望”的烦闷心绪下离席“更衣”的。这说明，孙权中途离席去“更衣”的更直接的原因是“甚失孤望”的烦躁心绪，而并不是迫于必须要去厕所的实际需要。

因此，将“权起更衣”句中的“更衣”理解为“去厕所”，既有不合情理之处，也有不合乎实际之处。而如将其理解为“换衣服”或借指“离席”，以便使孙权暂时离开烦闷之地，排解一下心中的郁闷，并进一步静下来再好好思索、考虑一下这举足轻重、生死攸关的大问题，则更为适切得体，入情入理。因此，这句话中的“更衣”，应作“换衣服”或借指“离席”来理解更合适。

（原刊《新语文》1997 年第 9 期）

“长校”释疑

近来，随着电视剧《少帅》的热播，有关张学良的一些往事成为相关媒体及社会公众关注的热点之一。其中，在有关张学良出任东北大学校长的一段往事钩沉中，笔者几次收到友人及同道后生对目前的一些相关材料中出现的“张学良长校”说中的“长校”之说究竟可不可用、到底该怎么解释的一些疑问。联想到几年前网上曾出现的有人对“长校”之说的疑问（见网易博客《感觉知识的匮乏，不明白“长校”的含义》），自感很有对此作一点儿诠释的必要。

“长校”（zhǎngxiào）之说，尽管在目前常见的北京大学 CCL 语料库、北京语言大学 BCC 语料库、教育部语言文字应用研究所语料库在线等检索系统及常见的一些汉语工具书中，尚未见到有该用法的记录，在时下的日常社会语言生活中也比较鲜见，但却是前已有之，不乏典例。特别是在近人的一些相关叙述中，时常会见到这种用法。例如：

［1］蔡元培长校十年，一半时间在外，与学生直接冲突较少，可也仍有金刚怒目的时候。（陈平原《老北大的故事》）

［2］隔了两天杨杏佛又来了坐谈一晚，说东南大学（就是以后的中央大学）正在闹行政的纠纷，两不相让，最好请元任出来长校，对两面朋友都说得过去……（杨步伟《杂记赵家》）

［3］对竺可桢长校浙大时期的科技人才思想与实践进行研究，能够促进我们对该时期浙江大学崛起的内在原因的探究，深化对这一时期浙江大学校史的研究。（王琎《试论竺可桢长校浙大时期的科技人才思想与实践》）

[4] 张学良长校（东北大学汉卿会馆展板标题）

从上述用例的语境及所涉及人事的相关实际历史状况上看，尽管历史上蔡元培确实做过北京大学校长、赵元任当年的确有人希望他出来做东南大学校长、竺可桢确实做过浙江大学校长，张学良也确实做过东北大学校长，但这当中的“长校”的意思，却不可能是似是而非的带有名词性特征的“长官”“校长”之义，因为这与“长校”所出现语句的上下结构特征及所要表达的意义不合：“蔡元培长校十年”“元任出来长校”“竺可桢长校浙大”“张学良长校”等明显地分别都是一个带有动词性特征的结构，如果将“长校”理解为是名词性的“长官”“校长”之义，不仅与原语境所体现出的动词性结构特征不合，而且势必会造成上述语句结构的表意分别成了“蔡元培长官/校长十年”“元任出来长官/校长”“竺可桢长官/校长浙大”“张学良长官/校长”等不伦不类的状况。

理解把握“长校”义的关键，不在于这当中比较好理解的表示“学校”义的“校”，而在于对这当中的“长”的意义的把握。

“长”的义项中，本有带有动性特征的表示“为首领”“做长官”之义（参阅《汉语大字典》）。《庄子·山木》曰：“王独不见夫腾猿乎？其得柟梓豫章也，揽蔓其枝，而王长其间。”这当中的“长”，即“为首领”之义。《战国策·楚策一》云：“狐曰：‘子无敢食我也。天帝使我长百兽，今子食我，是逆天帝命也。’”这当中的“长”，也是“为首领”或“做长官”之义。

实际上，“长校”中的“长”，即是“为首领”“做长官”之义。“长校”即是“为学校首领”“做学校长官”，亦即“做校长”。准此而论，“蔡元培长校十年”“元任出来长校”“竺可桢长校浙大”“张学良长校”等语句结构所表示的意思，自然分别是“蔡元培做校长十年”“元任出来做校长”“竺可桢在浙大做校长”“张学良做校长”。这和“长校”在上述用例中所体现出来的语句上下结构特性及意思等，也是完全相契合的。

语言本是一种约定俗成的社会现象，具有一定的社会约定性与传承性。对于语言中的一种表述方式的规范与否的判定、表意的理解与把握，不能脱离语言的自身特性与具体状况。“长校”作为汉语中的一种早已存在的相对固定的用法，可能是由于日常社会语言生活中相对少见等原因，一般的常见汉语工具书中鲜有收录。即使在一些辑录相对丰硕的大型相关工具书及相关语料库中，也难觅踪迹。这恐怕也是造成今人部分地对其疑惑难明的一个重要原因。

（原刊《文化学刊》2017 年第 3 期）

也释“运河”

《语言美》第126期第2版刊登的孙昶同志的《“运河”新解》一文（以下简称《运》文），认为“运河”一词中“运”字的意义应作“南北”或“南北方向”解，“运河”的原意应是“南北方向的河”，并且断然否定了现有的对“运河”通常的解释——“运河就是人工开凿的河”。这种解释，笔者以为不然。

第一，《运》文对“运河”一词的释义（且不论其是否精当）和通常人们所理解的“运河就是人工开凿的河”，这不过是一个问题的两个方面，二者分别侧重于语言学与逻辑学两个范畴、两种释义方式，理论上可以同时并存，并不相互排斥。对于词义的解释，从其构成的文字意义上去溯本求源，说明词义，这是解词。这种释义方法，通常为侧重于语言学上的一种常见的释义方法。而对词义作具有概括性和普遍意义的解释和判断，这是解释概念。这种解释方法，通常为侧重于逻辑学上的一种常见的解释方法。二者并行不悖，尽管有时有的词义的解释与相应的概念的解释可能会是相同或相近的。

运河和其他河流相比，二者的不同之处在于一个是人工开凿而成的，一个是自然形成的，这是二者的本质区别。《辞海》对“运河”这个概念明确地作出了两种解释：一是指人工开凿的河，二是特指北起北京，南至杭州，沟通海河、黄河、淮河、长江、钱塘江五大水系的我国古代的伟大的水利工程——京杭大运河（简称“运河”）。《辞海》的第一种解释，从下定义的角度，紧紧抓住了所有运河的共同本质特征，概念解释得十分准确；《辞海》的第二种解释——特指我国的京杭大运河也不例外，从而给我们提供了这一类河流与另一类河流的区别。这种具有普遍指导意义的解释，既然在理论上与实践上都有其存在的合理性与必要性，那么，说“运河是人工开凿的河”，显然是有根有据了。我们不能混淆两种不同性质的释义方式，更不能因此出现以一种解释来代替或否定另一种解释的现象。

第二，《运》文是单纯从一个词的构成文字或者叫构词语素的意义上来解释“运河”这一词的意义的。在“运”字的解释上，《运》文认为：“运”在这个词中的原意应作方位词“南北”或“南北方向”解，并引用《国语·越语上》“广运百里”及韦昭注为例证。笔者认为，这还有值得商榷之处。“运”字本身很少见到直接作方位词用、作“南北”或“南北方向”解的，倒是有作“南北的距离”解的。《辞源》明确指出：“地之南北距离曰运”。虽然“南北的距离”也含有“南北方向”之意，但很明显这两种解释的着重点是有所不同的：一是落在“距离”上，一是落在“方向”上。《辞源》在这一义项下引证了《国语·越语上》的相关用例：“勾践之地……广运百里。”从例证的上下文我们明显地可以看出，这当中的“广运”，指的是土地面积。根据韦昭的“东西为广，南北为运”的注释，这句话的意思是说：越王勾践的土地，从东到西，从南到北的距离（即方圆）达数百里。如果把这当中的“运”仅仅理解为方向，显然缺少“距离”意识，也就没有了土地面积大小的区域界限。以方向代距离，显然有些不妥。因而，把“运河”中的“运”字理解为“南北方向”，也就显得不够准确了。况且，无论从“运”字本义的“搬动、迁移”，到引申意义的“运转”“运输”，乃至开凿运河为方便交通运输的实际目的以及历代运河名称由“沟”“渠”“漕河”“漕运”“运渠”等发展到宋代的“运河”等情况来看，把“运河”中的“运”字的原意理解为“运输”，比将其理解为“南北”或“南北方向”更具有说服力。

（原刊《语言美》1987年9月25日）

“小姐”内涵的历史嬗变

宋代的吴曾在《能改斋漫录》中就曾认为：“妇人之称姐，汉魏已然。”由“小”和“姐”相合而成的“小姐”一词，古代常常被用作对未婚年轻女子的称呼。据相关考证，“小姐”之称出现在宋代，这在以宋代钱惟演的《玉常逢辰录》、洪迈的《夷坚三志己》等为代表的不少相关著述中都不乏其相关用例，如“韩小姐”“林小姐”等之称。在这当中，“小姐”之称一般多用作称谓人名用字，称排行在末的女子，通常鲜有身份的贵贱、婚否之别。元代的相关著述中已有对仕宦之家或大户人家的女子称谓“小姐”的，特别是用于对一些未婚年轻女子的称谓的，王实甫的《西厢记》中就有“只生得个小姐，小字莺莺”之类的称谓仕宦之家千金的用法。清末苏沪一带也有称妓女为“小姐”的，吴趼人《二十年目睹之怪现状》中便有“富贵人家的女子，便叫千金小姐，这上海的妓女也叫小姐”等记载①。

新中国成立之前的“小姐”，从其内涵上看，多指的是在社会上有一定地位、势力或影响的望户人家的大家闺秀，它其实也是一种在世俗的意识中比较高贵的地位与身份的象征。新中国成立以后的很长一段时间里，“小姐”之称随着其赖以存在的、旧的社会基础的坍塌与崩溃，走向失落。

---

① 俞理明考察了相关用例后认为，包括《汉语大词典》在内的不少认识中认为“小姐”初始义是“宋时称乐户、妓女”的说法，其实是一种误解；清末苏沪一带有把妓女称“小姐”的，但把娼妓称“小姐”并不一定就是贱称，也有从一种扭曲的心理出发，以嫖娼为风流雅事的而对妓女使用美好的称谓词的，或在相关交往中为取悦女方而用了比其实际身份高贵的词。参阅俞理明《“小姐”正名》，《语文建设》1997 年第 5 期，第 37—38 页。

20 世纪 80 年代以后，随着我们社会的开放，“小姐”在某种社会心理的作用下，重新被激活，并因时尚趋同及流行同化等作用的影响，而在我们的社会生活中又一次广泛地流行起来。“小姐”的内涵也由旧时常见的对社会地位与身份相对比较“高贵”的未婚年轻女子的称谓，渐渐演变成既包括对上述情况在内的未婚年轻女子的称呼，也包括对社会地位与身份很普通的未婚年轻女子的称呼，直至某些有伤风化的色情女郎，也涵盖在“小姐”的称呼之内。

“小姐”声名的狼藉，始于 20 世纪 90 年代末期。这一时期，滑行于庸俗的蹊径上的“小姐”，在一些地方，特别是一些娱乐场所，很大程度上已沦落成了“三陪女”的代名词。由于怕和此时的某些被称为“小姐”的女郎的“三陪”行为及相关丑名相联系，一些原本习惯于或并不反对被人称为“小姐”的正派女性，逐渐开始出现拒绝被称为“小姐”的状况，而“同志”“服务员”“姑娘”“小妹”乃至“师傅”等一些一度曾被人冷落的称谓，渐渐地又在一些相应的场所被人们所重新启用。

语言学中有一个很重要的关于语言演变的定律，称为“葛式定律”（亦称“劣义驱逐良义定律”），说的是当一个词在历史演变的过程中同时存在好和不好的两种意思的时候，这个词在以后的发展演变的过程中，好的意思会因躲避该词中同时具有的不良意思的影响，而逐渐隐退或被迫退出该词的领域。“小姐”称谓内涵的这种劣义性滋长与变化，正是语言演变中的葛式定律在我们当代语言生活中的一种现实的体现。当然，这种发展变化往往是由于某一时期某一称谓的泛化使用而形成的，通常是一定时期词义的此消彼长的相对性变化。它还可能会随着一定的社会文化发展状况的变化（如相关泛化现象的消退、社会规范意识的提高等社会状况的变化）而再度发生相应的变化。

（原刊《中国教育报》2000 年 1 月 11 日）

“闭门梃”的隐喻意义探究

现实生活中，人们常常把某事情因差一点或差一步就将成功却失败了的情状喻之为“功亏一篑”（或称为“功败垂成”等）。时下，关于此种状况的表述中，又悄然出现了一个新的、更经典、更时尚、更生活化、更平民化，也更言简意赅、更令人拍案叫绝的隐喻式的歇后语“闭门梃——功亏一篑”。这种用法在日常口语中比较常见。例如：

[1] 那件事呀，嗨，别提了！功败垂成！要说它呀，就一个词语：“闭门梃——功亏一篑”呗！

[2] 这本来以为都已经是煮熟的鸭子了，可愣就叫它飞了！整个一个闭门梃——功亏一篑啊！

一 “闭门梃”及其隐喻意义种种

“闭门梃”本是一个麻将用语，指的是手中的牌已经“上梃”（即再差一步就和了）时，却还没有开门，因而也就没法和的状况。

“闭门梃”的核心问题是没开开门。造成“闭门”状况的原因很多，通常说来，与之相关的隐喻意义大体上主要有如下几种：

（1）上家手段高明，看管得很紧，控制得很严，没有机会。

“闭门梃”者的开门与不开门，往往与能不能“吃”到上一家的牌很有关系。如果上一家打牌高明，能根据下一家已出牌的情况断定出其所需的是什么牌而有意地控制住不打出，拿捏住其软肋，则下一家往往很难得到较快开门的机会。

（2）整个圈子里的所有对手手法都很精明，看盯得很紧，监控得当，没有机会。

“闭门梃”者的开门与不开门，除与上一家出牌能不能吃上有很大关系外，也与自己之外的麻将桌上的整个一圈对手出牌能不能让自己“碰”吃上有很大关系。倘若整个圈子里的所有对手都很精明，均能根据对手已出牌的情况断定出其所需之牌而控制不发，则“闭门梃”者也往往很难得到能开门的机会。

（3）自己手太臭、太差，抓不到关键的东西，失去了机会。

“闭门梃”者的开门与不开门，除与上述两种外界状况有关外，与自己的手能不能抓到自己所需要能开开门的关键的牌（如“杠”等）很有关系。如果自己手太臭、太差，抓不到所需要的关键的东西，也往往很难得到开门的机会。

（4）不点炮儿，不送或不会送、不愿意送、不敢送给别人吃，失掉了机会。

“闭门梃”时，本来自己有机会能开开门，但考虑到开门后，自己想打出去的一张牌是（或疑心可能是）别人即将要和正需要的一张“点炮儿”的牌，所以便不送给别人吃或不会送、不愿送、不敢送给别人吃，因而，只好错过开门的机会，没开门。

（5）不吃不吐，不注意自己的和其他人的内外交换与交流，不适时主动地纳新吐故，形成良性循环，失掉了机会。

“闭门梃”时的开门方法多种多样，有时可以采用抓来新牌，再打出去旧牌的方法以最终达到目的，有时可以放弃新抓牌的机会，而采用“吃吐”的方法来开门。如果不能随机应变，不吃不吐，不能适时主动地纳新吐故，努力创造机会，则也会失掉本来可能开门的机会。

（6）贪婪过甚，自以为是，幻想、等待还会有更好的或没有一点儿风险的机会成就奇功，以至于大功建不来，小功又不肯建，失掉了机会。

“闭门梃”时，本来可以开门的许多机会都出现了而可以开门，但由于“闭门梃”者贪心过重或不屑于这种开门形式所带来的小和、小功的结果，总在幻想、等待和一把大的以图大功，从而造成大和不成（也难成），又失掉了小和良机的这种失掉了胜机的局面。

（7）客观实力够，但运用规则的整体技术水平差，不会玩，失掉了机会。

“闭门梃”时，本来“闭门梃”者自身是有能够和的实力和机会的。但由于其运用游戏规则的整体（而不是某一局部）技术水平差，不会玩，或玩不好，因而失掉了可能成功的机会。

（8）客观实力根本不够，不配玩，硬是打肿脸充胖子，盲目投入投机，滥竽充数碰运气，恬不知耻蒙大功。正常情况下，本就没有机会，也理应失掉机会。

麻将桌上，有时不乏对麻将比较生疏的一些不会玩或不怎么会玩麻将者，因种种原因与投机心理而盲目投入其中，胡来乱打，奢望不正常的幸运与成功。而对什么样的情况才好和牌都不甚了了，该开门而不知开门，再多投入也只能是徒劳无功。这样的“闭门梃”者，自然不会有开门的机会，也自然会失掉开门的机会。

二 “功亏一篑”与“闭门梃”的“视界”融合与联通

“功亏一篑”在许多方面跟“闭门梃”有相似之处，二者间存在着视界的融合与联通。

其一，“功亏一篑”是“为山九仞，功亏一篑”，即事物已成功或完成了绝大部分却因只差最后一点而功败垂成。“闭门梃”也与此十分相似，是未开门已先和到手里了，只差最后开门就可以大功告成了。二者最大的相似之处是：都是只差最后的一点点就获得成功了。

其二，人世间的许多事情的缘由是多种多样的，可以造成“功亏一篑”的状况也是多种多样的，也既可能有因外在的环境、条件不足而造成的“没有机会”而“功亏一篑”，也可能有因内在的个人性情能力上的不善于把握关键内容、关键环节，水平有限，甚或是贪婪、虚妄，畏首畏尾，不肯投入或不谙投入之道，从而“失掉了机会”而“功亏一篑”的。这和前面分析过的造成“闭门梃”的种种状况在事理上有着很大的相似性。

（1）现实生活中，一些“功亏一篑”者原本是有希望达到成功目的的，但因上面主管手段高明，明察秋毫，对下面的一些事情管理得很紧，控制得很严，因而使下面的人与部门没有某种成功的机会。这与造成

“闭门梃”状况的缘由之一——上家手段高明、看管得很紧，使下家难以开门等状况是十分相似的。

（2）现实生活中，一些“功亏一篑”者之所以没达到成功目的，不是由于上级主管部门高明，而是由于整个相关圈子里的与之竞争的对手们对其行为盯防、监督得很紧，占不到任何独到的便利与便宜，因而使本有希望的“功亏一篑”者最终没有取得成功的机会。这与造成“闭门梃”状况的缘由之一——整个圈子里所有对手手法都很精明，看盯得很紧，使“闭门梃”者开不开门等状况十分相似。

（3）现实生活中，一些“功亏一篑”者由于在最后的关键时刻自己抓不准核心与关键，把握不住解决问题的根本之处，因而使本有希望的成功化为乌有，失掉了成功的机会。这与造成“闭门梃”状况的缘由之一——自己手太臭、太差，抓不住关键的东西而难以开门等状况十分相似。

（4）一些“功亏一篑”者本有成功的机会，也明白在某种功利化、世俗化的社会背景下，面对共谋时代的共谋关系，要取得成功不可避免地要在谋划疏通上来往付出，但却出自种种考虑，或不舍得这种于己不利的投入与付出，或不愿意为此而投入与付出，或疑心如此投入与付出的结果会于己不利，适得其反，因而没投入、没付出，因此而失掉了成功的机会。这与造成“闭门梃”状况的缘由之一——不点炮、不送或不愿意送、不敢送给别人吃以致丧失开门机会的状况十分相似。

（5）一些在某一事情上“功亏一篑”的单位或个人，原本有着很好的发展基础。但由于不能随着时代潮流的发展变化而与时俱进，因循守旧，思想保守，既不注意“走出去，请进来”，以加强内外的交往与交流，也不注意在思想意识上、工作方法上及人事安排上的纳新吐故，缺乏活力与朝气，致使最后丧失了原本可能取得成功的机会。这与造成“闭门梃”状况的缘由之一——不吃不吐、不吐故纳新以致难以开门的状况十分相似。

（6）一些“功亏一篑”者在争取成功的过程中，本来已达到了可以取得较小成功的地步，只是由于贪心太重，自以为是，嫌功小利微而不取，一味盲目追求大功大利或大为、大位、大名，以致大功没建成，小功又没建，丧失了成功的机会。这与造成“闭门梃”状况的缘由之一——贪婪过甚，幻想、等待能大和一把以建大功、奇功而造成错失平常的开门机会的状况十分相似。

（7）现实生活中，一些“功亏一篑”者本来自身的实力很强，若仅靠实力说话，本是应该取得成功的。但在实际操作的过程中，由于众所周知的一些原因，许多事情的成功与否，并不完全仅仅取决于实力，一些诸如运作上的整体设计、战术技巧的艺术运用等也对事情的最后成功起着十分重要的作用。一些“功亏一篑”者就因为在这些运作上的战术技巧差而最终遗憾地惨遭淘汰。这与造成“闭门梃”状况的缘由之一——打麻将的整体技术水平差，不会玩或玩不好而导致开不开门而丧失成功机会的状况十分相似。

（8）和上一种情况不同，现实生活中，一些所谓的“功亏一篑”者本来自身的实力就不够，根本就不可能取得成功，但却为了自身的利益与目的，开始乔装打扮，投机取巧，厚颜无耻地进行不正常的操作与投入，以谋取成功。正常情况下，这种做法通常是不会取得成功的。这与造成“闭门梃”状况的缘由之一——实力根本不够，不配玩，却硬打肿脸充胖子，滥竽充数碰运气，以致开不开门而失去成功机会等状况是十分类似的。

也正因为上述这些相似之处，使“功亏一篑”与“闭门梃”这二者在可能涉及的诸多方面在视界上达到了多层次、多角度的内在的融合与联通，从而构成了一个既内在神似、寓意丰富，又时尚易懂、令人击掌叫绝的妙喻来。

（原刊《辽宁教育行政学院学报》2010 年第 9 期）

关于歇后语的内涵及特点问题

语言学界目前对歇后语的内涵及特点的理解与认识并不一致，出现了诸多不尽相同的认识与看法。对这些不尽相同的认识与看法的进一步探讨、辨析与厘清，对于我们进一步加深对歇后语的内涵及特点的理解与认识，具有十分积极的意义。

一

关于歇后语的内涵问题，目前语言学界在本问题的阐述上出现了不少不尽相同的认识与看法。例如：

［1］歇后语，……前一部分是个比喻或隐语，后一部分是意义的解释。平常说话时，可以把它的前一部分比喻或隐语单独说出，而把后一部分解释省去，让人家去体会、猜测；所以叫做歇后语①。

［2］歇后语也是流传在人民群众口头上的一种固定的语句。歇后语由两部分组成，前一部分是个比喻或隐语，后一部分是意义的解释。或者可以说，像一个谜语，前一部分是谜面，后一部分是谜底②。

［3］歇后语是由近似谜面、谜底的两个部分组成的形象而俏皮

① 胡裕树：《现代汉语》（增订本第3版），上海教育出版社1984年版，第297页。

② 张志公：《现代汉语（上册）》，人民教育出版社1982年版，第171页。需要说明的是，此表述中的“像”字，原文是“象”字。本文引用时，依现在的规范标准，改用为“像”字。

的口头用语[①]。

[4] 歇后语是由近似谜面、谜底的两部分组成的带有隐语性质的口头用语[②]。

[5] 歇后语是一种由前后两个相关部分构成的带有隐语性质的风趣、形象的固定短语，前一半近似于谜面，后一半相当于谜底[③]。

[6] 歇后语是由近似于谜面、谜底的两部分组成的带有隐语性质的口头用语[④]。

[7] 歇后语，由两个部分组成的一句话，前一部分像谜面，后一部分像谜底，通常只说前一部分，而本意在后一部分[⑤]。

[8] 歇后语，熟语的一种，由前后两部分组成。前一部分大都是一个形象的比喻或某种事物、现象，后一部分解释说明，是真意所在[⑥]。

[9] 歇后语，熟语的一种。多为群众熟识的诙谐而形象的语句[⑦]。

[10] 歇后语，指说话时候把一段常用词语故意少说一个字或半句而构成的带有幽默性的话[⑧]。

这些林林总总的有关歇后语内涵的理解，在歇后语是由两部分构成及具有口语性上，大家的认识相对比较接近，但在涉及前后这两者间是什么关系等问题的认识上，大家的看法则不尽相同，仁智各异。

历史上，在歇后语前后这两者间是什么关系问题的认识上，曾出现

① 邢福义：《现代汉语》，高等教育出版社 1986 年版，第 298 页。

② 钱乃荣：《现代汉语》，高等教育出版社 1990 年版，第 373 页。

③ 邵敬敏：《现代汉语通论》，上海教育出版社 2001 年版，第 146 页。

④ 黄伯荣、廖序东：《现代汉语（上册）》（增订第 3 版），高等教育出版社 2002 年版，第 321 页。

⑤ 中国社会科学院语言研究所词典编辑室：《现代汉语词典》（第 5 版），商务印书馆 2005 年版，第 1505 页。

⑥ 李行健：《现代汉语规范词典》，外语教学与研究出版社、语文出版社 2004 年版，第 1439 页。

⑦ 辞海编辑委员会：《辞海》（缩印本），上海辞书出版社 1980 年版，第 1526 页。

⑧ 中国大百科全书总编辑委员会、中国大百科全书出版社编辑部：《语言文字百科全书》，中国大百科全书出版社 1994 年版，第 346 页。

过下述几种比较有代表性的认识与看法：

（1）“起语”（或“提示语”）与“目的语”的关系。“起语”与“目的语”的关系，可以以白启明的《采辑歌谣所宜兼收的——歇后语》（1924）为代表；“提示语”与“目的语”的关系可以以汪锡鹏的《歇后语的研究》（1935）为代表；

（2）“前提”和“断语”的关系。这可以以温锡田的《论“俏皮话”》和《再论“俏皮话”》（1933）为代表；

（3）“譬”（或“比喻语”）与“解”（或“解释语”）的关系。“譬”与“解”的关系，可以以陈望道《修辞学发凡》（1932）为代表；“比喻语”与“解释说”可以以《汉语大词典》（1997）为代表；

（4）“谜面”与“谜底”的关系。这可以以《辞海》（1999）、《现代汉语词典》（第5版，2005）及黄伯荣、廖序东主编的《现代汉语》（增订三版，2002）等为代表；

（5）“引子”和“注释”的关系。这可以以温端政《略论“歇后语”前后两部分的关系》（1983）等为代表；

（6）“话题”和“说明”的关系。这可以以谭永祥《歇后语新论》（1984）为代表。

上述各种看法与认识，各有千秋，也各自都有一定的道理。比较而言，早在20世纪二三十年代就已出现的（1）（2）（3）三种早期认识，不如20世纪后期以来出现的（4）（5）（6）三种近期认识影响大。但上面这几种比较有代表性的看法与认识，仍分别还部分地存在着不尽如人意之处：

以“芝麻开花——节节高”为例，这个歇后语的前一部分“芝麻开花”固然可以称为“起语”“提示语”“前提”等，但这个歇后语的后一部分“节节高”能说是表示“芝麻开花”的目的之语吗？又如歇后语“孔夫子搬家——尽是书（输）”中，其后一部分“尽是书（输）”能说是表示“孔夫子搬家”的目的之语吗？显然不能。那么，“芝麻开花”与“节节高”之间、“孔夫子搬家”与“尽是书（输）”之间，可以称为是“前提”与“断语”的关系吗？“节节高”“尽是书（输）”固然可以分别看作“芝麻开花”“孔夫子搬家”的判断之语，但“前提”与“断语”的这种二者关系的表述，本身还存在着不甚对应、不很协调的问题。而以“譬”（或“比喻语”）与“解”（或“解释语”）来表述二者的关系，则又是只反映了歇后语中类似于“芝麻开花——节节高”的这一部分有譬解关系的歇后语状况，而涵盖不了歇后语中还实际存在着的、相当一部分的类似于“孔夫子搬家——尽是书（输）”类的非譬解关系的歇后语状况。更何况，当歇后语作为语汇形式存在的时候，其前后两部分间是不便于用譬解关系来表述的。因为即便是部分歇后语从形成的角度看是由譬解关系构成的，但作为语汇形式存在的时候，它实际上已固化为一种语汇现象了。那么，可以用“谜面”与“谜底”来表示歇后语前后两部分间的关系吗？尽管歇后语中确实部分地存在着“大米的弟弟——小米”“一二三四五六八九十——缺七（妻）”等类似于谜语中的谜面和谜底之现象，但一是歇后语中还存在着不少很难说能称得上是谜面与谜底关系的现象，二是从整体上看，歇后语属于语汇现象，后一部分一般要出现，而不是让人猜，而谜语则属于民间文学现象，后一部分的谜底是不出现的，是让人猜的，因而，用谜面与谜底的关系来表示歇后语前后两部分的关系也是不甚妥当的。而若用“引子”与“注释”的关系来表示歇后语的前后两部分关系，则又存在着“引子”与“注释”不甚对应、不很协调的问题。况且，部分歇后语的后一部分也很难称得上是对“引子”的“注释”，如“节节高”一定能是对“芝麻开花”的注释吗？“尽是书（输）”一定能是对“孔夫子搬家”的注释吗？若用“话题”与“说明”的关系来表示歇后语中前后两部分的关系，则一是“话题”与“说明”这对词语在语言学中本各分别用来指称、说明语法上的主语与谓语或主谓关系的。而歇后语的前一部分与后一部分间的关系，从语法结构关系的角度而言，理应是同位关系。这样，用带有主谓关系色彩的“话题”与“说明”来称述同位关系，便不甚妥当了。同时，这样称述也存在着光用“说明”也能完全涵盖有一些歇后语的后一部分是属于对前一部分的解释等情况。

我们认为，歇后语的前后两部分关系，应该是“事象”与“解说”的关系。所谓的“事象”，就是事物、现象；所谓的“解说”，就是解释、说明。一般来说，歇后语通常都是由一个“事象”——如“快刀切豆腐——两面光”中的前半截“快刀切豆腐”，和一个“解说”——如“快刀切豆腐——两面光”中的后半截“两面光”这样两部分（或叫两个语节）构成的。

这样，所谓的歇后语，指的就是由事象和解说两部分组成的、带有隐语性质及口语色彩的固定短语。如“骑驴看唱本——走着瞧”“大水冲了龙王庙——一家人不认一家人”“孔夫子搬家——尽是书（输）”“冬天里穿裙子——美丽冻（动）人”等歇后语所透露与反映出的，就是这种内涵。

我们这样表述歇后语的内涵，其优点在于：它相对比较完整地强调了歇后语在结构、表义、风格等方面所独具的特质：

第一，歇后语的前后两部分间的关系是“事象”与“解说”的关系。通过上文所述，我们可以看到，歇后语的前后两部分间的“事象”与“解说”的关系这种定位，既适合歇后语的实际结构构造关系，又在用词上能使前后两者相互对应、协调，更符合歇后语本身的语构与表义的实际。

第二，歇后语带有隐语性质及口语色彩。歇后语的前半部分往往带有隐语的性质，需要知道下半部分才能解义。同时，歇后语的口语色彩较浓。

第三，歇后语是固定短语。

第四，歇后语实际上并不“歇后”。即我们既不能认为歇后语是属于前后两部分之间要有较长的语音停顿之语（不少惯用语、谚语也有由前后两部分构成、中间有语气停顿的情况；歇后语中也有前后两部分中间语气停顿很短的情况，如“兔子尾巴长不了”“丈二和尚摸不着头脑”等），也不能认为歇后语后半部分可以“歇后”省去不说。一般来说，歇后语作为语汇形式存在时，其前后两部分是不可或缺的，不能“歇后”的。只有在歇后语的使用中，当同一歇后语上文中已出现，下文又紧接着要出现时，可以省略后半部分；或者是该歇后语人们十分熟悉常见，出现前一部分人们往往可以联想到后一部分时，也可以省略。

二

关于歇后语的特点问题，目前语言学界在本问题的阐述上同样也出现了不少不尽相同的认识与看法。例如：

谭永祥先生曾提出歇后语具有如下五个特点：（1）口头性；（2）双关性；（3）谐趣性；（4）地域性；（5）灵活性[①]。温端政先生则提出歇后语具有如下三个特点：（1）双关性；（2）多义性；（3）方言性[②]。类似的这种关于歇后语特点的认识与看法，还有许多，不一而足。

我们认为，上述这些关于歇后语特点的认识与看法，除了“口头性”这一特点，其他的尚有不少可商榷之处：

首先，上述这些关于歇后语特点的表述，不具有更广泛的普遍性。比方说“双关性”，歇后语的一部分的确具有“双关性”（诸如一些谐音类的歇后语），但是否所有的歇后语都具有“双关性”？喻义类的歇后语如何具有“双关性”？倘若说喻义类的歇后语我们就认定它也能具有“双关性”的话，那么，双关与比喻作为两种不同的修辞方式，又该如何区分界定？“多义性”“方言性”或“地域性”等说法，也同样存在着不具有更广泛的普遍性的问题。如“方言性”或“地域性”问题，歇后语本源自社会俗语，从其来源上看，可能源于某一地域，具有“方言性”或“地域性”的特征。但其在后来发展的过程中，这种歇后语一旦进入了共同语的行列而成为共同语语汇中的成员时，此时的歇后语就不好再说是具有“方言性”或“地域性”了，因为此时它已经是作为共同语中的一员了，普通话中的一员了。说歇后语具有“多义性”，也同样犯了缺乏普遍性的、以偏概全的错误。

其次，上述这些关于歇后语特点的表述，在对歇后语特点揭示的层次与角度上，还不够丰富。如对歇后语特点的揭示，既可以从风格上去加以揭示，也可以从表义上去加以揭示，还可以从结构等方面去加以揭示等。

我们认为，歇后语跟成语、惯用语、谚语等一些熟语比较而言，它主要具有以下几个特点：

（1）意义的后实性

歇后语的意义是由前后两部分所构成。前者是一个事象，属于表层意义；后者是一个解说，属于实际意义。所以，歇后语的意义是后面是

---

① 谭永祥：《歇后语新论》，山东教育出版社1984年版，第111—129页。

② 温端政：《汉语语汇学》，商务印书馆2005年版，第391—401页。

实际意义，表义上具有后实性的特点。这种后实意义，有的是通过直陈的方式显现出来的，如“芝麻开花——节节高”；有的是通过双关的方式显现出来的，如“外甥打灯笼——照舅（旧）”。

（2）风格的口语性

歇后语本属于俗语，古有“俗谚”之称，不同于“雅言”。它本源于人民群众的口头社会生活实践、具有口语性的特征，富有口语所特有的通俗易懂、活泼生动的特点，有“俏皮话”之称。尽管不少歇后语已越来越多地应用于书面，但社会大众对其口头应用要远胜于书面上的应用。口语性是歇后语的根与灵魂，歇后语也正因为口头性的特点，而成为社会大众所喜闻乐见的一种习用语类。

（3）结构的双合性

歇后语结构上通常都是由事象和解说这样前后两部分构成的，这使它明显地具有结构双合性的特点。这也是歇后语有别于成语等语类的一个重要特点。尽管有的谚语及惯用语等，也有结构上由两部分构成的情况存在，但这些由两部分构成的谚语及惯用语等，其前后两部分间的关系都不是事象与解说的关系、同位关系，而由两部分构成的谚语、惯用语等，其前后两部分间的语法关系多是并列、假设、条件等关系。这是歇后语有别于谚语、惯用语等的又一个重要方面。

（原刊《辽东学院学报》（社会科学版）2007年第5期）

近十年来汉语“迷”类新词语研究状况综论

近年来，随着社会的不断发展，汉语中陆续出现了一大批以“玉米”“凉粉”“盒饭”“钢丝”等为代表的“迷”类新词语，引起了学界相关人士的关注，出现了一批相关方面的研究成果。认真梳理、分析、研究学术界相关方面的研究状况，对于我们厘清“迷”类新词语研究的走势及存在的问题，以进一步引导汉语新词语研究的深入，无疑具有十分积极的启发意义。笔者拟对近十年来学术界对汉语“迷”类新词语的研究情况，扼要加以评述。

一　近十年来汉语“迷”类新词语研究状况综述

近十年来，汉语学界对汉语“迷”类新词语的研究，大体可以反映在以下几个方面。

1. 关于“迷”类新词语产生原因的研究。李静在《“超级女声”热潮中的新词新语研究》一文中认为，网络中出现的“玉米”“凉粉”“盒饭”“QQ 糖”等称呼词，源于“超级女声”热潮的兴起，这些对超女迷的称呼词语都带有隐语的性质。如“玉米”由“宇迷”的谐音而来的，即“李宇春的歌迷”；“凉粉”是“靓粉”的谐音，即“张靓颖的粉丝”；“QQ 糖”中的“QQ”是“QianQian”的缩写，后面加个“糖”，表示

“围在叶一茜身边最甜蜜幸福的一群人”[①]。张微和杜治会在《小议粉丝自称名》一文中认为，从粉丝自称名看词义发展的原因，有社会的发展、语言使用者追求新奇的心理及现代大众传媒的推动作用等三个方面[②]。刘梦霏在《你是“玉米”吗？——“玉米”类新词及其成因浅析》一文中认为，“玉米”“凉粉”等一些伴随“超女”一夜风靡而起的时尚词语的产生和风行，主要是受社会因素、语言使用者的心理因素和语言本身因素三个方面的深刻影响[③]。赵会在《从“粉丝”、“玉米”、“作秀”看汉语词义的发展》一文中认为，由“粉丝”“玉米”等新词语引发词义发展的原因，有外部原因和内部原因两方面：外部原因包括社会的发展、语言使用者求新求奇的心理因素和现代大众传媒的推动作用，内部原因包括词义具有系统性、语言表达的经济性原则和言语主体的主观能动性和创造性的作用[④]。此外，徐福坤的《浅议“粉丝”》[⑤]、张传强的《从“粉丝”、“玉米”、“作秀”看汉语词义的发展规律》[⑥]、石雪的《从“粉丝、玉米、作秀”等现象看词汇意义发展的规律》[⑦] 等文，也对“迷”类新词产生的原因，进行了一定程度的探讨。

2. 关于“迷”类新词语产生途径的研究。李静在《“超级女声”热潮中的新词新语研究》一文中认为，“迷”类新词语主要是从“吸收外来词”“旧词新用”和“类推”这三种途径产生的[⑧]。徐海东和卢锃在《析借壳型“玉米”类新词新语现象》一文中，经过对比“玉米”类新词新

① 李静：《“超级女声”热潮中的新词新语研究》，《中共郑州市委党校学报》2006 年第 2 期，第 151—153 页。

② 张微、杜治会：《小议粉丝自称名》，《科教导刊》2010 年第 12 期，第 130、162 页。

③ 刘梦霏：《你是“玉米”吗？——“玉米”类新词及其成因浅析》，《科技信息》（学术研究）2007 年第 19 期，第 142 页。

④ 赵会：《从“粉丝”、“玉米”、“作秀”看汉语词义的发展》，《宜宾学院学报》2009 年第 4 期，第 108—110 页。

⑤ 徐福坤：《浅议“粉丝”》，《修辞学习》2006 年第 2 期，第 74—75 页。

⑥ 张传强：《从“粉丝”、“玉米”、“作秀”看汉语词义的发展规律》，《商》2012 年第 23 期，第 193—194 页。

⑦ 石雪：《从“粉丝、玉米、作秀”等现象看词汇意义发展的规律》，《社科纵横》（新理论版）2012 年第 2 期，第 285—286 页。

⑧ 李静：《“超级女声”热潮中的新词新语研究》，《中共郑州市委党校学报》2006 年第 2 期，第 151—153 页。

语与“新造词语”“旧词新用”两种产生途径后，认为“玉米”类新词语的产生不同于一般的“新造词语” “旧词新用”，它是一种新的类型——“借壳新词”①。刘艳在《“超女语言”的社会语言学阐释》一文中认为，粉丝类称谓词语主要有联想构词形式、归类构词形式两种：通过联想构词的新词语有“玉米”“凉粉”“盒饭”等，这些本是再普通不过的词语，被粉丝们用来赋予对歌手喜爱的新含义；通过归类构词的新词语，如“成都小吃团”“梦醒”等②。此外，王燕的《将“粉丝”进行到底》③、孙藜的《他们为什么叫自己“盒饭”》④、周日安的《“粉丝”、“铁丝”与“钢丝”》⑤、刘渝西的《“钢丝”新用》⑥、马孝幸和辛红娟的《粉丝（Fans）在中国的接受流变研究》⑦、孙慧英的《漫谈“粉丝”现象及其文化解读》⑧ 等文章，也都不同程度地对“迷”类新词语的产生情况进行了一定程度的探讨。

3. 关于“迷”类新词语的类型的研究。任立国、朱桂在《粉丝类词语四论》一文中，根据关于“迷”类新词语的功能，将其分为常用和次常用两类。其中，常用类指的是较多地出现在大众视野中，广泛被大家熟知并使用的新词语，包括粉类、丝类、迷类和其他谐音类；次常用类指的是并未在人们语言生活中广泛流行，只是在特定场合或表达特殊功用时使用的新词语，又可分为体育明星类、文艺明星类、历史人物类和剧中人物类等⑨。高奎莉在《“粉丝”自称名语言现象初探》一文中认

---

① 徐海东、卢锃：《析借壳型“玉米”类新词新语现象》，《语文学刊》2009 年第 3 期，第 53—56 页。

② 刘艳：《“超女语言”的社会语言学阐释》，《哈尔滨学院学报》2014 年第 3 期，第 110—114 页。

③ 王燕：《将“粉丝”进行到底》，《阅读与写作》2007 年第 3 期，第 30—31 页。

④ 孙藜：《他们为什么叫自己“盒饭”》，《视野》2006 年第 17 期，第 1—2 页。

⑤ 周日安：《“粉丝”、“铁丝”与“钢丝”》，《修辞学习》2006 年第 6 期，第 71—72 页。

⑥ 刘渝西：《“钢丝”新用》，《中学语文》2012 年第 10 期，第 7、11 页。

⑦ 马孝幸、辛红娟：《粉丝（Fans）在中国的接受流变研究》，《理论月刊》2013 年第 2 期，第 88—91 页。

⑧ 孙慧英：《漫谈“粉丝”现象及其文化解读》，《现代传播》2006 年第 6 期，第 7—9、13 页。

⑨ 任立国、朱桂：《粉丝类词语四论》，《江西科技师范学院学报》2010 年第 1 期，第 86—92 页。

为，“粉丝”类新词语自称名的组成形式，有以明星名字中某字取谐音与某语素组合而成的自称名（如朱江—姜糖）、以歌手演唱歌曲名字或歌曲名字中语素作为自称名（如张杰—《北斗星的爱》—星星）、以明星本人某些独有特征命名的自称名（如赵静怡—草莓）、以选手名字进行联想形成自称名（如尚雯婕—芝麻）和其他方式（如乔任梁—VIP）等五种类型[①]。张微和杜治会的《小议粉丝自称名》、徐海东和卢锃的《析借壳型“玉米”类新词新语现象》、毛娜的《电视传播中的“粉丝”现象研究》[②]、苗萌的《语音隐喻视角下的“粉丝名”命名模型——基于“快乐男声”和“快乐女声”选手“粉丝”名封闭语料的认知研究》[③] 等文章，也对“迷”类新词语的类型进行了不同程度的探索。

4. 关于“迷”类新词语的特点的研究。李秋菊在《“迷”类词的生成分析》一文中，从音节数量、功能形类、组合方式、生成能力四个方面，比较具体地阐发“迷”类词的生成特点。该文认为，从音节数量上看，“迷”类新词语从单音节到六音节都有，其中三音节词语有日益增多趋势；从功能形类上看，“迷”类新词语的前位构成×以名词性成分居多；从组合方式上看，“迷”类新词语的组合方式以前后两部分相加为主，表示对某人或某事的喜爱之情；从生成能力上看，“迷”类新词语生成能力较强，既可以派生新词，又可以仿造出有相同成分的词[④]。李静在《“超级女声”热潮中的新词新语研究》一文中认为，“迷”类新词语具有新颖性、能产性和不稳定性等三个特点[⑤]。高奎莉在《“粉丝”自称名语言现象初探》一文中，经过对148个“粉丝”自称名的考察分析，归

---

① 高奎莉：《“粉丝”自称名语言现象初探》，《世纪桥》2008年第6期，第80—81、86页。

② 毛娜：《电视传播中的“粉丝”现象研究》，硕士学位论文，湖南师范大学，2009年。

③ 苗萌：《语音隐喻视角下的“粉丝名”命名模型——基于“快乐男声”和“快乐女声”选手“粉丝”名封闭语料的认知研究》，《四川烹饪高等专科学校学报》2011年第6期，第98—100、103页。

④ 李秋菊：《“迷”类词的生成分析》，《现代语文》（语言研究版）2010年第2期，第53—54页。

⑤ 李静：《“超级女声”热潮中的新词新语研究》，《中共郑州市委党校学报》2006年第2期，第151—153页。

纳出个性化的缺失、向上性、固定性以及排他性、具体形象性四个特点[①]。张微和杜治会在《小议粉丝自称名》一文中，将粉丝自称名归纳为常见性、形象具体性、随意性、现代性和简洁明白五个特点[②]。此外，刘艳的《“超女语言”的社会语言学阐释》、孙慧英的《漫谈“粉丝”现象及其文化解读》、任立国和朱桂的《粉丝类词语四论》、王进安的《“粉丝”昵称及其语言规范》[③] 等文，也分别对“迷”类新词语的特点进行了一定程度的探索。

5. 关于“迷”类新词语的价值的研究。此类文章主要是对“迷”类新词语的社会文化价值等方面的研究。任立国和朱桂在《粉丝类词语四论》一文中认为，粉丝类词语的文化意义主要表现在：词义上的生活化和亲和力，比较容易被民众接受，可以表达对支持者的喜爱和热衷的心情等；词音上的“丝”与“思”“私”同音，既表达了大众的生活追求和审美追求，又具有简明性；社会文化上的大众文化和平民文化的一种盛行；时代旋律上的对时代发展需要的适应等，是文化逐步走向大众化、市场化的实时反应[④]。赵雪爱和赵玲在《“粉丝团”的转喻和隐喻滑变》一文中认为，粉丝类流行语的语用价值在于人们可以用最经济的语言来表达最丰富的语言内容，这样的语言是最受民众喜爱和欢迎的[⑤]。此外，陈光亚的《“粉丝”名的食物范畴化理据——一个大众文化的视角》[⑥]、郭利霞的《从“粉丝”到“扇子”》[⑦]、刘立荣的《“粉丝”受众研

① 高奎莉：《“粉丝”自称名语言现象初探》，《世纪桥》2008 年第 6 期，第 80—81、86 页。

② 张微、杜治会：《小议粉丝自称名》，《科教导刊》2010 年第 12 期，第 130、162 页。

③ 王进安：《“粉丝”昵称及其语言规范》，《福建师范大学学报》（哲学社会科学版）2010 年第 2 期，第 125—129、137 页。

④ 任立国、朱桂：《粉丝类词语四论》，《江西科技师范学院学报》2010 年第 1 期，第 86—92 页。

⑤ 赵雪爱、赵玲：《“粉丝团”的转喻和隐喻滑变》，《四川外语学院学报》2008 年第 5 期，第 96—98 页。

⑥ 陈光亚：《“粉丝”名的食物范畴化理据——一个大众文化的视角》，《黄冈师范学院学报》2009 年第 2 期，第 84—87 页。

⑦ 郭利霞：《从“粉丝”到“扇子”》，《华北电力大学学报》（社会科学版）2007 年第 3 期，第 115—118 页。

究——以“超女粉丝”为例》[①]、刘芳的《“粉丝”名字研究》[②]、唐瑾的《我看“粉丝”现象》[③]、徐盛恒的《“成都小吃团”的认知解读》[④]、张立立的《从社会语言学角度分析超女粉丝团名称和成员身份认同的关系》[⑤]、庄金玉的《什锦八宝饭：去神化的政治领袖崇拜——网络时代的领袖崇拜模式研究》[⑥] 等文章，也不同程度地涉及了此问题。

6. 关于“迷”类新词语存在的问题及规范问题的研究。王闰吉在《乱用“粉丝”为哪般?》一文中指出，“粉丝”类新词的使用频率越来越高，甚至出现在国内外权威媒体报刊中，这种现象的出现令人担忧。文章认为，乱用的“粉丝”中，存在表义不明、译法过时、增添混乱和危害无穷四个问题，对于一些存在较大问题的新词语应该停止使用，也应明令禁止在媒体中使用[⑦]。王进安在《“粉丝”昵称及其语言规范》一文中提出，“粉丝”昵称存在以下三个缺陷：翻译时增添词语导致语义羡余、旧瓶装新酒导致歧义或语义不明确，个别粉丝昵称随意命名或遭人恶意篡改而语义不雅等。根据以上存在的问题，文中提出：部分“问题昵称”多出自综艺娱乐节目中，因而，提高娱乐节目的语言规范、提高主持人尤其是娱乐主持人的语言素质，当是语言规范的一个重要内容。同时，还要加强公众媒体和社会各界对相关娱乐节目语言规范问题的关注力度[⑧]。此外，张虹的《谈谈跟“超女”有关的缩略语》[⑨]、姚慧珍的

---

① 刘立荣：《“粉丝”受众研究——以“超女粉丝”为例》，硕士学位论文，天津师范大学，2007 年。

② 刘芳：《“粉丝”名字研究》，《辽宁教育行政学院学报》2010 年第 1 期，第 112—114 页。

③ 唐瑾：《我看“粉丝”现象》，《民主》2006 年第 7 期，第 44—45 页。

④ 徐盛恒：《“成都小吃团”的认知解读》，《外国语》（上海外国语大学学报）2006 年第 2 期，第 18—24 页。

⑤ 张立立：《从社会语言学角度分析超女粉丝团名称和成员身份认同的关系》，硕士学位论文，上海外国语大学，2010 年。

⑥ 庄金玉：《什锦八宝饭：去神化的政治领袖崇拜——网络时代的领袖崇拜模式研究》，《改革与开放》2009 年第 12 期，第 153—154 页。

⑦ 王闰吉：《乱用“粉丝”为哪般?》，《现代语文》2006 年第 1 期，第 122 页。

⑧ 王进安：《“粉丝”昵称及其语言规范》，《福建师范大学学报》（哲学社会科学版）2010 年第 2 期，第 125—129、137 页。

⑨ 张虹：《谈谈跟“超女”有关的缩略语》，《和田师范专科学校学报》2007 年第 4 期，第 97—98 页。

《中学生粉丝追星现状及管理策略研究》①、林伦伦的《“粉丝”“玉米”的寿命》② 等文章，也对“迷”类新词语的规范问题提出相应的策略和建议。

二 近十年来汉语“迷”类新词研究中存在的主要问题

近十年来，汉语“迷”类新词语的研究在取得一定的研究实绩的同时，在相关研究内容的挖掘上与相应的研究方法的具体运用上，还存在着一些有待进一步深入的地方。

1. 就研究的内容与层次而言，近十年来汉语“迷”类新词语的研究，对汉语“迷”类新词语自身的一般状况（包括产生的原因、途径、类型、特点、价值、存在的问题及规范等）进行泛泛探讨的多、就事论事探讨的多，真正地能从更宽宏的视野上，将对汉语“迷”类新词语的研究纳入能够从个别到一般的相关词汇发展规律的研究中去的少。

本来，语言是随着社会的发展而发展的。语言中的新词语的不断涌生规律是这样，语言学中的相关理论的进一步丰富与发展的规律也是这样。语言研究固然需要对一些具体的新词语进行自身情况的产生、发展及类型、特点等个性研究，语言学的发展及相关理论宝库的进一步丰富与完善，同样也需要对一些有特点的新词语能够进行相应的由个别到一般的相关发展规律的研究。近年国际语言学发展的基本趋向之一，就是透过个性研究上升到一般的基本规律性的研究。在这方面，可能是由于受到我们现有的种种条件与因素的影响，目前的许多相关研究在意识上与操作上距此仍有较大的距离。就近年汉语“迷”类新词语的具体研究情况而言，不少研究都是对其进行由来、类别、特征等一般常项的研究、泛泛而论的研究、概略式的研究，甚或个别是炒冷饭式的陈陈相因、人云亦云的研究。真正地能上升到由个别到一般的基本规律层面的有分量的研究，可谓凤毛麟角，难得一见。而实际上，汉语“迷”类新词语来源多样，构式丰富：既有源于被迷者的，也有源于致迷者的；既有源于

① 姚慧珍：《中学生粉丝追星现状及管理策略研究》，硕士学位论文，华东师范大学，2008 年。

② 林伦伦：《“粉丝”“玉米”的寿命》，《科学与文化》2008 年第 12 期，第 47 页。

自身事物的，也有源于相关事物的；既有源于现实存在的，也有源于联想的；既有源于语音的，也有源于词义的；既有源于中文的，也有源于外文的……凡此种种，多姿多样，蕴有很丰富的内涵。比如，仅就“迷”类词语的来源与演化走向上看，就有源于fans而来的“×迷”“粉丝”，以及由“粉丝”再派生而来的“×粉”“×丝”“粉条”“铁丝”等，还有又在此基础上演化而来的“人名中的某字+动物名”等状况（如赵易山的粉丝称名就有“易粉”“易迷”之称，进而又有别于易中天的“易迷”而来的“山羊”等之称）。不仅牵涉外来词汉化中的音形义问题、汉语的旧词新用、词义演变规律等问题，也牵涉语言演变的机制问题及相关问题如何认识与看待问题等。如果我们能够在更宽宏的视野上，对其进行更为深入的一般规律透视与挖掘，应该说，其深度与广度、意义和价值，自当是与现有的某些研究不可同日而语。

2. 就研究方法而言，泛泛地就部分相关语言现象进行归纳描写研究、定性研究的多，真正地能在广罗典例的基础上，通过梳理归纳，去作由个别上升到一般的推演研究、定量与定性相结合的研究少。

语言学研究是有层次的，语言学研究的方法也是有层次的。尽管对新词语的研究在一定的层次上可能存在不少类似一般举例式的定性研究，但新词语研究层次与境界的提升，分析与论证的客观与严密，一定程度上也非常需要建立在归纳描写基础上的推演研究、定量与定性相结合的研究。从这个意义上说，目前已有的汉语“迷”类新词的研究，在方法论上还不尽如人意。特别是个别小文，既无新材料也无新理论，更没有新方法，便浮光掠影，强为新文。汉语“迷”类新词研究的进一步深入，研究方法上必须要有相应的理性自觉及与之相适应的必要的改进与调整。

（原刊《沈阳师范大学学报》（社会科学版）2016年第6期）

汉字简化与文化传承探讨需要澄清的几个问题

近年来，以网络为代表的一些传媒的相关言论中，时常可以见到汉字简化（特别是中华人民共和国推行简化字）后割断了中华文化传承的血脉、造成文化断裂之类的言论。典型的事例，不仅有流布广泛的“汉字简化后，亲不见，爱无心，产不生，厂空空，面无麦，运无车，导无道，儿无首，飞单翼，涌无力，有云无雨，开关无门，乡里无郎，圣不能听也不能说，买成钩刀下有人头，轮成人下有匕首，进不是越来越佳而往井里走，可魔仍是魔，匪还是匪”之类的含沙射影、似是而非的网络段子，甚至有某地某演艺界人士以大陆人“看不懂正体字”为由，而耸人听闻地在网上发出“华夏文明在大陆已死”的梦呓①。一些不明就里者，往往也盲目地以之作为中国大陆应恢复繁体字的重要由头之一，而随帮唱影，附和发声。

实际上，仔细分析相关言论，不少把汉字的简化简单地一概解读为割断了中华传统文化血脉之类的说法，往往不是出于对汉字演变的客观规律与史实的无知，就是出于别有用心的耸人听闻。

一　关于文字与文化的关系问题

从文字与文化的关系上看，文字本身虽然也是一种文化（主要是字

① 可参阅 http：//bbs. hsw. cn/read - htm - tid - 3510314. html；http：//ent. sina. com. cn/s/h/2013 - 07 - 15/02223963847. shtml。

理文化，即与文字的构造理据有关的文化），是文化的一部分，但文字的主要职能是作为记录语言的书写符号系统，并通过所记录的语言去承载文化。如果说语言（包括口语、书面语）是文化的载体的话，那么，文字则在一定意义上也可以说是承载文化的载体的载体。而通过所记录的语言去承载相应的文化的文字，它和这种文化二者之间，实际上中间还隔着语言这一介体。同时，文字也不是这种被承载的文化本身，二者之间画不上等号，也不存在一个变了、另一个也一定会跟着改变的逻辑。也就是说，作为文化载体之载体的文字，并不是被它间接地所承载的文化本身，二者之间是有隔层的两个不同层面的东西；它们之间的关系是隔着语言这样一个介体的间接性的关系，而不是直接性的关系；选用什么样的具体字形作载体形式去记录或承载语言，并通过语言去承载某种文化，这在文字形体与通过语言所承载的文化这二者之间，既不存在逻辑上的必然、固化的对应关系，也不存在逻辑上的必然、一定的因果关系；文字形体的变化与简化，与相应的文化传承是否因此就会断裂或被割断之间，也没有逻辑上的必然的因果关系。

这意味着：汉字作为记录汉语的书写符号系统，并通过汉语去承载中华文化，其随着社会发展的需要而进行必要的形体的简化，这本身与中华文化的传承是否会因此就会断裂或被割断之间，并不存在逻辑上的必然的因果关系；繁体字与简化字都能通过所记录的同一种语言去传承文化；中华人民共和国成立后中国大陆对汉字的简化，也并不存在因此一定会割断中华文化传承的血脉、造成文化断裂的必然逻辑；即便汉字简化会有部分中华文化信息的流失，通常也主要是涉及一部分字理文化，而不可能会更多地危及整个中华文化；把汉字和其通过语言而承载的文化本身如一张纸的正反面一样直接相连甚至等同，再以之来指责中国大陆对汉字的简化会割断中华文化传承的血脉、造成文化断裂云云，无疑是典型的逻辑错位[①]与偷换概念、以偏概全。

① 这种逻辑错位，也可叫滑坡谬误，即认为如果某事情发生，接下来就会有很多本来没有必然性关系的其他事情接续向下发生，是把一种可能性认定为必然性的逻辑推导谬误。从情感上说，这种逻辑谬误也可叫作诉诸情感谬误。

二 关于汉字简化的客观事实问题

由繁趋简，以简驭繁，本是包括汉字在内的人类文字发展的基本规律，并不随着某一特定时期的特定社会集团或某一个体的主观意志为转移。从古老的源于图画记事的象形文字，到不断趋于简易化、符号化的现代文字，汉字跟人类历史上的许多古老的文字一样，其形体，几千年来在简明化（既简又明）的社会需要下，几经演进、发展。在走过商周甲骨文、金文等早期汉字出于完善形体的需要而出现的繁丰化阶段后，自春秋战国时代开始，汉字为适应社会的需要，便不断地趋于简化中[①]。中华人民共和国成立后，中国大陆对部分汉字的简化与规范，也不过是在顺应人类文字发展（包括汉字发展）不断趋简的大趋势的前提下的、顺应时代发展与社会需求的顺势之举，理论上与事实上都推导不出中国大陆的简化汉字是在割断中华文化传承的血脉这种逻辑论断来。

（一）删繁就简、避难趋便，本是文字发展的自然之理

文字本不过是一种工具，一种用来记录语言符号系统的工具。删繁就简、避难趋便，本是自然之理，古今中外皆然。清代曾有人对此说道："古之人先有语言后有文字，文字者所以为记语言之表识也。古籀而小篆，篆而隶，隶而真行，人事降而愈繁，则文字趋而愈简，自然之势也。"[②] "文字者智器也……文字之易难，智愚强弱之所由分也……仓颉制六书以代结绳，文物渐昌明矣。籀文篆隶，字体代变，历数千年，几尽失制字精英，大都删繁就简，畏难趋便。然亦人性使然，事理必至。"[③] "自古及今，文字屡变，由古文籀篆八分以至隶楷行草，皆有由繁趋简之机。西国文字亦然。由巴比伦而犹太，而希腊，而拉丁，至今法文，欧

① 郭小武：《汉字史话》，社会科学文献出版社 2012 年版，第 149 页。

② 劳乃宣：《〈简字全谱〉自序》，本社：《清末文字改革文集》，文字改革出版社 1958 年版，第 77 页。

③ 沈学：《〈盛世元音〉自序》，本社：《清末文字改革文集》，文字改革出版社 1958 年版，第 9 页。

美二洲皆用之，而音读各殊。”① 足见删繁就简、避难就便，本是古今中外皆然之理。

（二）汉字简化的历史由来已久

汉字自从走过早期发展阶段之后，就一直处在不断趋简的发展变化之中。这种简化，不仅有民间自发形式的，而且有官方组织推动的。秦代的“书同文”运动，就是中国历史上第一次由官方组织进行的大规模的汉字简化与规范运动。就目前两岸有关汉字简化的论争而言，一些言论或出于无知，谬称由繁体字向简体字的汉字简化是由大陆的中华人民共和国中央人民政府开始倡导进行的。其实，这种不负责任的言论，根本不符合事实。关于这一点，只要对相关方面的历史有一点儿了解的人，都不难作出相应的判断。即使在我们现当代，汉字的简化也并非自中华人民共和国中央人民政府开始，早在民国时期政府就已推行过简化字。如 1935 年 8 月 21 日，中华民国教育部发布经蒋介石同意、由时任教育部部长王世杰签署的《第一批简体字表》，采用了钱玄同 1935 年 6 月所编的《简体字谱》（2400 余字）中已有收录的 324 个简体字②，予以全国推行。这是民国以来由政府牵头进行的第一次大规模的推行简化汉字活动。后来，据说是由于时任考试院院长戴季陶等为代表的一些人的反对，称简体字毁灭中华文化，并出现了跪之为汉字请命的一幕，因而到 1936 年

---

① 汤金铭：《〈传音快字〉书后》，本社：《清末文字改革文集》，文字改革出版社 1958 年版，第 6 页。

② 这 324 个简体字与现在的规范汉字完全一致的有 212 个字：“罢、发、阀、答、杀、压、价、吓、袜、挂、画、拨、泼、罗、逻、箩、过、个、蛰、这、热、窃、协、乐、学、执、学、师、狮、时、实、势、辞、尔、医、仪、蚁、义、异、闭、弥、籴、拟、离、礼、励、厉、机、岂、启、气、弃、戏、碍、摆、迈、台、盖、斋、筛、晒、才、侩、狯、桧、怀、帅、废、类、为、伪、对、归、会、柜、烩、虽、岁、无、独、炉、庐、沪、烛、嘱、数、欤、与、誉、屡、举、惧、趋、宝、祷、涛、闹、劳、号、枣、灶、庙、条、枭、矫、乔、侨、头、娄、楼、皱、昼、俦、筹、寿、邹、犹、刘、旧、广、办、蛮、胆、担、摊、滩、瘫、坛、难、赶、毡、战、蚕、岩、艳、边、变、点、联、怜、恋、间、坚、艰、碱、迁、闲、弯、万、断、乱、欢、还、环、园、远、权、劝、选、门、们、闷、坟、恳、陈、阴、隐、宾、滨、殡、闽、临、尽、烬、亲、衅、闻、问、孙、韵、逊、帮、当、党、挡、尝、丧、阳、痒、粮、庄、床、双、丰、风、灯、称、声、圣、应、营、蝇、听、灵、东、冻、众、虫、荣、从、穷”，65% 后来为中华人民共和国简化汉字时所采用。

2 月时，民国政府又对这批简体汉字宣布暂缓推行[①]。而蒋介石本人，其实还是提倡简化字的。除了上述《第一批简体字表》的公布得到了他的同意，20 世纪 50 年代他还曾在台湾地区说："为大众写的文字而不能大众化，那如何望其有效？我们须知文字是大众达意表情、取得知识和争取生活的工具……所以简体字的需要是生活的需要、时代的需要。"1953 年，蒋介石又说："简体字之提倡，甚为必要。"[②] 此外，1951 年，台湾地区的一位"参议员"提出"请颁布常用简易汉字案"，得到通过；1952 年，蒋介石在台湾地区推行过简化字，据说后来由于胡秋原的反对而没有执行[③]。1953 年，台湾地区举行过"简化文字座谈会"，成立"简体字研究委员会"；1954 年，罗家伦还在《中央日报》上发表过《简体字之提倡甚为必要》一文[④]；1969 年，何应钦在国民党全会上提出"整理简笔字案"；1989 年，在台湾地区《国文天地》杂志组织的"文字简化面面观座谈会"上，林安梧说"文字简化是趋势、是需要"，许炎辉说"采用简体字，方便和大陆进行交流"；1991 年，《华文世界》发表杨祚德《正视大陆简化字》一文等[⑤]。台湾地区还出台了印刷用的楷书标准——《常用"国字"标准字体表》（字形为繁体字，台称"正体字"）和手写用的行书标准——《标准行书范本》（字形大量采用简体字，台称"行书"），形成"印繁写简，繁简并用"的用字状况[⑥]。

由上可见，在中华人民共和国中央人民政府推行简化汉字前，包括蒋介石执政时期在内的往代政府，就曾有过推行简化汉字活动。这是历史事实。把简化汉字会割断中华文化传承血脉、造成文化断裂的"始作俑者"这样一顶不实的帽子或"原罪"扣到中华人民共和国中央人民政

---

① 朱文民：《汉字简化小史》，《语文学刊》2017 年第 1 期，第 117—121 页。

② 周有光：《漫谈台湾的语文改革》，《群言》2010 年第 2 期，第 37—38 页。

③ 田青：《从"五四"反传统到"文化复兴"——从汉字繁简的百年之辩谈起》，中国艺术研究院：《文脉诗心：第七届两岸汉字艺术节演讲文集》，文化艺术出版社 2018 年版，第 25 页。

④ 周有光在《漫谈台湾的语文改革》中引述罗家伦该文的名称为《简体字的提倡甚为必要》。

⑤ 周有光：《漫谈台湾的语文改革》，《群言》2010 年第 2 期，第 37—38 页。

⑥ 曹威、李焱：《"简化字割裂传统文化"说剖析》，苏新春：《台湾语言文字问题对策研究》，厦门大学出版社 2016 年版，第 110 页。

府的头上，既不合乎汉字形体演进的客观规律，也不合乎汉字简化过程中的历史事实。中华人民共和国中央人民政府也并不是所谓的简化汉字割断了中华文化传承血脉、造成文化断裂的“始作俑者”。关于这一点，只要肯认真地梳理、检阅一下相关文字发展史或汉字简化史等资料，就会不难了解事实的真相的。

（三）中华人民共和国成立后，中央人民政府到底是如何进行汉字简化工作的

1949 年 8 月 25 日，中华人民共和国成立前夕，吴玉章致信毛泽东，提出根据目前形势，需要组织成立相关语文改进协会及研究文字改革的原则等意见。当时的中国情况是：5.5 亿人口中的 80% 是文盲，农村的文盲率更是高达 95% 以上[①]。毛泽东收到吴玉章信后，百忙之中没有马上直接表态回复，而是立即将信转给郭沫若、马叙伦、沈雁冰（茅盾）三人，委托他们审议，并将他们 28 日返回的意见于 29 日反馈给吴玉章。中华人民共和国宣告成立后，国家十分重视文字改革工作。中华人民共和国成立后的第 10 天，即 1949 年 10 月 10 日，中国文字改革协会于北京协和礼堂宣告成立，丁西林、田汉、艾思奇、成仿吾、邢公畹、吴玉章、沈雁冰、李立三、李维汉、李达、李济深、何其芳、邵力子、周扬、胡乔木、胡愈之、范文澜、马叙伦、徐特立、陈望道、倪海曙、郭沫若、陆定一、陆志韦、黄炎培、彭真、叶圣陶、叶籁士、董必武、黎锦熙、廖承志、谢觉哉、罗常培等 78 人任理事。所参与其事者，均为有代表性的一时之选。同年 12 月 4 日，在中国文字改革协会在华北大学召开的第一次常务理事会上，选举吴玉章任常务理事会主席，黎锦熙、胡乔木为副主席[②]。1951 年，毛泽东曾提出了“文字必须改革，要走世界文字共同的拼音方向”，并在该年 6 月毛泽东还对吴玉章等人曾提出的“汉字可以立即用拼音文字来代替”的看法表示不赞同，强调“搞文字改革不要脱离实际”，

---

① 王爱云：《毛泽东与中国共产党领导的文字改革》，《党的文献》2010 年第 3 期，第 33—41、65 页。

② 费锦昌：《中国语文现代化百年记事（1892—1995）》，语文出版社 1997 年版，第 115—121 页。

应“首先进行汉字的简化”。后来，毛泽东又根据不同意见，调整了自己对文字改革问题的一些认识，提出文字改革的主要任务就是“简化汉字，推广普通话，制定和推行汉语拼音方案”[①]。同年 12 月 26 日，政务院文化教育委员会第 31 次委务会议通过下设中国文字改革研究委员会的决议，马叙伦任主任委员，吴玉章任副主任委员，丁西林、吴晓铃、林汉达、季羡林、胡乔木、韦悫、陆志韦、陈家康、叶恭绰、黎锦熙、魏建功、罗常培等 12 人为委员，并于 1952 年 2 月 5 日召开中国文字改革研究委员会成立大会[②]。1954 年 10 月 8 日，第一届全国人民代表大会常务委员会第二次会议批准成立国务院直属的中国文字改革委员会（1985 年 12 月 16 日国务院发出通知，中国文字改革委员会改名为国家语言文字工作委员会）。同年 11 月 20 日，国务院任命吴玉章任中国文字改革委员会主任、胡愈之任副主任，吴玉章、胡愈之、韦悫、丁西林、叶恭绰五人为常务委员；同年 12 月 16 日，国务院又任命丁西林、王力、朱学范、邵力子、吴玉章、吕叔湘、季羡林、林汉达、胡乔木、胡愈之、马叙伦、韦悫、陆志韦、傅懋勣、叶恭绰、叶圣陶、叶籁士、赵平生、董纯才、黎锦熙、聂绀弩、魏建功、罗常培等 23 人为委员。原政务院文化教育委员会下设的中国文字改革研究委员会被取代[③]。1955 年 1 月 7 日，教育部、中国文字改革委员会联合发表《汉字简化方案草案》[④]。同年 7 月，国务院成立汉字简化方案审订委员会，由董必武任主任，郭沫若、马叙伦、胡乔木任副主任，组织审订上列草案[⑤]。同年 9 月，中国文字改革委员会提

---

① 王爱云：《毛泽东与中国共产党领导的文字改革》，《党的文献》2010 年第 3 期，第 33—41、65 页；胡乔木：《关于当前文字改革工作的讲话》，《胡乔木传》编写组：《胡乔木谈语言文字》，人民出版社 1999 年版，第 276 页。

② 费锦昌：《中国语文现代化百年记事（1892—1995）》，语文出版社 1997 年版，第 153—155 页。

③ 费锦昌：《中国语文现代化百年记事（1892—1995）》，语文出版社 1997 年版，第 190—193 页。

④ 费锦昌：《中国语文现代化百年记事（1892—1995）》，语文出版社 1997 年版，第 196 页。

⑤ 费锦昌：《中国语文现代化百年记事（1892—1995）》，语文出版社 1997 年版，第 205—206 页。

出《汉字简化方案修正草案》[①]，经国务院汉字简化方案审订委员会审订，1956年1月28日国务院全体会议第二十三次会议通过《关于公布〈汉字简化方案〉的决议》，并于1956年1月31日在《人民日报》上正式公布《汉字简化方案》。1956年2月1日，《汉字简化方案》的《汉字简化第一表》开始正式推行[②]。由此可见，中华人民共和国中央人民政府对汉字简化工作的重视与慎重。

本着"约定俗成，稳步前进"的方针，《汉字简化方案》中的简化字分四批推行，并在经过八年多的实践后，于1964年5月总结、归纳成《简化字总表》出版。这个总表里又分三个字表：第一表是350个不作简化偏旁用的简化字，第二表是132个可作简化偏旁用的简化字及14个简化偏旁，第三表是应用第二表所列简化字和简化偏旁类推出来的1 754个简化字。1986年，在国家正式废止曾于1977年12月20日发布试用的《第二次汉字简化方案（草案）》后[③]，国家语言文字工作委员会在对原《简化字总表》作了个别调整、修正后，于10月10日重新发布《简化字总表》，表中共收简化字2235个。后又迭经1988年发布的《现代汉语通用字表》增收了《简化字总表》外的120个类推简化字、2013年发布的《通用规范汉字表》又增收了《简化字总表》和《现代汉语通用字表》外的226个类推简化字，使简化字的总数在这个表中达到2546个（在本表中占比31.41%）。这2546个简化字平均每字10.5画，其繁体字平均每字16.1画，简化字比繁体字平均每字减少5.6画[④]。

这些简化字占我们现有汉字总数的比例是多大呢？《中华字海》（冷玉龙、韦一心主编，中华书局，1994）是目前收录汉字数量较大的一部

---

① 锺兴永、吴顺发：《汉字简体文化传承的历史进程》，《云梦学刊》2011年第2期，第126—131页。

② 费锦昌：《中国语文现代化百年记事（1892—1995）》，语文出版社1997年版，第220—221页。

③ 《第二次汉字简化方案（草案）》是中国文字改革委员会在《汉字简化方案》通过后开始酝酿、1977年12月20日发布试用的，1986年6月24日废止。但二简字中作为"燉"的简化字"炖"，目前在商务印书馆出版的《现代汉语词典》《新华字典》中，均已处理为只收"炖"，将"燉"作为它的异体字或繁体字括号标在"炖"字字头的后面。

④ 黄伯荣、廖序东：《现代汉语（上册）》（增订第6版），高等教育出版社2017年版，第160页；费锦昌：《语言文字规范应用指南》，上海辞书出版社2015年版，第15—153页。

大字典，收字 85568 个。若将目前的简化字总数与其相比，占比 3%。若将目前的简化字总数跟近年通过国家鉴定、据说是目前收录汉字最多的北京国安资讯设备公司的汉字字库所收入的有出处的汉字 91251 个相比，占比 2.8%。这一简化比例，与阅读中华典籍、传承中华文化所可能需要的其他汉字数比例相比，简化字到底多大程度上能因此一定就会割断了中华文化传承的血脉呢？何况，简化字就不能传承中华文化？汉字简化后的中华典籍与中华文化都传承不了了？依据何在？更何况，中国大陆是消灭了繁体字了吗？汉字简化以来，中国大陆印行了大量的传统文化典籍，有简化字版的，以普及传统文化；有繁体字版的，供有能力者学习、研究。无论是简体字版的还是繁体字版的，都同样起到了传承传统文化的作用。2013 年 4 月 18 日，马英九在台湾地区出席某庆典讲话中曾说：来台探亲、观光的大陆人累计已达 700 万人，他向好几个导游打听过，没听说有任何一人反映看不懂正体中文字[①]。这一点儿也说明不了什么？

但这个账仅仅就这么来算，肯定是不够的。显然，这仅仅是其中的一个方面。而另一方面，这些简化字配合其他的汉字，对中国大陆扫除文盲、普及文化教育、提高整个民族的文化素养、提高全社会的文化素养所起到的巨大作用，这个账是不是也得算一算？它对历史上已有的简体字文化的传承作用、对教学与书写效益的提高方面的作用，这个账是不是也都得算一算？就站在自身的某一角度对之算此处怎么怎么失去了的账、而不平心静气地同时也对之算一算彼处同时可能增益的账，这合适吗？就算是市井底层的地摊小贩，也知道算账的得失综合考量合不合适吧？据统计：（1）中华人民共和国成立初期，全国有 80% 以上的人口是文盲，用简化字扫盲能提高效率 20% 以上；（2）采用简化字教学能提高效率 15% 左右；（3）采用简化字书写能提高效率 40% 左右[②]。早在 1999 年的有关调查显示，大陆 99% 的人已习惯运用规范汉字。这当中，

---

① 许长安：《马英九“识正书简”评述》，苏新春：《台湾语言文字问题对策研究》，厦门大学出版社 2016 年版，第 106—107 页。

② 锺兴永、吴顺发：《汉字简体文化传承的历史进程》，《云梦学刊》2011 年第 2 期，第 126—131 页。

简化汉字所起到的作用与效能，无疑是巨大的。

（四）大陆汉字简化是依据什么样的原则、方法与基础来进行的

1950 年 8 月 9 日，中华人民共和国中央人民政府教育部社会教育司简体字研究组举行关于简化汉字的第一次座谈会。会议草拟了简体字选定原则草案：（1）整理选定已经通行的简体字，必要时根据已有简体字的简化规律，加以适当的补充；（2）所选定补充的简体字，以楷体为主，间或采取行书、草书，但必须注意容易书写和便于印刷；（3）简体字的选定和补充，以最常用的汉字为限，不必为每一繁难的汉字制作简体；（4）简体字选定后，由教育部报请中央人民政府政务院公布实行①。后来，中国文字改革研究委员会承担了继续研究整理简体字的工作。1952 年 5 月 16 日，中国文字改革研究委员会汉字整理组召开第二次会议，通过制订第一批简体字表的四条原则：（1）已有通行简体的字，以述而不作、不另造简体为原则，但无通行简体而笔画较多的较常用字，不妨另找简体；（2）简体字以印刷体为准，构造宜注意与手写体相近。偏旁简化可以类推；（3）异体字另行处理，代用字暂不列入本表；（4）简体字表公布时，以简体字为主，附注繁体字②。这些原则的制定，显现了中华人民共和国汉字简化工作尊重历史、尊重群众已有的书写习惯的慎重态度。

大陆汉字简化的方法，主要是吸收千百年来民众已有的简化方法。这些方法主要有：（1）类推简化，即通过简化一个繁体字或繁体字部件去类推简化一系列繁体字，如通过《简化字总表》第二表的 132 个简化字和 14 个简化偏旁，可以类推简化出第三表的简化字 1 753 个，占简化字总数的 78.4%。如“贝（貝）”与“货（貨）”“赁（賃）”“贩（販）”等；（2）同音或异音代替，即在意义不混淆的情况下，用形体相对简单的同音或异音字代替繁体字，如“表（錶）”“卷（捲）”等；（3）

① 费锦昌：《中国语文现代化百年记事（1892—1995）》，语文出版社 1997 年版，第 134 页。

② 费锦昌：《中国语文现代化百年记事（1892—1995）》，语文出版社 1997 年版，第 160 页。

草书楷化，即把比较常见、熟悉的草书笔形改为楷书写法，如“长（長）”“书（書）”“专（專）”等；（4）换简单符号，即用一个笔画相对简单的符号去代替繁体字的某一繁难部分，如“汉（漢）”“区（區）”“怀（懷）”等；（5）保留特征或轮廓，如“飞（飛）”“宁（寧）”等；（6）新造形声字或会意字，如“响（響）”“灶（竈）”等[①]。

大陆简化字的字形选择，通常都是有一定的相关社会运用基础的。从其来源上看，大部分简化字都源于古代已有的简体字（如异体字、俗体字）和民间流传的简体俗字等相关字形。如“亲”字，早在西周时期的伯簋上就有此字形的金文写法，并不是大陆在进行汉字简化时才给简化成“亲不见”的；又如“爱”字，在书法家颜真卿那儿，就已被写成有今天的“爱”的字形了，也不是大陆在进行汉字简化时才给简化成“爱无心”的；再如“云”字，在甲骨文一期合集中，就已见到甲骨文中有写成跟现在的简化字“云”差不多的字形了，也并不是大陆在进行汉字简化时才给简化成“有云无雨”的。它如“无”字，早在东汉时期成书的《说文解字》中，就已经存在非常接近于今天的“无”字的字形了，同样也并不是大陆在进行汉字简化时才给简化成今天的“无”的模样的。有学者抽查了原《简化字总表》中第一表、第二表里面的388个字的来源后发现：源于汉代和以前出现的有111个字，占28.61%；源于三国到唐代出现的有55个字，占14.17%；源于宋代到清代出现的有175个字，占45.1%；源于民国时期出现的有46个字，占11.86%；1949年以后出现的仅有1个字，占0.26%[②]。

马庆株曾著文列举过一些简体字在古时候的一些具体存在状况：敦煌出土文献中就有的俗字如“爱、绊、笔、缠、尘、虫、床、纯、辞、断、堕、尔、盖、个、顾、挂、国、号、饥、迹、继、夹、荚、颊、坚、检、将、绛、经、颈、来、赉、礼、怜、粮、乱、脉、门、弥、鸣、纽、凭、栖、齐、启、弃、悭、墙、惬、箧、轻、师、随、万、闻、问、无、狭、侠、贤、挟、兴、烟、痒、异、隐、与、语、岳、灾、沾、众、嘱、

① 黄伯荣、廖序东：《现代汉语（上册）》（增订第6版），高等教育出版社2017年版，第160—161页。

② 马庆株：《简体字古已有之》，《中国教育报》2009年7月5日第4版。

装、庄、壮、状”等；楷书在唐代虞世南书《孔子庙堂碑》中就有“状、弥、将、于、来、随、尔、涌、麦、继”等，在褚遂良书《雁塔圣教序》中就有“盖、弥、净、箧、纲、随”等；草书在汉代史游《急就章》中就有“时、东、陈、孙、检、帐、项、楼、来、夹、颊、侠、箧、贝、学、见、为、伪、长、张、随、状、问、觉、乐、犊、读、断、变、郸”等，明拓肃府本《淳化阁帖》中晋代王羲之帖中就有“东、岂、试、为、缅、临、终、张、时、将、见、当、孙、扬、实、尔、鲤、鱼、与、诏、长、乐、陈、来、诚、绝、顾、灾、宽、饮、谢、杨、学、万、发、问、怅、颐、视”等，王献之帖中就有“尝、临、谓、诸、当、问、顿、许、尔、闻、弥、将、来、终、缠、绝、随、门、与、岂、劳、肾、为、汤、怅、时、经、传、写、孙、觉、陈、见、荎、顺、东、险、会、诣、请”等；行书字帖中见到王羲之用过的有“于、将、随、终、岂、谁、维、侠、绵、绛、结、给、粮、纺、谓、语、为、数、谢、败、丧、盖、纸、书”等，唐朝欧阳询用过的就有“来、闰、馀、问、盖、维、临、终、随、隐、将、侠、荣、门、闲、墙、粮、顾、纸、纷、绥、纭、间、丧、辞、结、数、状”等，唐朝虞世南用过的就有“来、问、礼、绝、维”等，宋朝苏轼用过的就有“顾、盖、来、堕、于、饥、误、敛、将、请、绝、万、尔、贾、闻、祷、须、阙、计、时、诚、夸、纳、记、诉、纠、与、访、谁、长、诗、语、馀、缘、弥、纪、闲、终、谓、闰、债、状、谒、见、间、挟、维、问、谈、啸、传、东、宽、当、闰、绝、须、数、挟、细、鸾”等，元朝赵孟頫用过的就有“来、给、诸、惮、质、丧、将、门、壶、设、请、绝、违”等，明朝董其昌用过的就有“记、为、将、纳、缉、于、万、证、盖、萧、顾、楼、赋、长、与、谓、览、尽、时、诸、谱、传”等，清朝郑板桥用过的就有“问、觉、尽、梦、诗、来、绸、缪、潍、为、两、现、画、闻、壮、剑、红、饭、贾、见、语、状、胆、尔、阅、词、缓、继、应、给、证、宽、讯、说、请、违、麦、随、时、课、该、调、结、约、对、详、诉、贤、险、赋、蒋、学、劲”等①。

如上所述可以使我们比较清楚地看到，大陆简化字的字形选择，绝

① 马庆株：《简体字古已有之》，《中国教育报》2009 年 7 月 5 日第 4 版。

大多数都是有一定的相关社会运用基础的。这也是其之所以能够赢得群众的重要原因之一。胡适当年曾在《国语月刊·汉字改革号》的卷头语中说道："我深信语言是一种极守旧的东西，语言文字的改革绝不是一朝一夕能做到的。但我研究语言文字的历史，曾发现一条通则：在语言文字的沿革史上，往往小百姓是革新家而学者文人却是顽固党。从这条通则上，又可得一条附则：促进语言文字的革新，须要学者文人明白他们的职务是观察小百姓语言的趋势，选择他们的改革案，给他们正式的承认。"[①] 这段话，确实值得研究汉字简化者玩味、深思。

至于网上流布广泛的那段"汉字简化后，亲不见，爱无心，产不生，厂空空，面无麦，运无车，导无道，儿无首，飞单翼，涌无力，有云无雨，开关无门，乡里无郎，圣不能听也不能说，买成钩刀下有人头，轮成人下有匕首，进不是越来越佳而往井里走，可魔仍是魔，匪还是匪"的嘲讽简化字的网络段子，充满了"抓住一点，不及其余"的戏谑的味道，其所述的逻辑问题，除了上文所涉及的部分内容已有部分的阐发，苏培成曾在其《从简化字"亲不见，爱无心"谈起》一文中，已对其作了比较细致的学理分析[②]，这里不再赘述。难怪有人曾对此网络段子偏颇的逻辑相应地作了"以其人之道，还治其人之身"的段子——"汉字简化后，护用手，爱有友，灶生火，显明明，龟有甲，笔有毛，宝有玉，众有人，网像形，灭无需水，呼吁有口，号非虎啸，体制为人也是为本，战为占有不宜单人，昼乃日出一尺高，虫不是越来越多是越少越好，而佛仍为佛，神还为神，信还为信，仁还为仁，善还为善，美还为美，福还为福，喜还为喜"，以及"汉字简化后，党内无黑，团中有才，国含宝玉，爱因友存，美还是美，善还是善，虽丑无鬼，只不过台无吉，湾无言，穷不躬，权不佳，巩不革，车不行田，坚不称臣，无鹿亦能丽，无巫亦能灵，无水亦能灭，无火亦能劳，无曲亦能礼，无手亦能击，办事左右不辛苦，垦荒何必靠豺狼"[③] 等来对其予以回应与反讽。

---

① 苏培成：《汉字简化是歧途吗?》，苏培成：《语言文字应用论集》，人民教育出版社 2015 年版，第 247 页。

② 苏培成：《从简化字"亲不见，爱无心"谈起》，苏培成：《语言文字应用论集》，人民教育出版社 2015 年版，第 263—265 页。

③ 可参阅 http：//bbs. tiexue. net/post2_ 7921523_ 1. html。

三 关于汉字简化与文化传承的辩证观问题

目前两岸都不同程度地同时存在繁体字（台称“正体字”）和简化字（台用“简体字”，二者不完全相同）并存、一同来传承中华文化的状况，只不过是中国大陆目前是以简化后的规范汉字为正体，繁体字被限制了使用范围（大陆从来没有废止、消灭繁体字），而台湾地区是以繁体字为正体字，民间手写用简体字，两岸用字的主要差别是在繁、简体字的位置上的相对性的差别。就汉字的形体性质而言，无论是大陆使用的简化字也好，还是台湾地区使用的简体字也好，都是属于在使用一种简化的汉字。而汉字自从走出早期阶段后，几千年来，其形体经过了诸多的演进，字形也不断地趋于简化。尽管汉字在简化的过程中，某些字在带来一种新字形内涵信息的同时，在某种程度上也可能会出现因旧字形内涵信息的部分流失及对前代字形识认上的弱化等而形成一些问题，也就是说，它有利也可能有弊，但我们须要清醒地认识到，这当中所存在的一些问题，大多都不过是汉字在随着社会的发展需求而不断地向前发展的过程中所产生的连带性的问题、伴生性的问题（我们并不是要讳言汉字简化的过程中个别字形可能存在的一些值得探讨的地方），而不是因此就不应该发展的问题、不再需要发展的问题，或因畏惧、害怕而逃避，甚至是仇视、谩骂、阻止汉字发展的问题。关键是怎么合乎规律地趋利避害的问题，怎么选择的问题。

社会上的许多事物在发展进步的过程中，往往都会在带来某些益处的同时，可能在另一方面又会相应地带来一些副作用，即所谓的“有一利就有一弊”的双刃剑效应。这本是一种很正常的现象。一如火柴的出现在给我们带来便利的同时，人都不会像古人那样会钻木取火了；缝纫机的出现在给我们带来便利的同时，许多人也不会像前人那样会手工缝制衣服了；手机的出现在给我们带来便利的同时，BP 机消失了，座机电话要淘汰了，各种手机病也来了；医疗检测仪器的出现在给我们带来相对准确的相关检测数据的同时，不少医生离了检测仪器就看不好病了……凡此种种，是不是我们在意识到问题的同时，就不要这种社会的发展进步了？是不是在这种发展进步中，事物原有的本真内核或实质就一定会被割断或改变了？或者是在事物发展面前，以防止我们曾经拥有的能力或文明、文化传统的断裂为由，而拒绝接受，拒绝发展，仍要大家都生活、守候在钻木取火之类的“有文化”的前文明时代？

历史上以简体汉字会毁灭中华文化为由遏制政府对简体字的推行的事例并不遥远，民国政府进行的第一次大规模的推行简化汉字活动的无疾而终，无形的利刃正是潜隐在毁灭文化的外衣下而得手的。如今，当中国大陆的规范汉字早已被大众所接受时，还不时会传来类似的简化字会毁灭中华文化之声，这不能不引起我们的警醒与思考。

应该看到的是，社会发展中的新变化及其可能带来的问题，本都是事物在发展的过程中所出现的一种正常的现象。在这种正常的事物发展变化过程中，外在形式或方式的变化，并不代表其内在本质上的功能性质的改变：不管是火柴取代了钻木取火也好，还是缝纫机取代了手工缝纫也好，抑或是手机取代了 BP 机、座机电话也好，医疗检测仪器取代了医生的望闻问切也好，从前后者的关系上看，实质上，取火还是取火，缝制衣服还是缝制衣服，通信还是通信，看病还是看病，其内在本质并没有改变，只不过是方式变了，变得相对更便捷了。如是，则我们到底该如何看待这种社会发展变化中出现的新事物、新现象，答案无疑是不言而喻的。说到底，事物的发展变化根本就不是谁要干掉谁或干掉什么的问题，而是历史发展会选择谁或选择什么的问题。于我们而言，是如何认识与顺应历史发展的规律问题。

如何正确地看待汉字在社会发展中出现的简化现象及其可能带来的问题，其道理也莫不如此。汉字在从古至今的形体发展演变的过程中，在不断趋向简便化的发展过程中，不少字的形体发生过变化，但中华几千年文化的传承因此就不断地被割断或断裂了吗？人类历史上不少古老的文字也遵循趋简的规律，其文化的传承也因此都随之而断裂了？而中华人民共和国中央人民政府顺应客观规律及社会的实际需求，在遵循一定的简化原则的前提下，将部分繁难的汉字形体由繁体字形式向简体字形式的汉字简化，对大陆地区的社会文化的发展发挥了十分重要的作用（我们无意否定对其中某些具体问题的理性探讨），何来如此罔顾客观规律及事实，不分具体情况地断言中华文化的传承断裂了，甚至“华夏文明在大陆已死”了呢？难道唯有用港台目前用的繁体字这种“正统”形式的汉字才好“正统”地维护中华文化的传承？而用简体字就会造成中华文化传承的断裂？因而就要反对大陆的简化汉字？倘如是，台湾地区目前民间在使用的简体字是不是也一定会因此在造成中华文化传承的断裂？抑或是认为台湾地区因有作为正体字的繁体字在使用，因而就没割断中华文化传承的血脉，而大陆因为用简化字而“消灭”了繁体字，因而就有割断了中华文化传承的血脉的问题了？而客观事实是，实行汉字简化后的中国大陆实际上从未废除或消灭过繁体字，只不过是限制了其使用范围，这在1956年1月28日通过的《国务院关于公布汉字简化方案的决议》中及2000年10月31日通过的《中华人民共和国国家通用语言文字法》中都有体现①。这里需要试问的是：在某些断裂论者心目中，那些没有发生“断裂”的繁体字又是缘何而来的？其前身是否就都是这样的而从没发生过演变？如其前身也不是这样的，也是历经发展演变而来的，这些繁体字的使用跟其前身比，岂不是早在中国大陆的简化字之前就早已率先割断了中华文化的血脉、早已先造成了中华文化的传承断裂了吗？同时，汉字的形体变化次数多的，岂不是早已割断了中华文化传承多少次了？倘如是，几千年来，我们的文化岂不早已被割裂得百孔千疮，呜呼哀哉？汉字的早期形体甲骨文，现在已经没有多少人认识、使用了，中华文化的传承就因此断裂了吗？金文现在也已经没有多少人认识、使用了，中华文化的传承也因此就断裂了吗？汉字自春秋战国时代起，哪一次后起的新文字运动不是建立在对先前的旧文字的简便化的基础上？难道汉字形体的每一次趋简性的演变，都是割断了中华文化传承

---

① 《国务院关于公布汉字简化方案的决议》（1956年1月28日国务院全体会议第二十三次会议通过）中说：“除翻印古籍和有其他特殊原因的以外，原来的繁体字应该在印刷物上停止使用。”（《人民日报》1956年1月31日）。《中华人民共和国国家通用语言文字法》（2000年10月31日第九届全国人民代表大会常务委员会第十八次会议通过，2001年1月1日施行）第十七条中明确规定：“本章有关规定中，有下列情形的，可以保留或使用繁体字、异体字：（一）文物古迹；（二）姓氏中的异体字；（三）书法、篆刻等艺术作品；（四）题词和招牌的手书字；（五）出版、教学、研究中需要使用的；（六）经国务院有关部门批准的特殊情况。”国家推行规范汉字，并不是要废止或消灭繁体字、异体字，也不是要求人们在所有场合都不能使用繁体字、异体字，而是把繁体字、异体字的使用限制在一定的范围内。这是我国繁、简字使用的一贯政策，并通过《中华人民共和国国家通用语言文字法》的制定，使这一政策法制化（参阅全国人大教科文卫委员会教育室、教育部语言文字应用管理司编写的《〈中华人民共和国国家通用语言文字法〉学习读本》，语文出版社2001年1月版，第91页）。

的血脉、都造成了中华文化传承的断裂吗？倘如是，这种“罪该万死”的文字岂不是早该废除不要了更好？焉有还存在并研讨这种“罪孽深重”的东西之必要？

前文已经说过，文字作为一种文化，主要是一种字理文化，只是众多文化中的一种。到目前为止，有些汉字的造字理据我们并不十分清楚，相关方面的不少字理文化还有待研究、考证。因而，倘若因字形的变化而造成文化信息的流失，通常也只是字理文化的部分流失，而不可能危及主要由语言去承载的整个文化。说汉字字形的局部变化能造成整个中华文化传承的断裂、会割断中华文化传承的血脉等，这种以偏概全的笼统之论，多半是未洞堂奥的危言耸听。

习近平 2014 年 5 月 30 日在北京市海淀区民族小学主持召开座谈会时指出：“今天我们使用的汉字同甲骨文没有根本区别，老子、孔子、孟子、庄子等先哲归纳的一些观念也一直延续到现在。这种几千年连贯发展至今的文明，在世界各民族中是不多见的。”[①] 习近平的讲话，无疑也对汉字字形发展与中华文化传承的关系问题，作了一个切中肯綮的重要注脚。

语言文字本无阶级性，具有全民性。在有关汉字发展这一问题上，超越潜在的意识形态局限，抛却人为的思想壁障，一切从客观规律出发，从社会的实际状况与实际需求出发，从民族的未来发展出发，客观、审慎地探讨问题，共创未来，这当是追求汉字未来共同愿景的唯一通途。

（原刊《沈阳师范大学学报》（社会科学版）2019 年第 3 期）

---

① 习近平：《从小积极培育和践行社会主义核心价值观——在北京市海淀区民族小学主持召开座谈会时的讲话（2014 年 5 月 30 日）》，《人民日报》2014 年 5 月 31 日第 2 版。

“爱你没商量”的语法结构要商量（笔谈）[*]

于全有：

首先，检验一个新的语言现象是否有生命力，主要要看它是否具有一定的表现力、表意是否明确、是否符合语言的基本表现规律。“爱你没商量”这个语言结构单位，从其表意上看，它的意思并不含混，意即“爱你（是）没（什么）商量（的）”，表达的语气十分肯定，表意上也很明确，通常不会让人产生有人所担心的那种“爱＋你没商量”等这样不合一般的音步规律的理解而来的意义。

其次，“爱你没商量”能不能由此推衍或仿造出“爱你商量”这样一个句式，跟“爱你没商量”是不是一个可以运用的、表意明确化的结构没有必然的联系。因为语言本身既不像乔姆斯基所说的那样，是一个组织得很好（well－formed）的系统，也不像霍凯特所说的那样，是一个组织得不好（ill－formed）的系统，语言本身既是一个有章可循的、组织得相对完好的系统，也是一个有缺项的、组织得不那么严格完备的系统，汉、英、俄等语言都不同程度地存在着语言的缺项现象，但缺项却并不妨碍与之相对应的语言单位的存在。因此，“爱你没商量”这个结构可不可行，与语言中还有没有“爱你商量”这样的句式与之匹配，关系并不大。

---

* 本文原是笔者对社会上出现的“爱你没商量”这一表述的语法结构进行讨论的一篇文章，刊出时被以笔谈的形式摘发了文章中的部分内容。收入本书时，笔者对摘发的个别语句进行了订正。

最后，从“爱你没商量”的语法结构上看，它尽管不可能是动宾结构、连动结构、偏正结构、兼语结构，也不可能是补充结构、联合结构，但它却并不是有人所理解的“的确是不好确定它的语法结构了”。根据“爱你没商量”的语义“爱你（是）没（什么）商量（的）”及动词性词语可以充当主语和谓语等基本情况，“爱你没商量”这样一个语气肯定的语言结构完全可以将其看成是一个主谓结构：“爱你”是一个动宾短语作主语；“没商量”是一个偏正短语作谓语，它明显地带有一种对主语“爱你”表示判断性质的意味，这也是基本符合动词性词语作主语时谓语的一般情况的。因此，我们认为，我们的语言中没有排拒“爱你没商量”这个语言结构的必要。何况这个结构一出现便立即风行一时，不仅为许多人所接受，而且被许多作者所仿用。如时下出现的“捧你没商量”“恨你没商量”“害你没商量”及“打假没商量”“下海没商量”“收小费没商量”等（分别参阅《东西南北》1993 年第 9 期、《文摘报》1994 年 1 月 15 日），正说明了这个结构的魅力及生命力。

（原刊《语文学习》1994 年第 4 期）

汉语词类虚实二分理论的历史性贡献及其论争的实质

汉语传统语法研究中的词类虚实二分理论，迄今已有上千年的历史，它是中国传统语言学对普通语言学的重要贡献之一。作为现代语言学中词类划分理论的一个重要组成部分，如何历史地、科学地正确理解汉语词类虚实二分理论在普通语言学发展史上的重要地位，科学地认识围绕虚实二分理论问题所产生的诸多问题纷争的实质，对于更好地继承中国传统语言学的精华，促进语言研究的健康发展，无疑有着十分积极的重要意义。

一 语言学发展史上的两种词类二分理论及其演进

实词和虚词的研究，一直是汉语传统语法研究的重要内容。中国古代的小学家们，很早就开始了这方面的研究，并在这种研究中逐渐孕育并萌生了词类虚实二分的思想。

在中国语言学发展史上，关于词类的虚实之名的由来，不少研究者认为当首推“虚名”“实名”的提出。据史料记载推测，“虚名”“实名”的提出，当在中国古代由隋至初唐之间①。后来改称为“虚字”和“实字”。通常认为，中国北宋时期始分“实字”和“虚字”。其实，中国传统语言学中关于汉语词类虚实二分思想的最初萌芽，可以追溯到西汉。北京大学郭锡良先生就曾认为：“古人很早就发觉汉语有词类的分别，虚

① 胡奇光：《中国小学史》，上海人民出版社 1987 年版，第 224 页。

实的划分可以溯源到两汉。”[①] 从我们目前可以见到的资料上看，汉代学者已开始把虚词称为“辞”“词”“语”“语助”“发声”等，如西汉毛亨的《诗诂训传》、东汉许慎的《说文解字》及东汉郑玄的一些相关笺注中，就可以见到不少类似的称名[②]。像许慎《说文解字》中所说的“词”，已大致相当于现在所说的虚词[③]；郑玄的《说文解字注》则已相对明确地用“名”和“辞”来称代实词和虚词[④]。当然，汉代学者的相关认识还不能达到能将汉语中的全部词都按虚实区分的地步。初唐时期，孔颖达首次对词类二分思想作了理论上的初步表述，使这种类似于虚实二分的思想始具雏形。孔颖达在《诗·周南·关雎》疏中说：“句必联字而言，……然‘字’之所用或全取以制义，‘关关雎鸠’之类也；或假辞以为助，‘者’‘乎’‘而’‘只’‘且’之类也。”“‘之’‘兮’‘矣’‘也’之类，本取以为辞，虽在句中，不以为义，故处末者皆字上为韵。”这里，孔颖达已将词明确地分为“义”类和“助”类这样两大类：“全取以制义”就是“义”类，用来指称实词的；“假辞以为助”就是“助”类（孔氏有时也称为“语辞”“辞”），用来指称虚词的。孔颖达的“义”类包括“名称群”和“声貌群”这样两种，大致涵盖了名词、动词、形容词、数词、量词及象声词和摹貌词，其他的词属于“助”类[⑤]。这为后来的汉语词类虚实二分思想的形成，奠定了相应的基础。

到了五代、北宋之际徐锴（920—974 年）的《说文系传》，词类虚

---

① 北京大学中文系语言学论丛编辑部编：《语言学论丛》第 4 辑，上海教育出版社 1960 年 8 月第 1 版，第 46 页。需要说明的是，王振昆、谢文庆、刘振铎在《语言学基础》（中央广播电视大学出版社 1983 年 9 月第 1 版）一书中，在讲到古代汉语语法中的实字虚字研究时说：“古人很重视实字虚字的研究，东汉许慎在他写的《说文解字》中说：‘实字易训，虚字难释’，这是从语言实际中认识到字有虚实的区别。”（见第 187 页）。在王振昆、谢文庆主编的另一本《语言学概论》（国家汉办师资培训教材，北京语言文化大学出版社 1998 年版）中，也同样重复了这个说法。好像我国东汉时已明确地开始有了“实字”“虚字”之说。笔者曾为此多次查阅原文，未见所出，甚疑此说有误。倒是清代学者阮元在王引之的《经传释词·阮序》中，明确地说过这个意思：“实字易训，虚字难释。”

② 龚千炎：《中国语法学史》（修订本），语文出版社 1997 年版，第 8—10 页。

③ 王力：《中国语言学史》，山西人民出版社 1981 年版，第 173 页。

④ 林玉山：《汉语语法学史》，湖南教育出版社 1983 年版，第 27 页。

⑤ 刘世儒：《孔颖达的词类说和实词说》，陆宗达：《训诂研究（第一辑）》，北京师范大学出版社 1981 年版，第 144—159 页。

实二分思想开始逐渐明朗起来。徐氏在《说文系传》中已经把“於、者、亦、只、乃、曰、兮、于、粤、乎、可……”等字集中起来进行考察，并指出：“凡此数者，皆虚也。”徐氏还进一步指出这类词的本义“皆兼实名，则取象自别也，然则词之虚立与实相扶，物之受名，依词取义”[①]。

宋代开始出现“实字”“虚字”之称。宋人的辞章里，尤其是在一些诗话、词话中，经常提到“实字”和“虚字”。如周辉的《清波杂志》、张炎的《词源》、魏庆之的《诗人玉屑》等，均有这方面的记载[②]。只不过，宋人所说的实字、虚字，与孔颖达时期所说的“义”类和“助”类在含义上不尽相同：宋人所说的实字，大多是名词及作主语、定语的形容词；宋人所说的虚字，则多是指动词、副词、介词、连词、助词等[③]。

一说认为产生于宋元之间的《对类》一书，将字分为实字、虚字、助字三类。其中，“实字”和“虚字”（包括“虚死”“虚活”）合起来大致相当于现在所说的实词，“助字”则相当于现在的虚词[④]。

元代出现了诸如卢以纬《语助》（明清时多被称为《助语辞》）这样的我国最早的诠释虚词的专著。卢以纬在这部书里比较注意虚词与非虚词的区别。陈绎曾《文说》中，“助语”与“实字”是相对应的词类概念，词类的实虚二分的意思显现得更为明显[⑤]。

清代产生了刘淇《助字辨略》、王引之的《经传释词》等许多虚词研究著作，诞生了中国第一部汉语语法学专著——马建忠的《马氏文通》。这些著作都不同程度地触及了汉语实词与虚词的区分。如《助字辨略》中不仅很重视对虚词的分类界定，而且有“实字虚用”等状况的阐释；《经传释词·阮序》中有“实字易训，虚字难释”之说；《马氏文通》在论及词类时，也沿用了作为“字法之大宗”的“实字”“虚字”之说，并清楚地将其定义为“凡字有事理可解者，曰实字。无解而惟以助实字之情态者，曰虚字”[⑥]。马建忠的实字包括名字、代字、动字、静字、状

---

① 胡奇光：《中国小学史》，上海人民出版社 1987 年版，第 224—225 页。

② 龚千炎：《中国语法学史》（修订本），语文出版社 1997 年版，第 11—14 页。

③ 龚千炎：《中国语法学史》（修订本），语文出版社 1997 年版，第 12 页。

④ 胡奇光：《中国小学史》，上海人民出版社 1987 年版，第 225—226 页。

⑤ 郑奠、麦梅翘：《古汉语语法学资料汇编》，中华书局 1964 年版，第 7 页。

⑥ 马建忠：《马氏文通》，商务印书馆 1983 年版，第 19 页。

字五类，马建忠的虚字包括介字、连字、助字、叹字四类。这里，马建忠在论及汉语的词类问题时，首先区分为实字与虚字两大类，创建了一个比较完备的汉语词类系统，“虽然也是从意义上作的分类，但跟我国传统语文学上的实字虚字说法已有本质的不同，这里已经是语法学的研究了”①。它不仅“对以后的汉语语法研究中的词类学说影响很深”，而且“第一次建立起一个以字（词）单位为中心的汉语语法体系，从而奠定了汉语传统语法学的基础”②。章士钊在《中等国文典》（1907）中以“泛论之则为字，而以文法规定之则为词”开始区分“字”和“词”，并将中国传统的称词之名“字”改为“词”③，使汉语语法学关于词类名称的称谓开始摆脱“字”的纠缠。

及至民国时期黎锦熙《新著国语文法》（1924），则更细致地专门对“字与词”问题作了区分④。王力《中国现代语法》（1943）中谈词类时，还有“实词”“虚词”及“半实词”“半虚词”之别⑤。此后，词类划分中的“虚词”“实词”之别便沿用下来。

在西方的语言学发展史上，也相应地出现过词类二分思想。从欧洲语言学先驱古希腊看，“第一个认真对待这门学科”的著名学者柏拉图，在其对话录中，已开始将希腊语句子主要划分为 ónoma（名词性成分）和 rhêma（动词性成分）这样两大部分。虽然柏拉图在此并没有说清楚这两种成分是指词还是指短语，还是兼而有之，但他的这种区分，对后来的句法分析和词类区分产生了一定的影响⑥。17 世纪，英国语言学家威尔金斯和库珀从语义角度对词类作了二分，分为“全义词”和“小品词”这样两大类，并对这两种词作了界说。其中，全义词包括现在的名词、动词、形容词和由形容词派生的副词，小品词则包括代词、冠词、介词、

---

① 龚千炎：《中国语法学史》（修订本），语文出版社 1997 年版，第 36—37 页。

② 邵敬敏、方经民：《中国理论语言学史》，华东师范大学出版社 1991 年版，第 26 页。

③ 章士钊：《中等国文典》（第 10 版），商务印书馆 1922 年（民国十一年），第 1 页。

④ 黎锦熙：《新著国语文法》，商务印书馆 1998 年版，第 15 页。

⑤ 龚千炎：《中国语法学史》（修订本），语文出版社 1997 年版，第 130 页。

⑥ R. H. 罗宾斯：《语言学简史》，上海外国语学院外国语言文学研究所译，安徽教育出版社 1987 年版，第 31 页。

非派生副词、连词、情态词和时态词①。法国的波尔·罗瓦雅尔学派对词也进行过二分，从语义上分为思想的“对象”和思想的“形式或方式”两类。前者包括名词、冠词、代词、分词、介词、副词，后者包括动词、连词、叹词，名词和动词的基本二分法被保留了下来②。18 世纪，普遍语法学理论在英国的杰出代表詹姆士·哈里斯也提出了词类二分的理论。他把词分为“主要词”和“辅助词”两大类：主要词包括“具有实体意义的词”——名词（包括代词）和“具有修饰意义的词”——动词（包括动词本身、分词和形容词）；辅助词没有独立的意义，包括“限定词”（冠词和某些代词）和“连词”（相当于连词和介词）③。19 世纪，英国语言学家斯威特（Henry Sweet）根据一个词的意义情况，将词分为 full - words（实词）、form - words（形式词）或 empty - words（虚词）两大类，并把实虚这两类作为相对立的类别概念来使用④等。

二 汉语词类虚实二分理论在语言学史上的地位及贡献

从上述中西词类二分理论的比较中可以看到，中西语言学史上都曾出现过词类二分说。尽管彼此间在内涵上还有一些具体差异，但就其基本状况相比较而言，中国传统语言学中关于词类虚实二分说理念在世界语言学史上明显占有领先地位。

从虚实二分理论提出的时间上看，中国远远走在西方的前头。从中国宋代开始提出“实字”“虚字”之分算起，中国人提出的虚实二分说起码比 17 世纪的威尔金斯所提出的“全义词”和“小品词”要早四五个世纪；如从五代、北宋之际的徐锴时算起，则要早六个世纪；若是从虚实二分思想始具雏形时的初唐时期的孔颖达算起，则更是要早 1 000 年左

---

① R. H. 罗宾斯：《语言学简史》，上海外国语学院外国语言文学研究所译，安徽教育出版社 1987 年版，第 145 页。

② R. H. 罗宾斯：《语言学简史》，上海外国语学院外国语言文学研究所译，安徽教育出版社 1987 年版，第 149 页。

③ R. H. 罗宾斯：《语言学简史》，上海外国语学院外国语言文学研究所译，安徽教育出版社 1987 年版，第 188—189 页。

④ Henry Sweet. *A New English Grammar*: *Logical and Historical*. Oxford University Press, 1955: 20 - 24.

右。倘若从虚实二分思想开始萌芽的汉代开始算起，则要早近 2 000 年左右。在虚实二分问题上，中国人远远走在了世界的前头。

从汉语词类虚实二分理论在世界语言学史上的地位看，尽管中国学者对西方语言学产生的影响并不多，但中国学者很早就提出的汉语“虚字”“实字”的区别，却确曾引起过许多欧洲学者的重视和讨论。如加布伦兹、叶斯泊森等就曾注意并讨论过本问题[①]，并为许多欧洲学者所认同。王力先生曾明确指出：实词、虚词“这是我们中国人创造的词类名称，不是外国人造出来的。我们把词分成实词、虚词两大类，很科学，所以外国人知道了还加以引用。”并以自己的亲身经历，谈及法国著名的语言学家房德里耶（Vendryes）：“他就特别讲：中国人把词分为实词、虚词两类很对。”[②] 刘世儒曾认为：汉语的实词、虚词区分理论是一个贡献，“因为它不但给以后汉语词类区分奠定了基础，同时由此发展，对印欧语系的语法理论也给了一定的影响。”“印欧语实词、虚词的区分理论，显然就是从汉语语法学中传播过去的”，并举了 H · Sweet 的 *The History of Language*、O · Jespersen 的 *Philosophy of Grammar* 以及 L. Bloomfield 的 *Language* 等著述中的情况，以佐证之[③]。英国当代语言学家罗宾斯在他的《语言学简史》中引证房德里耶等人的著作，明确指出：实词和虚词的这种区分，是经过法国语言学家普雷马赫对中国语法学说的介绍而“普遍为语言学所采用”的。这是中国传统语言学对世界语言学发展的重要贡献之一。从 16 世纪末开始，汉语的一些发展状况就传到了欧洲，而最早用欧洲语言出版的汉语语法著述，分别是由弗朗西斯科 · 瓦罗和普雷马赫于 18 世纪初所著。普雷马赫所著的《汉语知识》（1727 年）是较早用西方语言介绍汉语语法的著作之一，书中介绍了汉语传统的实词虚词二分理论[④]。依此推测，生活在汉语传统的实词、虚词二分理论被介绍到西

---

① 中国大百科全书总编辑委员会、中国大百科全书出版社编辑部：《语言文字百科全书》，中国大百科全书出版社 1994 年版，第 390 页。

② 王力：《词类》，北京市语言学会：《现代汉语讲座》，知识出版社 1983 年版，第 108 页。

③ 刘世儒：《孔颖达的词类说和实词说》，陆宗达：《训诂研究（第一辑）》，北京师范大学出版社 1981 年版，第 146、173 页。

④ R. H. 罗宾斯：《语言学简史》，上海外国语学院外国语言文学研究所译，安徽教育出版社 1987 年版，第 127—128、159 页。

方已百年以后的 19 世纪英国语言学家斯威特所说的“full - words”和“empty - words”，当是中国传统语言学的“实字”“虚字”说影响的结果。而斯威特所说的“full - words”和“empty - words”，从其术语的实际含义等方面上看，也恰好同中国传统语言学中的“实字”“虚字”概念的含义是相吻合的①。

三 词类虚实二分中的纠葛及其论争的实质

尽管汉语词类虚实二分的理论在世界语言学史上占有非常重要的地位，并“普遍为语言学所采用”，是中国传统语言学对世界语言学发展所作出的重要贡献之一，但对于虚词与实词的区分，目前中国语言学界的看法却并不统一，仍然存在着一些截然不同的认识和看法。大多数语法学者坚持认为词的语法分类应先分为虚词、实词，然后再在虚词、实词的内部进行更小类别的划分。如目前在国内大专院校流行的现代汉语语法教材以及中学教学语法系统，基本上都是这样一种格局。也有一部分语法学家看到了“虚和实的界限怪不好划”②，“有些边缘的问题要解决”③；有的则认为“光在‘虚’、实二字上琢磨，不会有明确的结论；虚、实二类的分别，实用意义也不很大”④；更有的学者由于看到依照现有的实、虚分类理论根据，难以截然划分出外延互相排斥、互不包容的类别等情况，明确提出了汉语中没有必要划分实词与虚词的主张⑤。其中，在虚实二分问题的认识上，语法学界最大的分歧，莫过于“取消”

---

① 龚千炎在《中国语法学史》（语文出版社 1997 年版）第二章第一节里的“《马氏文通》的字类”部分中，在论述到《马氏文通》把词分为实字、虚字两大类时，曾以脚注的形式注释说：“‘实词、虚词’这一对语言概念不久即传到西方，并为其语言学界所接受。”（见该书第 36 页）给人的感觉好像是中国的“实词”“虚词”之说是在 1898 年问世的《马氏文通》之后才传到西方的。实际上，从英国学者罗宾斯的《语言学简史》上看，中国的“实词”“虚词”之说起码早在 1727 年普雷马赫的《汉语知识》一书中即已传到了西方。

② 贺重：《词的分类有哪些不同》，《语文学习》1952 年第 4 期，第 37—41 页。

③ 王力：《词类》，北京市语言学会：《现代汉语讲座》，知识出版社 1983 年版，第 109 页。

④ 吕叔湘：《汉语语法论文集》（增订本），商务印书馆 1984 年版，第 506 页。

⑤ 姚晓波：《汉语中划分实词、虚词没有必要》，《锦州师院学报》（哲学社会科学版）1988 年第 4 期，第 96—100 页。

或“合并”虚实二分的主张。

在汉语词类虚实二分的具体操作上，确实不仅存在着现有的分类理论依据不足的状态，而且存在着不少归类划界上的纠缠情况难以干净利索地“一刀切”。这是客观事实。如副词、叹词、象声词的虚实归属，就存在着这种纠缠状况。拿副词的归属来说，这个在中国语法学界一直争论了若干年的老问题，在它的虚实归属上，大致就有三派意见：一派是以朱德熙为代表的副词属于虚词的意见，一派是以胡裕树、黄伯荣、张静等人为代表的副词归属于实词的观点。还有一派是以王力、张志公等人为代表的分别将副词归属为半实词或半虚词的观点。吕叔湘先生在《汉语语法分析问题》中曾就此解释说：“副词呢，从句法功能看，也应当归入实词，可是它们的意义有比较实的，也有比较虚的，少数是虚而又虚，如：就，才，还，也，又。因此有的书上把指代词称为‘半虚词’，把副词称为‘半实词’，这也可见虚词和实词难于截然划分了。”①对虚实二分持否定意见者，往往正是注意到了这种具体的词类在虚实归属上的困难。

如果暂先撇开虚实二分的某些具体的问题不谈，单从词的大的类别上着眼，汉语在词的类别上，实词与虚词的分别还是相对明显地存在着的。这也是为许多语法学者所公认的事实。而虚词实词存在纠葛的情况毕竟是少数。准此而论，我们认为，目前汉语虚实二分上产生纠葛与纷争的关键，并不在于汉语词类到底还是否存在虚实这样两种大的类别的探讨，而在于对虚实二分时其中存在的难以向两端归属的、可此可彼的中间地带该如何认识和处理。虚实二分问题上的一些纠葛现象的存在，固然有其分类理论依据的不足的一面，但它的深层牵涉的是对语言的特点及汉语语法类别特点的认识问题。

语言具有模糊性，产生这种模糊性的一个很主要的原因，是语言具有渐变（gradience）的特点，即相对立的范畴或类别之间，存在着逐渐变化的中介过渡状态，具有模糊两可的性质②。汉语中从词类区分、单复句界定到句子成分的切分、句型的确立，乃至复句与句群的划界等问题

---

① 吕叔湘：《汉语语法论文集》（增订本），商务印书馆 1984 年版，第 506 页。

② 伍铁平：《模糊语言学》，上海外语教育出版社 1999 年版，第 95—126 页。

上，都存在着这种状况，其他语言中也存在着类似的状况。关于这一点，笔者在《中介现象与汉语语法分类的指导思想》① 一文中，已有过比较详细的阐述。例如：

A：［1］他因为有病，所以他没去上班。

［2］他因为有病，所以没去上班。

［3］他因为有病，没去上班。

［4］他有病，没去上班。

［5］他有病没去上班。

B：［1］他困难

［2］困难事情

［3］很困难

C：［1］I have some paintings.（我有一些画儿。）

［2］The painting of John is as skilful as that of Mary.（a. 约翰的绘画方式和玛丽的一样有技巧；b. 约翰的绘画动作和玛丽的一样有技巧。）

［3］I dislike Brian's painting his boy.（我不喜欢：a. 布赖恩作画这一事实；b. 布赖恩作画的方式。）

［4］I watched Brown painting his son.（a. 布朗作画时，我在旁边观看；b. 我看了布朗画他儿子的过程。）

［5］Painting his daughter，John noticed his hand was shaking.（当他画他的女儿时，约翰看见他的手在颤抖。）

［6］He is painting his daughter.（他正在画他的女儿。）

在 A 中，例［1］是比较典型的复句：两个分句各有主语，中间有停顿，有关联词语连接。例［2］、例［3］、例［4］随着分句主语的省略、分句间关联词语的省略、分句间停顿的省略，过渡到例［5］的单句形式。从例［1］到例［5］，中间经过了例［2］、例［3］、例［4］这样一

① 于全有：《中介现象与汉语语法分类的指导思想》，《锦州师院学报》（哲学社会科学版）1993 年第 1 期，第 95—99、105 页。

个渐变区域。它们离单复句的远近，取决于其省略的程度。在 B 中，例［1］中的“困难”是名词；例［2］中的“困难”既有名词的性质，又兼有形容词的性质；例［3］中的“困难”则属于地道的形容词。在名词和形容词这两大类别中间，存在着处于中介地带的兼类词。在 C 中，painting 的基本词性是名词和动词。例［1］中的 painting 是地道的名词；例［2］中的 painting 是动词性名词；例［3］中的 painting 是动名词；例［4］中的 painting 动作特征非常明显，虽可称为现在分词，但动名词特征仍起一定作用；例［5］中 painting 已是地道的现在分词；例［6］中的 painting 已变成动词。从例［1］到例［6］，painting 的名词性逐渐变弱，动词性逐渐变强，中间经过模糊过渡。

语言的模糊渐变理论，对我们正确地认识语法类别的划分，具有十分积极的启迪意义。我们认为，关于汉语词类虚实二分问题，由于许多可此可彼的中间纠葛状况难以处理所引起的诸多纠纷与论争的实质，正是理论上缺乏语言的模糊渐变理论的指导，或者对汉语虚词和实词之间界限上的模糊性特点缺乏足够的认识却又企望能有一个非 A 即 B 的理想的分类标准造成的。

在汉语语法学发展史上，由于深受二值逻辑的影响，曾有不少人总是希望在语法分类上能有一个非 A 即 B、说一不二的硬性分类标准，以求类别的泾渭分明，并往往习惯于以此作为检验、衡量一种分类是否成功的重要标准。实际上，用渐变的眼光看，这种分类理想中的非 A 即 B 的二值逻辑，很难完全符合汉语的实际，因为它忽视了语言的渐变性特点与事实。今天，当我们用渐变的眼光反观以往关于虚实划分问题上的一些论争时，不难发现：实词与虚词这种在大的类别上本来就有明显分别的语法单位，如果当初能有相应的渐变理论为指导，就不一定会因二者之间的一些中介模糊状况的难以向两端归属，而产生“取消”“合并”之类的论争。如上文提到的副词的虚实归属问题，我们通过对吕叔湘主编的《现代汉语八百词》所收录的 157 个副词逐个考察后发现：书中所收录的 157 个副词，从意义上看，确实都相对比较空灵，只有如“不”等个别副词可以单独回答问题；从这些副词充当句子成分的能力上看，几乎全部都作句子成分（主要作状语）。如果我们着重于意义的实在与否考虑问题，则当然要把副词划入虚词；如果着重于能否充当句子成分，则必然要把副词归入实词。然而，副词与由其他类别构成的虚词或实词还仍然有一定的距离，也只能算是半实词或半虚词。副词的这种半实半虚的情况表明，副词既不完全属于“标准”的实词，也不完全属于“标准”的虚词，它的真正身份是处在虚实之间，是虚实间的一种中间状况。叹词和象声词实质上也是介于虚实之间的一种中间状况。我们不好简单地、不加分析地只依据某类中间状况的难以处理，便对中介两端明显存在着的相对立的大的范畴或类别持取消或合并的态度。语言的渐变过渡所导致的中介现象，也是一种中介聚合体，不适切地、人为地进行分解归属或幻想一定要有一个能将类别之间划分得干净利落的标准，都是不现实的。我们需要实事求是地正视虚实区分中的这种中间地带的存在，在指导思想上，树立起多层次、多元化的语言研究思想。

（原刊《语言文学论丛》，2000 年）

《语法提要》中存在的主要问题及其改进意见

《中学教学语法系统提要》（以下简称《语法提要》）自1984年正式公布实施以来，广大语文工作者、语法学者已就其中的一些问题陆续发表了不少意见。笔者在近些年的语法教学实践中，也陆续发现了其中存在的一些其他问题。本文在分析、探究这当中的一些主要问题的基础上，阐明笔者对这些问题的看法及其改进意见。

一 关于词的问题

关于《语法提要》中的词的问题，已有不少学者看到了《语法提要》没给词类下完整的定义、副词还可用到形容词后头及名词和主谓短语的前头、量词中没提到复合量词[①]等。实际上，根据笔者近年的语法教学实践体会，这当中还存在着仍需今后进一步研究解决的其他问题。

（一）关于实词虚词问题

《语法提要》在讲到词的分类时说：

> 词可分实词和虚词两大类。实词表示实在的意义，能够作短语或句子的成分，能够独立成句。实词包括名词、动词、形容词、数

① 常枫：《对〈语法提要〉的一些改进意见》，《齐齐哈尔师范学院学报》（哲学社会科学版）1994年第6期，第71—73、57页。

词、量词、代词。

虚词一般不表示实在的意义，不作短语或句子的成分（只有副词可以作状语），它们的基本用途是表示语法关系。虚词包括副词、介词、连词、助词。叹词和拟声词有某些表达作用，但是没有实在意义，也属于虚词。

《语法提要》关于实词虚词的这种表述，起码有下列三个值得商讨的问题：

1. 关于实词虚词的概念问题

传统的实词虚词划分，往往以意义为标准。从意义出发，将实词确定为有实在意义的词，将虚词确定为没有实在意义的词。当人们已意识到“在语法分析上，意义不能作为主要的依据，更不能作为唯一的依据”① 后，实虚词的划分便基本上已转变为以功能为主的标准。从语法功能出发，一般将实词确定为能够充当句子成分的词，将虚词确定为不能充当句子成分、只有语法意义的词。而意义则退居为“参考项”的地位②。意义和功能在词类划分上是两个有时难以和谐统一的标准，即使要兼顾考虑，也须要有一个主次之分。而《语法提要》在“实词”和“虚词”的概念中，却将意义和功能两个标准同时并重排列到一起，这既偏离了词类是词的语法分类而不是意义分类之现代理念，又偏离了《语法提要》提出的划分词类的标准——“主要依据词的语法功能，兼顾词汇意义”，以及这个标准中的语法功能在前、突出语法功能标准的做法，同时也给《语法提要》的具体词类划分带来了不必要的矛盾纠缠与麻烦（如副词等词的实虚归属问题，详见下文）。在实词和虚词的概念的界定上，《语法提要》应当与现代以语法功能为主的划分词类标准相适应，与《语法提要》本身提出的划分词类的标准相适应，而不能意义与功能并列，甚至意义优先，主要考虑意义。

2. 关于副词、叹词、拟声词虚实归属问题

在副词等词的虚实归属上，最容易看出《语法提要》实词、虚词概

① 吕叔湘：《汉语语法论文集》（增订本），商务印书馆 1984 年版，第 488 页。

② 吕叔湘：《汉语语法论文集》（增订本），商务印书馆 1984 年版，第 488 页。

念及其划分上的不足。

副词的虚实归属问题，是一个在我国语法学界持续争论了若干年的老问题。归纳起来，在副词的虚实归属问题上，中国语法学界大致就有三种意见：一种以朱德熙先生等为代表的副词属于虚词的观点；一种以胡裕树、黄伯荣、张静等为代表的副词属于实词的观点；一种以王力、张志公等为代表的分别将副词归为半实词或半虚词的观点[①]。由于副词从语法功能上看，它具有充当句子成分的能力，经常作状语（吕叔湘主编《现代汉语八百词》中收录的157个副词，都能作状语），有的还可以单独回答问题（陆俭明先生在其《现代汉语副词独用刍议》中，认为现代汉语中有65个副词可独用[②]），但从意义上看，大多比较空灵，所以在它的虚实归属上，由于标准不同或侧重点不同，其归属结果自然不同：若着重意义，它当然可归入虚词；若着重功能，它当然又可以归入实词；若两种标准不分轻重并举，它当然可以归入半实半虚或半虚半实词。其实，副词的真正身份是介于虚实之间的一个类别[③]。叹词、拟声词从本质上看，其实也是介于虚实之间的词类（二者都有一定的表达作用，但没有实在意义）。也就是说，副词、叹词、拟声词的真正身份，其实都是介于虚实之间的一种中介词类。倘若我们还按照传统的实词虚词二分法先给词分一个大类，按《语法提要》的实词虚词概念中的意义和功能并列的说法，那么，将副词、叹词、拟声词归入实词或虚词的哪一类中，实际上都可以，都不能说是违背了《语法提要》的实词虚词的概念。而实际上，从《语法提要》将这三类词都归入虚词情况上看，《语法提要》实际上是在其实词虚词划分上，坚持意义标准为主的原则了，是从这三类词意义的不实在的角度将其归入虚词的，而并未主要考虑语法功能上的副词还能作句子成分，常作状语，叹词也能作独立语或独用，拟声词也可作定语、状语、补语、谓语及独立语等。这实质上是有悖于词类是词

---

① 于全有：《中介现象与汉语语法分类的指导思想》，《锦州师院学报》（哲学社会科学版）1993年第1期，第95—99、105页。

② 陆俭明：《现代汉语副词独用刍议》，《语言教学与研究》1982年第2期，第27—41、49页。

③ 于全有：《中介现象与汉语语法分类的指导思想》，《锦州师院学报》（哲学社会科学版）1993年第1期，第95—99、105页。

的语法分类理念的。这也与《语法提要》中给词划分词类的标准——“主要依据词的语法功能，兼顾词汇意义”相背离。我们认为，如果不愿按实际状况将副词、叹词、拟声词归属为虚实间的第三类——半实半虚或半虚半实类，而仍按照传统的实词虚词二分法归类，作为词类的类别，实词虚词的界定及副词、叹词、拟声词的归属，都理应以词的语法功能为主来归类。也就是说，《语法提要》中副词、叹词、拟声词等词类的虚实归属，应该从词类是词的语法分类的理念上，主要从语法功能的角度来归属，亦即按《语法提要》所采取的虚实二分法，实际上应将副词、叹词、拟声词归入实词类中更合适。

3. 关于虚词不作句子成分问题

《语法提要》说，虚词“不作短语或句子的成分（只有副词可以作状语）”。从《语法提要》虚词所涵盖的类别上看，它包括介词、连词、助词、副词、叹词、拟声词六类。如果说介词、连词、助词这三类词不能作句子成分，在句中只起表示语法关系的作用，尚属可通；如若说副词、叹词、拟声词这三类词除副词可以作状语外，都不能作句子成分，这就很值得商榷了。实际上，正如上文所述，副词、叹词、拟声词都能作句子成分：副词不仅常作状语，有的还可以作补语；叹词也能作独立成分，拟声词也可以作定语、状语、补语、谓语及独立语等。这使得《语法提要》不仅没有主要依据副词、叹词、拟声词的实际语法功能将其归入实词，而且不合实际地抹杀、否认了副词（除作状语外）、叹词、拟声词实际上还能充当句子成分的能力。

（二）关于词类的划分标准问题

《语法提要》虽然在正文中没有直接论述划分词类的标准问题，但却在《暂拟汉语教学语法系统修订说明和修订要点》中，明确说明“原定的划分词类的标准是‘词汇·语法范畴’，改为更浅易、具体一些的说法，就是划分词类主要依据词的语法功能，兼顾词汇意义”。尽管《语法提要》中明确说明语法功能是划分词类的主要标准，词汇意义只是“兼顾”而已，较《暂拟汉语教学语法系统》的标准主次更分明，也更浅显，更具体，但“兼顾”到底兼顾到什么程度却没有明确地说明。这表面上看来，似乎是一个无关要旨的极简单的问题，实际上这恰恰是一个重要的问题。因为不弄明这一点，在实际操作上会带来的一个重要的操作困难是：如果语法功能和词汇意义不能较好地协调一致时，若侧重以“语法功能为主”，词类的划分结果可能是甲种情况；若侧重以词汇意义而论，词类的划分结果可能又是乙种情况。在这种矛盾的情况下，若将要划分的词类归为甲类，等于说实际操作上就以语法功能为主，词汇意义仅是参考参考罢了，并不起主导作用；若把将要划分的词类划为乙类，等于说实际操作上以“兼顾”的为主或“兼顾”失当。我们并不否认意义在语法分析上作为参考项的重要地位，但考虑到具体操作上的实际状况，为了不给人们留下把握上的疑难，我们认为，划分词类的标准要么就明确说明就是以语法功能为主，要么就明确说明在以语法功能为主下的兼顾词汇意义到底兼顾到什么程度——到底仅仅只是一个不影响大局的参考项而已呢，还是其他什么？否则，像《语法提要》这种让人不明白程度的“兼顾”，一会儿将具有实在意义，却依附性较强、独立性较差、带有虚词性的名词附类方位词取消，归入名词中，一会儿又将不具有实在意义，但却可以充当句子成分、有的还可以单独回答问题的副词划为虚词，难免让人对划分词类标准中的词汇意义如何“兼顾”、尺度上如何把握等，产生疑问。

（三）关于结构助词“的”“地”不区分问题

《语法提要》不区分结构助词“的”“地”，都用“的”。但只作“提倡”，“不作硬性规定，愿意分写的尽管分写，只要分得对就行”。尽管《语法提要》的愿望是好的，是想为了方便实际应用，但在语言实践中，《语法提要》的这种做法却有不少实际上的不便或不可行之处。

1. 表面上看，“的”“地”不分，老师教学好像是好教了，学生也好掌握了，大家都省事了，完全可以不必再去追究某某结构中的“de”音到底该是状语和中心语之间的“地”，还是定语和中心语之间的“的”等这样的问题了，反正就用一个“的”就行了。但实际运用上不少问题却并不这么简单。上述状况往往只是对处于早期或低年级教育阶段的教学等有一些作用。一旦进入初中阶段，涉及语法中的定语、状语及短语中的定中短语、状中短语等教学时，学习者实际上还是得理解、明白语法上的定中结构、状中结构的内在关系及其彼此间的区分，等于是变相地还是要理解、懂得可以作为定中结构、状中结构关系把握“标记”的“de”到底是什么性质的，亦即还是得理解、明白分写习惯上分别作为定语标志和状语标志的“的”“地”之别，只不过可以不分别写而可以只用一个“的”代替而已。

2. 从目前还在实行的中考、高考等各类语文考试上看，由于《语法提要》对结构助词“的”“地”的使用不作硬性规定，是分是合悉由尊便（但分用得用对），于是便造成考卷中“的”“地”的分合相对难分、判卷人有时难以果断下手的状况。倘若学生考卷的一段话中，一开始该用结构助词“地”的地方，用了“的”，我们固然可以暂先理解为该生结构助词“的”“地”合用为“的”，不能算错，但后面又出现了该用结构助词“地”的地方没用“的”，却用了“地”，即又出现了“的”“地”分写，我们到底该怎样对待考卷中的前面该用“地”的地方用的那个“的”？算错吗？也许有人会说，碰到这类情况就宽大为怀算了，根本不值得去计较。但在我们目前的考试制度下，面对像高考这类的一分就很可能决定一个人的命运的关键考试，良心的天平时时在告诫我们：在本不应得分的地方救这个人一把的同时，有时却实际上在另一方面，也等于帮助他挤了其他的好学生，极可能会同时又坑害了另外一个好学生。从这个意义上而言，我们认为，《语法提要》在结构助词“的”“地”的运用上，目前的这种只作提倡、是分是合悉由尊便的态度，并不是理想的选择，它在实践上仍有不尽如人意之处。理想的做法，宜在分与合之间明确地选择其一。我们倾向于在目前情况下结构助词“的”“地”还是不合，分开来用，以便更好地规避实践中所产生的一些问题。

二　关于短语的问题

关于《语法提要》中所涉及的短语问题，许多人已看到《语法提要》的短语分类混乱、失当，概括得不全，遗漏连谓短语、兼语短语、能愿短语、趋向短语等，遗漏名词短语还能作谓语、动词短语还能作补语、主谓短语还能作状语等短语功能及固定短语的功能等，遗漏了短语功能类型中的下位类型，诸如“名词短语”中遗漏了“名词性联合短语”

“名词性复指短语”“名词性量词短语”[①] 等。《语法提要》本来在关于短语这一部分中下了挺大的功夫，写得也比较详细，意在突出短语的地位。但也恰恰是在这一部分，受到人们批评的地方也相对较多。这些问题，归纳起来，无非两大方面：一是分类混乱，二是概括说明不周全。

（一）关于分类混乱问题

《语法提要》将分属于稳定性标准、功能标准、结构标准等分类的各类短语不加层次区别地并列到一起，给人一种分类混乱的感觉。尽管我们不能苛求一种作为提要性质的教学语法的系统性，但也不能给人以层次不清的混乱感。《语法提要》所并列在一起的短语类别，其实包含了如下不同层次系统的短语：

一是从稳定性的角度，分出的自由短语和固定短语；二是自由短语又从功能的角度分出的名词短语、动词短语、形容词短语，从结构的角度分出的主谓短语、介宾短语、复指短语；三是名词短语又分出的名代动形作定、指代数量组合作定、名加方位、“的”字短语，动词短语又分出的动 + 宾、动 + 补、动 + 得 + 补、状 + 动、状 + 动 + 补 + 宾、能动（ + 状） + 动（ + 宾）（ + 补）等。

我们认为，《语法提要》宜改变目前的分类方式，让人能看清楚这些短语的分类层次，避免混乱，以更好地体现其分类的目的。

（二）关于概括说明不周全问题

《语法提要》出于“应用的需要考虑”，突出短语的地位，将短语这一部分“写得比较详细”（见《语法提要》注②）。既然《语法提要》的想法如此，似乎便没有多少理由遗漏连谓短语、兼语短语等这样一些很重要的短语类别。其实，即使《语法提要》要回避这些短语内容，但在其后面讲到的连动句、兼语句中，实际上还是要涉及这些内容，等于学习者实际上还是要明白这些短语的结构，尽管《语法提要》短语中没有

---

① 吴玉明：《关于〈提要〉中短语的几个问题》，《汉语学习》1987 年第 6 期，第 22—25 页；李冠华：《〈中学教学语法系统提要（试用）〉探疑》，《学语文》1993 年第 2 期，第 35—37 页。

这类短语的类别与名称。《语法提要》短语中的其他一些下位类别的遗漏，也宜依据其涵盖面的大小及重要程度，有选择地予以必要地修补、完善。

三 关于句子问题

《语法提要》中涉及句子的问题较多，难以备细。择要而言，主要有以下几个方面：

（一）关于句子的概念问题

《语法提要》在句子部分中说："由两个或两个以上的单句构成的是复句；单句成为复句的组成部分，失去独立性，称为分句。"同时，《语法提要》在复句部分中也说："有些复句是由两个或两个以上的单句直接组合成的。"众所周知，单句是一个句子，复句也是一个句子。如果说复句是由两个或两个以上的单句构成的，这从逻辑上无疑是等于说作为一个句子的复句，是由两个以上的句子构成的。这显然是与复句的本质相悖逆的。既然《语法提要》已认定"单句成为复句的组成成分"后，就"失去独立性，称为分句"了，我们认为，这里，还不如在说清分句的前提下①，直接说"由两个或两个以上的分句构成的是复句""有些复句是由两个或两个以上的分句直接组合成的"，以减少逻辑上的问题。

（二）关于"句子的主干"问题

《语法提要》说："所有的单句，不论多么复杂，如果把它逐层压缩，就越来越简单，最后剩下的是这个句子的主干。一般的说，主干就是把所有的定语、状语、补语都压缩下来之后余下的部分"，并认为"否定句，在摘出主干的时候要把否定词一起摘出来"。这里，《语法提要》为了回避其所说的"句子的主干"这一说法与语法学一般意义上所说的"句子的主干"所存在的差异与矛盾，回避宾语实际上不在主谓这一层次的句子主干里的事实，而在此对什么是"句子的主干"采取了迂回的说

---

① 吴戈：《分句的概念必须明确》，《逻辑与语言学习》1994 年第 1 期，第 45—46 页。

法，不直接说句子的主干是什么，而说它是将句子中的定状补压缩掉后剩下的部分（再外加否定词）。也就是说，《语法提要》实质上通过迂回的办法来暗示：它这里所说的句子的主干是主谓宾（主要是这三者的中心语，外加否定词）。《语法提要》的这种关于句子主干的说法，明显地存在着以下三个问题：

1. 表面上回避宾语是句子的主干与实际上暗示的主谓宾是句子的主干，等于还是没有回避了《语法提要》中的“句子的主干”还是包括了宾语的事实。这种简单回避的做法，既没从根本上解决实际存在的问题，反倒是又因其绕弯子的迂回与间接性，给教与学双方带来了解释、理解上的间接性之不便。实际上，此处我们或许应该换一个思路，完全可以考虑不用“句子的主干”这个已有先入为主的特定含义的说法，而改换一个能包容主谓宾在内的相应的说法。比方说，史锡尧先生早年就曾对此提出过主谓宾是“句子的结构间架”之说[①]。我们也可以考虑用“句子的结构间架”之类的能相对名正言顺地将这里想要表达的、能够把主谓宾包容在内的说法来代替“句子的主干”。倘若能这样，我们既可以摆脱这里用“句子的主干”所带来的矛盾，也可以避免在“句子的主干”问题上的绕弯子式的迂回暗示之间接性，而采用常见的说明问题的方法来直接地说明问题。

2. 《语法提要》中句子的成分，除主谓宾外，还有定语、状语、补语、独立成分等。说“句子的主干”就是把所有的定语、状语、补语都压缩后剩下的部分，这实际上剩下的不仅是主谓宾，还有独立成分。假如《语法提要》仍要用原来的这种迂回的说法，也应该在要压缩的部分里加上独立成分，即可以将原说法改成“主干就是把所有的定语、状语、补语、独立成分都压缩下来之后余下的部分”。

3. 《语法提要》一方面明确说明“句子的主干不等于原来的句子，意思没有原句那样明确，有时甚至跟原句相去很远”，另一方面又要求“否定句，在摘出主干的时候要把否定词一起摘出来”，这种要求既与其所规定的“主干就是把所有的定语、状语、补语都压缩下来之后余下的

---

① 史锡尧：《两种析句方法试评》，《中国语文》杂志社：《汉语析句方法讨论集》，上海教育出版社 1984 年版，第 165—174 页。

部分”等要求不合（若按主干的定义，否定句中的否定词通常已被压缩掉，它也不是句子的主干），又在实践上没有什么太大的必要。因为摘句子的主干，否定句中的否定词要一同摘出的主要理由，大概与要防止句子的主干跟原句意思相去甚远的情况出现等有关。但实际情况是，句子的主干有时跟原句的意思相去甚远的情况本很常见，并不仅限于否定句。如“小刘的爸爸是刘老太爷的孙子”，这一并没有否定词的非否定句中，其“句子的主干”就是与原句意义相去甚远的“爸爸是孙子”。《语法提要》也明确承认“句子的主干……有时甚至跟原句相去很远”，并举例作了说明，等于说并不否认这种情况的存在，但为什么却偏偏要求否定句摘主干时要把否定词也一起摘出来呢？倘若说这是为了防止句子主干不跟原句意相去甚远的举措的话，那么，面对“小刘的爸爸是刘老太爷的孙子。”这一并没有否定词的非否定句中的这种状况，我们又该怎么办呢？又有什么办法能防止其“句子的主干”意思不跟原句意思相去甚远呢？倘若说这种情况实难防止的话，又何必单单去特殊要求否定句呢？我们认为，从句子的主干确定标准的一贯性、一致性考虑，从实际状况考虑，《语法提要》没有必要单独要求否定句在摘句子主干时要连否定词也一并摘出来。

（三）关于句型与句式问题

《语法提要》虽然分别涉及了句型、句类和句式问题，但却将把字句、被字句、连动句、兼语句都归入“特殊句式”中，这是很值得研究的一个问题。尽管目前语法学界不乏这种不区分的状况[①]，但既然《语法提要》将句型、句式分开论述，就宜按惯常的区别，将二者区别开来。句型和句式的基本区别是：句型是按句子的结构划分的，句式是按句子的表达特征来划分的；句型是以全体句子为对象来划分的，句式是根据部分句子在表达上的特点加以归纳的。《语法提要》虽将句型和特殊句式区别开来论述，但由于《语法提要》并未说明什么是句式，也没明确说

---

① 本方面可参见的著述很多，如李临定《现代汉语句型》（商务印书馆 1986 年 4 月第 1 版）将“把字句”“被字句”归入“代表字句型”中，田申瑛《语法述要》（安徽教育出版社 1985 年 10 月第 1 版）将“把字句”“被字句”列入“特殊句型”中等。

明句型和句式的区别，而是笼统地把兼语句这种动宾和主谓两个结构套在一起、连动句这种两个以上动词结构连用等明显是根据句子的结构划分出来的句型，而不同于一般的根据句子的表达特征划分出来的句式，也一同归为跟把字句、被字句等一样的特殊句式中。《语法提要》既然要区分句型、句式，而实际上又将把字句、被字句跟连动句、兼语句一同归为特殊句式，这从某种程度上说，尚有不甚妥当之处。

四 《语法提要》中存在的其他问题

除开上述问题，《语法提要》中还存在着不少值得注意研究的其他方面的问题。除了所涉及的插入语和句前几种状语的实际区分问题、“班里刚才发生的不愉快的事情”中“事情”前的定语宜划成“班里刚才发生”与“不愉快”两个定语而不能是一个定语问题、“班里刚才发生”是主谓关系而不是偏正关系问题等，我们认为，《语法提要》中还另存在着诸如与语法有关的改病句需不需要讲的问题、把字句等特殊句式该不该列入一些与常见的病句相关的特征问题（如 1997 年高考语文试卷中考过把字句中否定词位置问题改错。而这个问题，《语法提要》中的把字句特征里并没提到）、复句的类型是否再增加“解说”“目的”等类型问题、紧缩句的实际地位问题等诸多问题（限于篇幅，这里不再详细探讨），都是很值得我们今后进一步注意加以研究与探讨的重要的实际问题。

（原刊《沈阳师范大学学报》社会科学版 2003 年第 1 期）

关于中学语言文字应用部分教学的基本原则问题

中学语言文字应用部分教学的主要目的，是让学生掌握基本的语言文字能力。作为语文教学的重要组成部分，语言文字应用部分的教学具有基础性与繁杂性等特点。这不仅表现在语言文字应用能力是形成其他语文能力的重要基石与基础，语言文字应用教学也是语文教学的重要的基础性组成部分，而且表现在语言文字应用部分所触及的显层次上的字音、字形、字义、标点符号、语汇、语法、修辞等方方面面的知识点及深层次上的与语言文字应用有关的社会文化因素、人文因素。面对语言文字应用部分教学的这一实际状况，我们在这一部分内容的教学上，要想达到比较理想的教学效果，必须要注意教学内容、教学方法与教学效果间的关系，把握其基本的教学原则。

依据中学有关语言文字应用部分的基本要求及现有的语言文字应用部分教学的实际状况，借鉴语文教育史上的相关问题的基本理念，我们认为，中学语言文字应用部分的教学，应遵循“精要”“易懂”“适用”等基本原则。

一　精要原则

所谓的“精要”，主要是从教学内容上说的，指的是教学内容要精练、简要，或者说是精当、简洁。也就是说，在语言文字应用部分教学中，教师所教授的语言文字应用部分的内容要精练、简要，或精当、简洁。

理解把握这一原则，有两个问题必须明确：

一是这个原则意味着：语言文字应用部分的内容教师要教，而不是不教。教的目的是让学生更便捷地掌握知识要领，尽快转化成自己的能力，从而达到在本方面可以不用再教的目的。历史上，中国传统的有关语文方面的教学曾长期处于一种让学习者以直觉体悟的方式去把握所学内容的状况。这虽在某种程度上也有相对合理的因素，但这种教学方式毕竟在效率与效益上有其局限性的一面。教师把所要教授的知识内容通过自己的分析、研究、提纯，以精练、简要的教学内容，使学生能更好地达到掌握相关学习内容的目的，这应该是时代发展的必然要求。同时，"精要"也意味着教师即使在某种自主探究的学习模式下，也不能免除作为教师所必须承担起的对某些内容进行必要的传授、点拨的职责。

二是这个原则还意味着：这种教不是有关知识眉毛胡子一把抓、满堂灌式地教，而是教师要通过自己的分析、研究，把所教授的内容讲得"精"而"要"；相关的应用性训练也要"精"而"要"，而不是漫无边际、没有章法与准则地一味搞题海战术。

比如说汉语语法部分内容的教学，目前的《中学教学语法系统提要》是一个有自身体系的语法系统。其内部的各个有机组成部分如词法和句法，也都有自身的系统性。但中学语法部分内容的教学，不是为了要中学生像大学语言专业的学生那样去了解、把握整个语法体系的。如果我们的语法教学把时间和精力都放到了整个语法体系（包括语法的有机构成部分——词法和句法的体系）教学上，让中学生去了解、把握这些体系，这样做既不现实，也没有太大的必要。同样，语音、语汇、文字、修辞等都有自身的系统性、体系性，其内部的各个有机构成部分也都有自身的系统性与体系性，这些内容的教学，同样也不是为了让这些中学生去了解、把握这些专门知识内在的体系系统。尽管作为中学语言文字应用部分教学所用的一些教学参考资料，可能因照顾知识点的系统性和完整性，而编写得比较系统、全面，林林总总，包罗万象，甚或是有些偏繁、过难的情况存在，但毕竟那只是教学所用的参考资料，并不意味着中学教师在教学过程中，就应该一如相关的教学参考资料中所写的那样去照搬进中学的相关教学中。在每个知识点的教学上，教师的作用与价值，应该体现在能根据该教学内容的具体状况、教学目标的基本要求及学生的具体状况，对该教学内容进行必要的分析、加工、萃取，把握该知识点的关键与精髓，并努力以最精练、简要的方式，言简意赅地把这些内容恰当地教授给学生，使学生能够在有限的教学时间内，较快地、有效地掌握知识的要领，取得事半功倍的教学效果与学习效果。

在中学阶段的语言文字应用部分教学中，那种不看内容、不看对象、不看具体的教学目标与教学效果，对所有的教学内容一概采取追求知识点的系统完整性式的教学、不分主次轻重式的教学，甚或是采取以练代授、漫无边际地搞题海战术式的教学，都是与“精要”的原则相悖谬的，都是应该避免的。

二 易懂原则

所谓的“易懂”，主要是从教学方法上说的，指的是教学上要采用容易理解、好懂的方法。也就是说，在语言文字应用部分教学中，教师要根据具体的教学内容与要求及教学对象等具体情况，采用能让学生容易理解、容易明白、比较好懂的方法，去进行相应的教学。

理解把握这一原则，也有两点必须明确：

一是语言文字应用教学必须要讲究教学方法，而不是可以不讲究方法，甚或是认为没有也不需要什么方法。

二是语言文字应用部分的教学方法不是千篇一律的一种模式的教学方法，而是要根据具体的教学内容及要求与教学对象情况，去选用让学生便于理解、易于把握的教学方法。

语言文字应用部分教学，涉及的知识点与层面比较多，也比较繁杂，举凡语音、语汇、语法、修辞、文字、标点符号，连带着逻辑等相对比较烦琐的内容，都在这一部分的教学中有所体现。这当中，除了识记部分的内容在教学方法上相对还可以宽松些，其他的涉及如何理解把握与运用部分内容的教学，方法的使用十分关键。而到底采用什么样的方法才便于学生理解把握、让学生好懂，又主要与以下几个因素有关：一是与教学内容有关，教学内容不一样，所采用的教学方法自然不能完全一样；二是与教学对象有关，不同层次的教学对象，所采用的教学方法也不能完全一样。同时，“易懂”也与教学内容的“精要”与否有关，“易懂”需要“精要”。

比方说语法知识部分教学，涉及词类的、短语的、句子的种种内容比较繁杂，不仅知识多，而且层面也比较多，专业术语也相对较多，是语言文字应用部分教学中的难点之一。这就要求教师在与此有关的知识点教学过程中，必须注意教学方法。比方说，讲兼语短语，由于它和连谓短语有时不太容易一下子区分开来，教师在讲这一部分内容时，完全可以不拘泥于教材对知识的条块分割编排序列，直接就把兼语短语和连谓短语放在一起比较着讲，着重讲明白兼语短语中的两个或两个以上的动作是分别由各自前面的主语发出的，而连谓短语中的两个或两个以上的动作都是由其前面的同一个主语发出的这一重要区别，就会比较容易地达到让学生把握这两种短语的各自特点与特征的目的，从而使学生更好地掌握住该内容。而对于语法知识部分所涉及的专业术语相对较多的实际状况，除了必要的情况，教师在相关内容的教学中，也要尽可能地选择贴近学生学习生活的实际与学生理解、把握、接受的实际的语言，去进行相关内容的教学，而不必为一些抽象的专业术语的羁绊而影响了实际的教学效果。

三 适用原则

所谓的“适用”，主要是从教学目的上说的，指的是教学要达到适合于实际应用的目的，即达到实用、管用的目的。也就是说，语言文字应用部分的教学，针对有关教学内容，教师不管选用什么样的教学方法，都应该以适用为目的，在能将相关的语言文字知识转化为学生实际的语言应用能力上下功夫。

理解把握这一原则，这里也有两点需要明确：

一是语言文字应用部分教学，是要服从于以适用为教学目的的一种教学。

二是语言文字应用部分的教学，教师不管在教学内容及教学方法上作什么样的选择与调整，均应是以“适用”为教学目的的选择与调整，而不是脱离本部分教学目的的盲目选择与调整，更不是不看具体内容、对象等条件而盲目跟风式的选择与调整。

比方说，普通话常用字的字音教学，如果仅仅凭教者个人的感性体悟去任选字音进行教学，甚或是以一套一套的语文模拟试卷的形式去触摸本部分的内容，学生所得到的一些相关收益，极有可能是一些缺乏一定的内在关联的、零散的、散珠碎玉式的东西。一旦在相关的考试中学生再碰到相关层面的别的字音，就极有可能暴露出学生在本部分学习把握上的欠缺。而教师若能在这部分识记内容的教学上，根据知识内容的总体情况及内在的层次差别（比如现代汉语常用字中的常用字与次常用字的差别），以及学生的实际情况（比如学生的方音情况、在字音的把握上侧重在什么地方可能出现问题等情况），能够分层次、有计划地对学生进行有关字音方面的系统性教学及对学生中存在的主要问题的重点教学（比如现代汉语常用字表中的一些常用字音教学，针对学生因地域性语音差别而带来的一些声韵调问题的重点内容教学等），则一定会比不分析研究知识内容的总体情况、不分轻重、不看具体教学对象等一些非系统性的相关教学效果要好得多，也更具有适用性。同时，如果仔细研究、比较历年高考在相关内容方面的考试方式，我们又会发现：普通话常用字音的考核，往往都是放在两个字以上的词语中对某一个字音进行考核。这样，仅就目前高考语文的实际考核情况而言，如果仅孤立地按照现代汉语常用字表去识记一个一个字的读音，其效果，在某种程度上不如将其常用字音的把握放到两个字以上的词语中去让学生掌握那样好，也更为适用。

又如教师在讲什么是定语时，对中学生而言，只要交代清楚什么是定语、常由何种材料构成、类型、常见标记、常见位置，对母语为汉语的中学生来说，基本上就已经够用了。而对于一些中学教学参考材料中还有的关于比较复杂的多层定语顺序的讲解（如第一是表示领属关系的词语，即表示“谁的”类词语；第二是表示时间、处所的词语，即表示“什么时候、什么地方”类词语；第三是量词短语或指示代词，即表示“多少”类词语；第四是动词性词语和主谓短语，即表示“怎么样”类词语；第五是形容词性词语，即表示“什么样”类词语；第六是表示质料、属性或范围的名词、动词，即表示“什么”类词语），则不必在如何讲解此种序列规则以便学生能够记住问题上过多耗费精力。因为这种抽象的序列规则的记忆与掌握，不一定非要让学生这么抽象地去硬记来掌握，它完全可以通过学生平时的一些语感积累去直接获得与把握。更何况，上述这种抽象的顺序规则并非一成不变的定则，其中一些词语还有不少灵活性的位置（如量词词语），要真正地把这些都讲清楚，并让学生弄清楚这些规则，记住把握住这些规则，一是要耗费教与学的双方的许多精力，二是从高考的角度而言，这种抽象的规则也未必一定有多大的必要。因为语言文字应用部分重在培养学生的实际语言文字应用能力，并不是仅仅为了让学生记住一些烦琐抽象的僵硬的规则。倒是教师如果能在日常的教学中多注意学生的相关各种语感的积累，对学生获得与把握本部分知识具有更直接的实际作用与效果。

语言文字应用部分所讲的"适用"原则，不仅仅就教学内容而言，在有关本部分内容的教学方法上，教师同样需要注意方法的"适用"性。就整个语文教学而言，每一部分知识内容都具有每一部分知识内容的具体内涵与特征，因而对每一部分知识内容的教学，均应根据具体教学内容与教学对象的实际，去选择与之相应的具体的教学方法。就不同的知识内容及不同的教学对象教学而言，没有千篇一律的、一成不变的教学方法。这就要求教师在教学中，不管在教学内容上与教学方法上作什么样的调整变化，均应以实用、管用为目的。那种不看具体的教学内容、教学对象而去追求某种整齐划一的教学方法，甚或是不看具体的教学内容与教学对象及教学效果的具体情况而盲目跟风、盲目赶时髦的教学方法，都是需要避免的。

当然，语言文字应用部分教学到底怎样才能达到适用的目的与效果，有关教师必须要注意加强对有关教学内容、方法、对象、效果的适时调研与分析，向科研要教学质量，以期通过对问题的科学分析与研究，去更好地实现适用的教学目的。比方说，目前《中学教学语法系统提要》在讲授什么是句子的主干时，一方面说句子的"主干就是把所有的定语、状语、补语都压缩下来之后余下的部分"（这变相地等于说句子的主干就是主语中心语、谓语中心语、宾语中心语），"句子的主干不等于原来的句子，意思没有原句那样明确，有时甚至跟原句相去很远"（这等于说承认句子的主干不等于原来的句子的意思），另一方面又说"否定句，在摘出主干的时候要把否定词一起摘出来"（这又等于说句子的主干可以包括否定词这类状语、句子的主干要尽可能保持原意），前后说法显然是自相矛盾的：依照前者去讲，理论上自然不应该出现后者这种状况；依照后者去讲，理论上自然也不应该出现前者这种状况。倘若教师两者都依此照讲，从理性上说，这种矛盾纠结自然很难能让学生昭昭，适用性也比较差。如果教师在实践中能够发现问题并对之进行分析研究，就会发现：句子的“主干就是把所有的定语、状语、补语都压缩下来之后余下的部分”，这是学术界在此问题认识上的基本共识。而句子的主干不等于原来的句子、意思较原句有时会相差很远的这种状况是一种客观的存在，并不在于否定句是否摘否定词这么简单就能解决这当中的某些问题。有的句子原本就不是否定句，在提取句子的主干时，不可避免地会出现句子的主干不等于原来的句子、意思较原句有时会相差很远的这种状况。例如：

[1] 小刘的爸爸是刘老太爷的孙子。(主干：爸爸是孙子)
[2] 草原英雄小姐妹——玉荣和龙梅同暴风雪搏斗了一天一夜。(主干：小姐妹——玉荣和龙梅搏斗)

如果说，“否定句，在摘出主干的时候要把否定词一起摘出来”之说是出于对句子的主干不等于原来的句子、意思较原句有时会相差很远的这种状况的一种防止办法，那么，当其面对上面的例［1］、例［2］时，又如何防止句子的主干不等于原来的句子、意思较原句有时会相差很远的这种状况的出现呢？如果说，在摘取句子的主干的时候，句子的主干不等于原来的句子、意思较原句有时会相差很远的这种状况是一种客观的存在，则又完全没有必要单单对否定句作出“否定句，在摘出主干的时候要把否定词一起摘出来”之规定要求。更何况，这种规定要求的本身与什么是句子的主干之说是相矛盾的。准此而论，教师在讲什么是句子的主干时，就适用性而言，完全可以只讲清楚句子的“主干就是把所有的定语、状语、补语都压缩下来之后余下的部分”“句子的主干不等于原来的句子，意思没有原句那样明确，有时甚至跟原句相去很远”这一部分内容即可，大可不必再在什么“否定句，在摘出主干的时候要把否定词一起摘出来”之类的并不适用的内容上费周折。

参考文献

［1］本社:《张志公语言和语文教育思想研讨会论文选集》，语文出版社 1993 年版。

［2］黄岳洲:《语言文学与教学新论》，陕西人民教育出版社 1997 年版。

［3］吕叔湘:《吕叔湘全集（第七卷)》，辽宁教育出版社 2002 年版。

［4］盛炎:《语言教学原理》，重庆出版社 1990 年版。

［5］史锡尧:《语法·语义·语用》，人民教育出版社 1999 年版。

［6］于全有:《语言本质理论的哲学重建》，中国社会科学出版社 2011 年版。

［7］庄文中:《中学语言教学研究》，广东教育出版社 1999 年版。

［原刊《语言文学论丛（七)》，2012 年，第一作者］

中学语文应用部分教学需注意的几个问题*

一　教学内容的把握上需要注意的若干问题

中学语言文字应用部分涉及的内容具有基础性与繁杂性等特点，也相对比较琐碎。为了达到教学上的“适用”目的与效果，教师在相关部分教学内容的把握上，必须要注意把握好下述几个方面，并注意解决其中所涉及的一些问题。

（一）夯实知识基础

中学语言文字应用部分教学，涉及的知识点很多。教师在教学的过程中，首先必须要注意学生对基础知识与基本能力的把握，切实夯实学生的相关知识基础。

夯实知识基础不是漫无边际地、海阔天空式地对学生进行有关方面的知识训练与操练，也不是不分青红皂白、不分主次轻重式的搞题海战术。夯实知识基础具有一定的针对性，它既需要教学内容上的“精要”，也需要教学目的与效果上的“适用”。

比方说，识记部分中的普通话常用字的字音考核，其常见的考核方式，往往是以一道选择题的形式，在两个以上的字构成的词语中考核某字的字音。由于这一部分内容在高考语文卷中所占的比例比较小，考核方式似乎也比较简单，而常常容易在夯实知识基础方面被有意或无意地

* 本文收入本书时，按原手稿内容刊出。

轻视。实际上，尽管从考核方式上看，本部分内容的考核比较简单，但其所涉及的基础知识点却很多：既涉及《汉语拼音方案》的知识、拼写规则的知识，又涉及普通话常用字规范字音及与之相关的方音辨正、多音字、异读字等知识。学生要想真正地在本部分内容的考测上能达到应对自如的状态很不容易，它要求学生必须以扎扎实实地夯实上述相关知识基础为前提。因此，在本部分内容的教学中，教师必须紧紧抓住这些关键的知识点，对学生进行必要的基础知识讲解与基本功训练，以切实夯实学生的相关知识基础。至于一些中学教学参考材料中出现的有关本部分内容的一些与普通话常用字的字音识记关系并不是很大的诸如语音的性质、元音和辅音的区别、韵母和韵的区别、停顿、重音等内容，若仅就目前高考对学生普通话常用字的字音部分的掌握要求而言，则大可不必为此多耗费精力（我们无意否认这些有关知识本身的作用与价值，这里仅就目前中学阶段的有关知识的基本要求及目前高考语文考核的实际情况而言，下同）。对识记部分中的现代常用规范汉字部分教学上的把握，也是如此。中学现代常用规范汉字部分的考核，在考核方式及考核内容上常常与普通话常用字的字音部分考核十分相像，其所涉及的知识点，虽然不见得有普通话常用字的字音所涉及的知识点那么多，但学生若真要在本部分内容的考核上达到应付自如的状态，却同样也很不容易，它要求学生必须对现代汉语常用字的规范字形有比较扎实的把握。至于一些有关本部分内容的中学教学参考材料中出现的与现代汉语常用字规范字形的识记关系并不很大的什么汉字的特点与演变、造字法、相关工具书介绍等内容，若仅就目前高考对学生现代汉语常用字部分的掌握要求而言，也大可不必为此多耗费精力。因为我们这里所说的夯实知识基础，是具有一定的针对性的夯实基础，所要夯实的也是一些对学生的高考具有一定的适用性的知识基础。

当然，夯实知识基础并不是不需要讲究教学方法，而是恰恰很需要注意教学方法。教师在教学中，应该避免舍本逐末、仅仅单纯地靠让学生大量地做练习题来代替可以对学生进行必要的基础知识与基本理论的系统点拨与传授之类的教学方法。

（二）重在实际应用

中学语言文字应用部分的考核，虽然也在不同程度上涉及语言文字知识能力，但其重点考核的，则是考生的语言文字应用能力。因为语言就其本质而言，不过是人类实践活动的音义结合的表现符号，实践是支撑起语言这座大厦的基础层次本质，表现是其核心层次本质，符号不过是语言的表象层次本质。实践表现本质体现了语言的功能特性与价值，符号本质则体现了语言的自然特性。显然，语言的实践表现能力的获得，应该是学习语言的深层诉求。准此而论，中学阶段的语言文字应用部分的学习，其最终的落脚点与所要达到的目的，本不应该仅仅是一种为知识而知识的学习，而更是一种将知识转化为能力的学习、服务于语言文字实际应用的学习。而要服务于语言文字的实际应用，将语言文字知识转化为语言文字应用能力，教师的有关语言文字应用教学就不应该仅仅满足或停留在语言文字基本知识层面的教学上，因为语言文字基础知识并不就等于语言文字应用能力。教师不应该、也不能把语言文字应用部分内容的教学，最终教成一种与语言文字的应用没有关系的、纯粹的语言文字基础知识式的教学。正确的语言文字应用部分内容的教学，应该是一种以语言文字基础知识为先导、以语言文字实际应用为重点、以学生的语言文字应用能力的培养为旨归的一种教学。即使是上面所提及的以语言文字基础知识为先导，主要也不是指以相关方面纯粹抽象的语言文字基础知识理论系统为先导，而主要是指以相关方面的有助于语言文字实际应用的基础知识为先导。

以往的相关方面的一些语言文字应用部分内容教学，可能是由于对本问题认识、理解上的偏差与不足，部分地造成在强调夯实语言文字知识基础的同时，有意或无意地忽视了作为本部分教学的重要目的与旨归的学生语言文字应用能力的培养。相当一部分相关方面的课堂教学，被上成了脱离语言文字应用能力培养实际的从理论知识到理论知识课，即把中学的语言文字应用部分的教学，给上成了语言文字知识结构体系相对系统、完整的语言文字学教学课，把语言文字应用部分教学所注重的培养与发展学生的语言文字应用能力，客观上给上成了主要是培养与发展学生的语言文字知识的能力了。这是我们今天在有关语言文字应用部分的教学中，必须要注意的一个重要问题。

语言文字知识能力与语言文字应用能力是两种不同层面的语言文字能力，语言文字的应用能力属于最基本的语言文字能力。而中学阶段的语言文字应用部分教学主要要发展的，正是学生的这种最基本的语言文字能力——语言文字应用能力。这应该是中学语文中的语言文字应用部分教学的宗旨与实质。而中学语文中的语言文字应用部分教学的这种宗旨与实质，又质地规定了其有关语言文字应用部分的教学向学生所传授的知识，应该主要是语言文字的实际应用知识，其知识系统也应该是以语言文字的实际应用为纲的知识系统。

比方说中学的语法教学，其最终目的是要为学生的语言实际应用服务的。实际情况是，由于教学理念上的偏差与失误，重知识、轻能力与重结构、轻语用的状况，在目前的语言文字应用部分的教学中仍很普遍，致使我们有多少相关的语法教学课被上成了抽象的纯语法理论知识课。这种脱离实际应用的纯理论知识课的教法，不但学生学得枯燥乏味，感到学不学似乎对语言的实际应用并没有多大的帮助，更有相当一批相关人员曾因此而喊出了中学语文教学要“淡化语法”的主张。其实，语法作为语言的三要素之一，对它的学习与掌握对于语言实践本不是没用，恰恰是一些教师在本内容教学的理解把握上的一些偏差与失误，包括将一些脱离实际的、抽象的、不适用或不管用的所谓语法规则硬是通过课堂操作训练固化到学生的记忆中，才导致了本课程教学的去功能化与去应用化，导致了教师对其不愿教、学生对其不愿学，以致语法教学在“淡化语法”的主张下已某种程度上被中学语文教学边缘化的局面。实际上，即使是中学语法教学确需要“淡化”，其所“淡化”的也应该是一些不适用或者是不管用的内容，而不应该是淡化对指导语言实践很有实际效用的语法知识点的教学。因此，中学语法教学必须在适合应用上下功夫。即使是没有进入语法使用单位中的一些有关语言的备用单位的语法内容的讲解，也完全可以采用联系语言实际去讲解的方法来进行教学。如教名词短语，教师就完全可以采用简述相关知识、着重学生实际应用练习的方式去进行教学。比方在简述过相关知识后，教师可以以填充空白的形式，让学生去做能与名词短语搭配的“定语 + 名词短语”类的练习。例如：

[1] 他们在一开始就对此做了的（怎么样）计划，想要夺取（什么）冠军。

[2] 面对突如其来的变故，（什么样的）王小雨奋力将已（什么样的）女儿从对方的手中抢了回来。

配合这种练习，相关的语法知识教学就不会老在抽象的概念名称、抽象的理论知识上打转转，不仅实用、实际，而且理论联系实际，有助于学生的语言文字应用能力的提高，也有助于提高学生对相关内容学习的积极性。其他的诸如句式教学等，也都完全可以在简述相关知识后，着重从怎么用、适宜于什么情况下用等有关怎样使用它的角度来展开相关内容的教学。当然，同样的一种知识内容，可以采用的联系语言文字应用实际去讲解的方式方法很多，这里我们不过是举例来说明问题而已，并不意味着相关教学可以采用的达到相应的教学目的的方式或方法别无法门，仅此一种。

再比方说修辞格中的比喻教学，涉及比喻的概念、构成、类别、作用等种种内容。由于近年来，高考语文卷考比喻的情况比较多，所以许多教师及考生均非常重视比喻问题。一些相关的中学语文教学参考材料不但对比喻的概念、构成、类别、作用等介绍得十分详细，而且除传统的比喻三类型——明喻、借喻、暗喻外，有的还涉及比喻的其他类型——诸如反喻、曲喻、博喻、互喻、讽喻、引喻等。但从学生相关方面的考试情况上看，仍有相当一批学生的考卷反映出学生不会写合乎比喻原理的比喻句的状况。这不能不引起我们对中学有关教学情况的注意与思索。为什么一些学生平时谈到什么是比喻时，往往都能“比喻就是打比方”“比喻有明喻、暗喻、借喻等几种类型”“明喻就是甲像乙，暗喻就是甲是乙，借喻就是乙”等说得头头是道，面上的相关知识知道得并不少，但一让他写一个有关比喻方面的句子（特别是仿写比喻句）时，却仍还时不时在如何构成比喻上还出差错呢？我们认为，这可能与教师所教、学生所学的相关比喻的知识还没抓住最关键的、最有实用价值的精髓部分或者说是最关键的、最有实用价值的精髓部分被一些非关键的、非最有实用价值的部分所淹没，有很大的关系。如果仅就学生能写出比喻句子而言，其实最关键、最有用的，主要在于让学生弄清楚以下三点内容即可：一是构成比喻的甲乙两事物要有相似点（这种相似点要相似到什么程度必须要明确：只部分相似即可，并不要求全都相似或大部分都相似，全都相似或大部分都相似其实一般来说也鲜有可能）；二是喻体跟本体是非同质同类的事物（比喻的化深奥为浅显、化抽象为生动等功用，质地规定了比喻的本体跟喻体不可能是同质同类的；比喻不同于比较）；三是注意比喻的思想性、民族性等特征（比喻要适合一定的思想性要求、适合一定的民族文化）。此外的有关比喻的其他知识虽然也不能说不重要，但就能否写出一个合乎比喻内涵要求的比喻句子来说，上述这三点是非常关键的、非常具有实用价值的重要内容。教师只要在相关教学中对学生讲清楚上述三个内容的真正内涵，学生只要真正领悟、吃透了关于比喻的上述三点关键内容，就不可能在具体的语言应用中造出诸如喻体与本体并不具有相似点或者喻体与本体是同一类事物，或者是喻体的思想情感等不适合本体等种种非比喻的情况来。

（三）讲授要言不烦

讲授上的要言不烦，就是在有关内容的教学过程中，对知识的讲解、传授要扼要、简明，不拖泥带水，不啰啰唆唆、令人难得要领地絮叨没完，而使人徒增腻烦。

语言文字应用部分教学，其教学内容的性质与特点，质地决定了它既不可能像天堂的童话、也不可能像人间的小说那样撼人心魄，令人心驰神往、回肠荡气。繁杂、细碎、较真、抠字眼、咬文嚼字，是其留给许多人的印象与感受。面对这样一种性质与特点的教学内容，教师在教学过程中，应在遵循“精要”“易懂”“适用”的基本原则下，尽可能以要言不烦的方式去进行本部分内容的教学，以便让学生尽可能地能在相对轻松的学习氛围中，去接受本部分内容的学习。这就要求教师在这样一堆繁杂、细碎的知识点面前，要尽可能地在纷纭中求条理，在纷繁中觅规律，从而以要言不烦的讲授，达到学生更好更快地理解、把握相关内容学习的目的。

二 教学方法的运用上需要注意的若干问题

（一）不同的教学内容、教学对象，需用不同的具体的教学方法

教有方法，教又无定法，它需要依据具体的教学内容与教学对象去作具体的选择。也就是说，具体的教学内容与教学对象情况是选择采用什么样的教学方法去进行教学的根本依据。后者必须要依据并适合前者，而不是相反。语言文字应用部分的教学方法的运用，也是如此。

语言文字应用教学，本是语文教学的重要核心。不管目前我们对“语文”的内涵作何理解，是口语与书面语也好，语言文字也好，还是语言文学也好，语言文章也好，甚或是语言文化也好，加强语言文字教学，培养学生的语感，使学生获得理解、运用语言文字的基本技能与技巧，既是语文教学的特质所在，也是语言文字应用教学的重要目的与追求。然而，一段时间以来，由于种种原因，不依据语文教学及其具体内容教学的自身特点与规律、不依据教学对象的具体情况与教学的实际效果而盲目地追仿、套搬一些比较时尚的教学方式的状况依然存在。如有的授课教师不管什么课，也不管什么内容、什么对象情况的课，滥用多媒体，套搬某种时尚的教学方法，致使大量的有效授课时间及教学的有效性都被某些不一定什么课都很必要的音乐乐曲、图片影像演示、环节步骤承转布排等所挤占、所冲淡，使学生在有效的教学时间内失掉了不少正常地感知课文语言文字、触摸课文语言文字的时间与机会。这种以形式时尚或形式繁杂的教学方式去替代扎扎实实的具体的知识内容教学与应用内容教学的做法，表面上看起来可能会是声声入耳，影像入目，热热闹闹的一幅课堂教学场面，实际上，有的很可能是花拳绣腿，华而不实，很可能会因此而冲淡并掏空了本课程教学的真谛。其实际效果，实应引起有关从业人员及教学管理人员的认真测评与思索（我们无意反对正常的多媒体技术与正常的有关教学方法的合理使用）。教学方法的选择与使用，一定是结合具体课程内容的内在特点规律与要求及教学对象的特点，按照一定的教育教学规律与学习的规律去选择与使用，既不能舍本逐末，轻道重术，脱离具体的教学内容与教学对象去片面地追求教学的形式与方法，也不能脱离具体教学实际、不看实际教学效果地一味盲目套搬某

种教学模式，盲目地赶时髦。

目前中学语文教学流行的教学方法很多，如自主探究合作式教学法、某某步骤教学法等。这些教学方法无疑有其合理的内核及其实施条件。我们不主张不看具体的教学内容与教学对象的实际情况，千篇一律地将某种流行的教学方法套搬到所有语文内容的教学过程中的这种未必一定合适的做法。比方说语言文字识记部分的内容，它是要求学生识记把握的内容。对这种特点的教学内容，就不应该千篇一律地机械照搬其他非识记性质的语文教学内容所使用的教学方法，而完全应该依据教学内容的具体状况及学生的具体状况，去有针对性地判定、选择与之相适应的具体的教学方法。而在相应的可选择的多种教学方法中，最终到底采用什么样的具体的方法去教授某一具体的语言文字应用知识，则又要在照顾到“精要”“易懂”“管用”的原则基础上去选择使用。如有的教师针对学生在多音字识记上存在的具体问题，用“散珠碎玉一线牵”的方法，自己编制了一套适合学生特点的歌诀让学生去识记，效果就很不错。又如给中学生讲划分句子成分，相关教学方法的选择本有多种。相比较而言，带有形象性特点的教学方法通常比带有抽象性特点的教学方法更容易为学习者所接受。因此，对于划分句子成分这部分内容的教学而言，教师完全可以在讲授如何判断并划分各种具体成分时，在讲清楚几种基本的句法结构关系（陈述关系、支配关系、修饰关系、补充关系、联合关系）的基础上，配合以相对比较直观形象的图示的方式，向学生阐释各种句子成分组合搭配的基本模式：

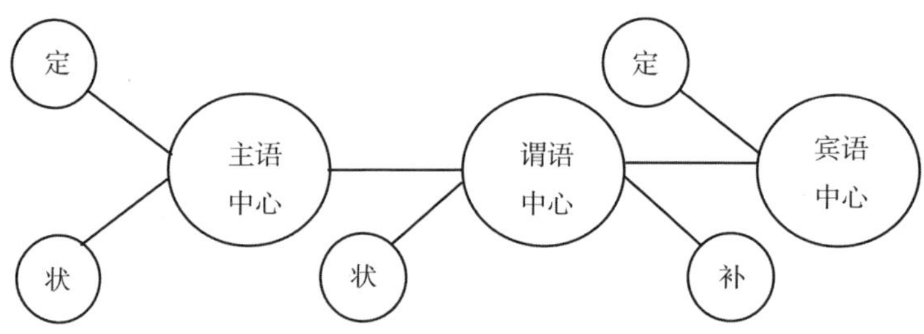

教师可以通过这样的图示，向学生讲清楚各种成分是什么、常见的一般位置、常由什么类词语充当，使学生相对比较容易地理解、把握与判定划分句子成分的基本模式及内涵。在此基础上，为了进一步增强学

生在本问题学习与把握上的自信心，消除学习本部分内容的一些不必要的为难情绪，教师还可以进一步向学生作两点必要的阐发：一是告诉学生在这个基本模式中，只要找到了中心词，其他各种成分不但可以依位置去寻找，而且划分的正确与否在一开始划分的时候其实就可以直接判断出来（如主语中心语前的句首成分，除个别的可能是独立成分外，通常只有状语和定语。但到底是定语还是状语，其实在划分时，自己就可以通过移位的方法验证出来：如果句首是状语的话，当把它带到主语中心语和谓语中心语之间时，整个句子是通顺的，否则不是状语。主语中心语和谓语中心语中间如有成分，除个别的可能是独立成分外，通常都是状语，只是这些状语是该划分为几个部分的状语的问题。但到底应该划分成几个部分的状语，其实在划分时，也完全可以通过分别和其前后的成分联通、看其是否通顺的办法来判定：如果和其前后的成分联通后通顺，证明可以划分为一个状语；如果和其前后的成分联通后不通顺，证明划分得不正确，需要再重新划分，重新验证。谓语中心语和宾语中心语中间如有成分，通常只有补语或定语。到底是补语还是定语，其实还可以通过语感的方法检验出来：如果谓语中心语和宾语中心语中间的成分跟谓语中心语能组合到一起构成一个有意义的语言片段，那么它是补语；如果它是跟后面的宾语中心语能组合到一起构成一个有意义的语言片段，那么它是定语等）；二是告诉学生，在这个模式外的其他句子结构情况无非是这个模式的扩展与延伸（如谓语中心语有好几个，即是连谓句的形式，多个谓语动词之间也可能有兼语；宾语可能有两个，即双宾句的形式；补语可能有两个，常在宾语前面和后面等），找出句中的各种成分，其实并不难。实际上，上述这个判断划分句子成分的模式在给学生讲清楚、讲明白后，对于教学生如何去检查病句也很有帮助：改病句中的先检查中心成分关系有无问题、再检查各附加成分与各自中心词间的关系有无问题时，也完全可以相应地借鉴上述句子成分模式，依据相应成分的位置关系去进行教学。

（二）活教而不是死教

语言文字应用部分的内容，既很基础，又比较细碎、繁杂，很难通过单纯地就语言文字应用知识去讲语言文字应用知识的一般教学时数，就能较快地达到让学生一下子就能很好地消化掌握相关知识内容的目的，往往还需要时间去作进一步的把握与巩固。同时，又由于仅仅单纯地就相对比较散碎的语言文字应用知识去讲语言文字应用知识，往往会因比较细碎又相对比较抽象而会使部分学生失去学习兴趣，因此，如何根据学科及教学内容的特点、要求及学生的实际情况，采用机动灵活的方式去活教而不是死教，以取得事半功倍的教学效果，便成为摆在从事语言文字应用部分教学的教师面前的一个重要的方法论课题。

语言文字应用部分教学要想在方法上教得活，教师在教学理念上起码要注意以下几点：

一是要树立语言文字应用问题在语文教学中、在社会语言文字生活中无处不在的思想，联系一定的语境去灵活地进行语言文字应用教学。在语言文字应用部分教学中，教师固然可以用就语言文字应用知识而去教语言文字应用知识的办法，仅就一个字、一个词、一个短语、一个句子等例示讲解的办法，去向学生教授相关的语言文字应用知识。但这种教法就其效果而言，往往不一定像联系一定的语境、一定的语文课文中的相关语境与社会语言生活中的相关语境去灵活地讲授相关知识内容那样效果好。比方说讲字音、字形、词语用法、标点、语法、修辞等，不仅在相关内容的课上可以举例子去讲，这些内容还完全都可以根据具体情况机动灵活地融入相应的语文课程教学与相关社会语言生活中去讲。如融入阅读课的课文教学中、写作课的作文教学中，有的还可以相应地融入口语表达教学中、学生作业批改中，以及对社会用语用字生活的观察思索中等。许多语言文字应用知识也完全都可以从这些相应的语境当中获得鲜活、生动而又具体的用例，取得实实在在的实际教学效果。

二是要将语言文字应用教学所触及的语音的、字形的、语汇的、语法的、修辞的乃至逻辑的等诸多有一定的内在关联的知识有机地结合起来、联系起来进行教学，以适应掌握语言文字应用部分知识的实际需要。因为语言文字应用涉及的许多知识往往是融汇交错在一起的，将这些有融汇交错关系的知识（特别是语法、修辞、逻辑等知识）结合起来、联系起来进行教学，一是非常有助于从更广阔的背景上讲清楚问题，二是也非常便于学生明确到底应该怎样运用语言去表情达意，以便提高其语言文字应用的综合能力。

比方说鲁迅有一篇文章，名字叫《魏晋风度及文章与药及酒之关系》。教师在语法部分讲到连词“与”与“及”时，完全可以联系诸如此类的语文用例去讲授，去作与语文教学相联系、与相关知识相联系的讲授。如“魏晋风度及文章与药及酒之关系”这一语言片段所表示的事物间的逻辑层次关系如下：

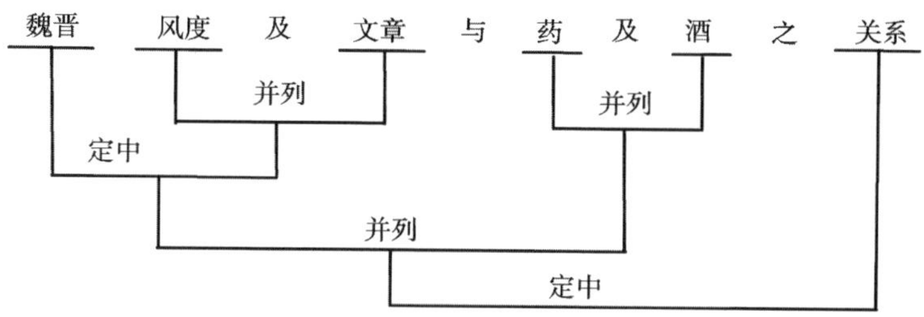

这当中的连词“与”与“及”，分别清楚而明白地表达了作者想要表达的事物间的逻辑层次关系。这两个连词“与”与“及”在本句中可以互换位置而意义及所要表达的逻辑层次关系不变，说明了这两个词在语法上、语义上、语用上的共性。但若将这两者都换成其中的一个，即一律用“与”或一律用“及”，虽语法上没什么大问题，但语义上却表现不出原句想要表现出的语义。若都换成与“与”“及”相关的连词“和”，也会出现语义不同于原句所表达的语义这种情况。倘若再把这个语言片段中所涉及的“及”“与”“及”三处连词分别换成“与”“及”“和”等，也还会出现语义不同于原句所表达的语义这种情况。可见，讲语法，要真正地说清楚问题以指导语言应用实践，不联系语义与语用，也包括不联系逻辑，有时不仅不一定适用或者说是管用，甚至极可能是讲不清楚问题的。同理，讲其他并列连词如“和”“以及”等，若仅仅从语法上阐明二者是表示并列关系的连词，以及理论上的每个并列连词连接的两头事物的地位是相等的之类的讲解，而不能联系语用实际、联系社会语言文字生活的实际去向学生讲解，同样也既说不清楚问题，又在指导学生的语言实际应用上效果不一定会很好。因为现实生活中，像“参加本次会议的有省长、副省长、各市市长以及有关方面的群众代表”之类的用法比比皆是，屡见不鲜。而这种表述中的“以及”后面所连接的“有关方面的群众代表”，从社会实际地位上讲，显然是与“以及”前面的

“省长、副省长、各市市长”不在一个层级上。这种种状况从一个侧面说明，在教学方法上将语言文字应用部分的教学与相关方面的语文教学及社会语言文字生活相融合，与所触及的与之有一定的内在关联的相关内容联系起来进行教学，还是很有必要的。

语言文字应用部分内容的教学，不管在教学方法上与语言文字在语文教学中、在社会语言文字生活中的语境相联系也好，还是将之与其具有内在联系的语言文字其他诸方面知识相联系也好，最终都是要达到活教的目的，达到吕叔湘先生当年所说的“要让学生看到的不是或者不仅仅是标本室里的动物标本，而是动物园里的飞禽走兽，看它们怎样在那里活动”① 之目的。这样教学，不仅会增强教学的适用性，加深学生对知识的实际应用状况与应用方式等的理解，增强学生的语言文字实际应用能力，而且有助于教与学的双方从当下部分地存在着的一些甩开语文教材、注重对有关内容的漫无边际的课外训练的桎梏中解脱出来，提高语言文字应用部分内容的教学的实际教学效果。

当然，教师要想使自己的相关方面的语言文字应用内容教学教得活，教得易懂、适用，必须要注意加强有关语言文字应用教学方法方面的研究与积累，切实提高自己的相关方面的能力与素养。这样，才有可能真正地实现活教，教起来也才可能真正地得心应手。

参考文献

［1］本社：《张志公语言和语文教育思想研讨会论文选集》，语文出版社 1993 年版。

［2］黄岳洲：《语言文学与教学新论》，陕西人民教育出版社 1997 年版。

［3］吕叔湘：《吕叔湘全集（第七卷）》，辽宁教育出版社 2002 年版。

［4］盛炎：《语言教学原理》，重庆出版社 1990 年版。

［5］史锡尧：《语法·语义·语用》，人民教育出版社 1999 年版。

---

① 吕叔湘：《怎样跟中学生讲语法》，吕叔湘：《吕叔湘全集（第七卷）》，辽宁教育出版社 2002 年版，第 167 页。

［6］于全有：《语言本质理论的哲学重建》，中国社会科学出版社 2011 年版。

［7］庄文中：《中学语言教学研究》，广东教育出版社 1999 年版。

（原刊《辽宁教育》2012 年第 5 期，第一作者）

回归语文本真
——兼谈语言学习*

多年参与高考语文阅卷及中小学语文教师继续教育等工作，耳闻目睹了不少学生作文语言运用中的假大空套话及不得要领地追求华丽的词藻堆砌等情况。几年前，报刊上曾披露过这样一个案例：一位语文教师在一篇学生作文的评语中，在肯定这是一篇写得很不错的文章的同时，认为该文章存在的一个重要的不足是“可惜成语使用得太少”。尽管上述状况的存在并不能代表目前整个语文教学情况的全部，却也在一定程度上反映了目前语文教学存在的一些与语文的实质相关联的、引人思索的实际问题。

语文到底是什么，不同的学人对此曾有过不同的理解，出现过语言文字说、书面语口语说、语言文学说、语言文章说、语言文化说等种种不同的认识。不管不同的学人对此曾有过怎样的不同的认识与理解，就语文的本质而言，今日之语文作为与政治、历史、地理、思想品德等学科与课程相并立的一门学科与课程，已不是历史上科目混沌未分时期的语文，语言问题（包括语言和言语）始终应该是语文的主要内容与核心。这也是今日之语文区别于历史上一些科目内容尚未分立时期的传统语文，区别于今日与之并立的政治、历史、地理、思想品德等学科与课程，并使其成为今日之语文的根本所在。因为一是今日之语文毕竟已不同于历史上一些科目内容尚未分立时期的传统语文，传统的“文以载道”的内涵有时代性，不能不加区分地总拿历史上一些科目内容尚未分立时期的

---

* 本文是笔者应邀为《课外语文》杂志所写的卷首语。收入本书时，个别词语有改动。

传统语文课的“文以载道”内涵，来笼统地比附、要求今日的语文课；二是曾经出现的种种对语文内涵的理解，究其实质，核心主要是语言问题：语言文字说也好，书面语口语说也好，说到底，都属于语言问题；文学是语言的艺术，文章实际上也是语言的架构，因而，语言文学说也好，语言文章说也好，主要还是语言问题；语言本身虽然也是一种文化，但从语言的职能上看，语言主要是文化的载体而不同于文化的本身，语言的运用须是要承载一定的文化的运用，但是它跟文化毕竟还是有区别的两个不同层面的东西，今日的语文课毕竟不是也不该是或不应该混同是文化课，尽管语文要涉及文化。所以，语言文化说说到底，主要的也还是语言问题。

语言实质上是人类实践活动的音义结合的表现符号。其中，人类的社会实践活动是语言的底层本质，表现是语言的核心本质，符号是语言的特殊本质，三者有机地联系在一起。学习与掌握语言的目的在于运用。而衡量语言运用恰切与否的根本标准，是要看语言的实践表现得体度，也就是看语言在实践中表现其所要表现的对象与内容时得体与否的状况。而语言得不得体，主要又要看其适不适合所要表达的题旨与情境（语境）。在语言的运用上，没有放到哪儿一定都是绝对好的那样的语言，也没有放到哪儿一定都是绝对不好的那样的语言。语言运用得好与不好，只有得体与不得体之别，或者说是适不适合所要表现的题旨与情境之别，而并不在于一定要有多少华丽的词藻及不适切的假大空套话，甚至也不在于语言一定要完完全全地合乎生活的本真才好，更不在于是否用了多少成语之类的词语了。大文豪鲁迅先生一生著述等身，其作品中所使用的语汇也不过几千个，也很难见到其作品语言中有多少华丽的词藻。其语言运用的功夫与功力，完全体现在其寻常词语艺术、得体地运用中。鲁迅当年在其《立论》一文中，曾通过一个课堂上教学生如何立论的先生之口，讲述了一个与语言如何得体地运用密切相关的很经典的例子：说的是一家人家生了一个男孩儿，全家高兴透了。满月的时候，抱出来给客人看，自然是想得到一点儿好兆头。来客中的一个人说“这孩子将来要发财的”，他于是得到了一番感谢；又一个人说“这孩子将来要做官的”，他于是收回了几句恭维；还有一个人说“这孩子将来是要死的”，他于是得到一顿大家合力的痛打。这个故事里面存在的令人深思的东西是：前两个人说话不一定合乎这个孩子将来成长的实际，带有夸着说的“许谎”的成分，但却因合乎这种喜贺的情境及相应的国人的文化心理，令主人高兴，取得了比较好的语用效果与交际效果；第三个人说的话则是完全合乎人终有一死的客观规律的，是句大实话、真话，但却由于不合乎这种喜贺新生儿的情境及相应的国人的文化心理，遭到在场的人们的一顿痛打，取得了很不好的语用效果与交际效果。而语言运用得要得体，不但需要适合一定的内容与一定的时间、地点，而且需要适合一定的对象。清都散客的《笑赞》中有一个笑话说，从前有个秀才在买柴火时对卖柴火的农夫说：“荷薪者过来!”（意即挑柴火的，过来）卖柴火的人根本没听懂“荷薪者”为何意，因听得懂“过来”两个字的意思，于是试着把柴火挑到了秀才跟前。秀才接着问：“其价几何?”（意即你的柴火怎么个价钱呀?）卖柴火的人仍没太听懂，但因听得懂“价”这个字的意思，于是就又对秀才说了柴火的价钱。秀才接着又说：“外实而内虚，烟多而焰少，请损之。”（意即你的柴火外表挺好里头并不好，烧起来会浓烟多而火焰小，请降些价钱）此时，听不懂秀才话的卖柴火人挑起柴火就走了。上述例证说明，语言应用得得体与不得体，不在于使用者所使用的言辞是否辞采文雅与华丽，也不在于言语的表达一定都要与生活的真实状况完全相合，而是要看其适不适合所要表达的具体题旨与情境：适合就合适，不适合就不合适；适合，语句平常的表达也很合适，艺术真实也很合适；不适合，即使是辞采文雅华丽、很是符合生活真实，也不一定能有好的表达效果。而这一切的把握，只能依据语言表达的实践表现度状况而定。至于曹雪芹《红楼梦》第七回中写贾府的下人焦大醉酒骂人时所说的“再说别的，咱们红刀子进去白刀子出来”之描写，则完全没有必要像有人所理解的那样需要改为正常的“再说别的，咱们白刀子进去红刀子出来”。因为前者的写法恰恰非常适合醉酒人说话颠三倒四的情形与口吻，恰恰属于是非常适切的、很得体的也是很高明的写法。若改为后者的所谓正常的说法，就不是醉酒之人颠三倒四的说话情形与口吻了，反倒是不得体、也不合适了。

要想提高自己的语言运用水平，需要伸开两手一起抓：一手伸向书本，抓理性规律，即从前人已有的相关理论总结中汲取相关的理论营养，以指导自己的语言实践，避免语言学习运用上的盲目与盲从；一手伸向生活，抓实践素材，即从生活的源头活水中体味鲜活的实践素材、语用典例，吸收其精粹，以为相关的语言运用实践服务，避免语言学习运用上的空乏与干瘪。这两手都要抓，这两手都要硬。语言教学亦同此理。没有理性规律支撑的语言教学与运用，是失魂落魄的语言教学与运用；没有实践生活积淀的语言教学与运用，是浮寄孤悬的语言教学与运用；二者皆失的语言教学与运用，是徒有其名的语言教学与运用。

窃以为，上述问题是今日之语文教研、语文改革，包括语文学习，须要认真研究与思索的东西。

语文必须回归到语文应有的本真状态。

（原刊《课外语文》2012 年第 12 期）

规 范 篇

语言逻辑生态中的常见负向度存在

引　言

关于语言的逻辑生态问题，主要涉及以下三个层次的语言存在：

1. 合乎一般逻辑、同时也合乎语言自身应用逻辑的正常语言存在。这是语言逻辑生态中合乎规范的正向度存在。如“长城是中华民族古老文明的象征”等。

2. 不合乎一般逻辑，同时也不合乎语言自身应用逻辑的非正常语言存在。这是语言逻辑生态中不合乎规范的负向度存在。如“南北大路东西走”等。

3. 不合乎一般逻辑，但却部分地合乎语言自身运用逻辑的常见的语言存在。这是一种非常特殊的语言存在：一方面，它不合乎一般的逻辑，在语言的逻辑生态上呈负向度存在的特征；另一方面，它却又在一定程度上合乎语言自身运用的逻辑，尤其是合乎修辞上、语用上的逻辑规律，使它在语言的逻辑生态上又一定程度地呈现出正向度存在的特征。它在我们的语言生活中一直被大量地使用着。如“吃食堂”“有的人死了，他还活着”等。我们权且先把其暂称为“语言逻辑生态中常见的负向度存在”。

毫无疑问，我们在日常语言生活中所用、所见的许许多多的语言现象，大都是上述第一层次合乎逻辑、合乎规范的、正向度的语言存在，第二层次的语言存在是不合逻辑、不合规范、需要摒弃的负向度的语言存在，这是毋庸置疑的，无须争辩。现在的问题和歧见主要集中在对第三层次的这种“语言逻辑生态中常见的负向度存在”该怎么认识、对待上。实际上，在语言规范化问题上一直主张、坚持的“逻辑上有毛病的某些流行的说法”要从语言中“清除”的主张及其有关的各种看法①，主要就集中在这一层次上。

一

在我们的日常语言生活中，你若留心观察、思索，会发现许多似是而非、不合乎一般逻辑，但却已习非成是、习惯成自然的语言逻辑生态上的负向度的存在。

（一）汉语中有许多我们已经习以为常的、形形色色的用语，细究起来都不合一般的逻辑。

汉语中有许多常用的语句在语义的组配上都不合一般的逻辑。例如，“未婚妻”的说法就不合一般的逻辑：既然是“未婚”，怎么能称“妻”呢？“未婚夫”的说法也同样不合一般的逻辑：既然是“未婚”，又怎么能称“夫”呢？“还俗的和尚”不合一般的逻辑：既然已“还俗”了，怎么还能称其为“和尚”？“打扫卫生”不合一般的逻辑：应该是“打扫”脏而讲究“卫生”，怎么把“卫生”给打扫走了呢？“恢复疲劳”不合一般的逻辑：“恢复”的应该是体力、精神等，怎么把“疲劳”给恢复过来了呢？明明是要“灭火”，我们却叫“救火”；明明是“去病”，我们却叫“养病”；明明是“死前”，我们却叫“生前”；明明是卖了东西后的“进钱额”，我们却叫“卖钱额”；明明是“小疙瘩”（指排行最小的孩子），我们却叫“老疙瘩”；明明是给已死去而不再有任何长“寿”之“寿”命的死者用的衣服、棺材，我们却分别称为“寿衣”“寿材”，实际上恰恰应是“死衣”“死材”。有人把去饭店吃饭叫“吃馆子”，“馆子”怎么能被“吃”了？有人把去食堂吃饭叫“吃食堂”，这“食堂”怎么也能被“吃”了？有人把去饭店大吃叫“吃大盘子”，“大盘子”同

① 有关这方面内容类似的认识比较多，可参阅的材料也比较多。较常见的，可参阅黄伯荣、廖序东主编的《现代汉语》上册，修订版，甘肃人民出版社 1983 年版，第 13 页；增订版，高等教育出版社 1991 年版，第 17 页；增订二版，高等教育出版社 1997 年版，第 15 页；增订三版，高等教育出版社 2002 年版，第 15 页。

样也怎么能被“吃”了呢？有人把用大碗吃东西叫“吃大碗”，这“大碗”也同样又怎么能被“吃”了呢？其他诸如“吃床腿”“吃小灶”“吃老人”等中的“床腿”“小灶”“老人”，逻辑上亦同样无法被“吃”。我们把用烟斗抽烟叫“抽烟斗”，明明抽的是烟丝，怎么能“抽”烟斗？明明是在大街上“骂人”，我们却叫“骂大街”，“骂”的指向怎么能是“大街”呢？同样，明明是用毛笔写字，我们却叫“写毛笔”，怎么能“写”毛笔呢？明明是出租车按月包拉雇主，我们却叫“包拉月”，这“包拉”的又怎么能是“月”呢？本是我们要让医生看看我们有没有病，我们却叫“看医生”，到底是谁看谁呢？本是我们要用镜子照我们，我们却叫“照镜子”，这到底又是谁照谁呢？也同样，“晒太阳”是太阳晒别的东西，而不是“晒”的对象是太阳，我们却偏偏叫“晒太阳”，这又到底是谁晒谁呢？又如“虾皮儿”并不是虾的皮儿，而是毛虾干儿，但却不叫“毛虾干儿”，而叫“虾皮儿”；“肉夹馍”并不是外面是肉，内夹着馍，而恰恰是外面是馍、内夹着肉的“馍夹肉”，但却不叫“馍夹肉”，而叫“肉夹馍”；“糖精”也并不是糖中提炼出的精华，而恰恰是由与煤焦油相关的苯酐为主要原料而制成的有机化合物，但却不叫“煤焦油精”“苯酐精”，而叫“糖精”；“铅笔”也并不是用铅做成的笔；而是用黏土加石墨做成的笔，但却不叫“黏土笔”“石墨笔”，而叫“铅笔”；“干啤”并不是“干的啤酒”，而是“不甜的（dry）啤酒”；“傻瓜相机”也并不是“傻瓜的相机”，而恰恰是“防傻的相机（foolproof）”，是真正的聪明的相机。“熊猫”并不是像熊一样的猫，而恰恰是像猫一样的熊，原本叫“猫熊”，20 世纪 50 年代初重庆北碚博物馆首展这种动物时，标牌上本来是由左至右横书“猫熊”，但却因许多参观者受旧读从右至左习惯的影响，讹误为“熊猫”而流传开来；“海马”并不是马，而是一种鱼；“甲鱼”“鳄鱼”“鲸鱼”也都并不是鱼，而分别是鳖及海中哺乳动物。“湖广”并不是“湖南/湖北和广东/广西”，而是“湖南和湖北”；“钢精”并不是钢，而是用于制作日用器具的铝；“北京时间”也并不是“北京”的时间，而是我们国家的中心原点西安的时间，我们是以我们国家的中心原点西安的时间作为东八区代表的北京的时间；“阿拉伯数字”也并不是阿拉伯人创制的，而是印度人创制的。“念（读）小学”“念（读）中学”“念（读）大学”中，“念（读）”的其实也并不是作为场所的“小学”“中学”“大学”，而分别是“小学”阶段课程的书、“中学”阶段课程的书、“大学”阶段课程的书。同样，“念（读）研究生”也并不是“念（读）”作为人的“研究生”，而是“念（读）”研究生阶段课程的书。汉语的词语中，“好容易（来一回）”的意思等于“好不容易（来一回）”；“难免犯错误”的意思等于“难免不犯错误”；“差点儿迟到”的意思等于“差点儿没迟到”；“把东西放在地上”的意思等于“把东西放在地下”；“你想死我了”的意思则等于“我想死你了”。汉语的句子中，“好小子，看我不揍你!”表示的意思并不是“你是好样儿的，我不揍你”，却恰恰是“坏小子，我要揍你!”；“胜”和“败”本来是反义词，在具体语句中，“中国队大胜日本队”表示的意思是中国队胜了，日本队败了，但若把“胜”换成反义词“败”，即“中国队大败日本队”，表示的意思却还是中国队胜了，日本队败了。这种不合一般的逻辑的情况在我们的汉语中比比皆是，不胜枚举。

对于这种状况，不独一些习焉未察的一般国人对之感到惊讶不已，就连一些搞了一辈子中文专业的老同志，有时也难免会对之感叹不已。难怪一些初学汉语的外国留学生，有时会对汉语中的一些说法迷惑不解，发出“Oh，Chinese is very strange.”（啊，汉语太奇怪了!）的慨叹来。

其实，上述这些汉语中的不合一般的逻辑的语言现象所揭示的，不过是汉语的语言逻辑生态中常见的负向度存在的冰山一角。汉语的语言逻辑生态中的这种负向度存在，更多地存在于汉语的书面语或口语的修辞语用中。

请看下面的用例：

[1] 大约孔乙己的确死了。（鲁迅《孔乙己》）

[2] 杨先生是上海人，杨太太是天津人，杨二太太是苏州人。一位先生，两位太太，南腔北调的生了不知有多少孩子。（老舍《骆驼祥子》）

[3] 杨大爷（喝了一杯）不错，不错，正是这种酒。（再喝一杯）啊，凤，你不但聪明，而且多情。

刘芸仙（学着）不但多情，而且是个大混蛋。（田汉《名优之死》）

［4］在从前的年代，四方台向来没有人上去过，上去的人就从来没有回来的。（曲波《林海雪原》）

［5］刘思佳聪明的地方是在工作上不让人抓一点差错，是老工人对他也很赏识，造成了他在运输队里的特殊地位：不是干部的干部，不是队长的队长。（蒋子龙《赤橙黄绿青蓝紫》）

［6］他的世界，又小又宽广，他的路径，又短又漫长。（方敬《图书管理员》）

［7］如此靠近却又如此遥远。（几米《向左走·向右走》）

［8］在中国有这样一种生物谜语：

①叫虫不是虫，是虫不叫虫。

②叫鱼不是鱼，是鱼不叫鱼。

③叫马不是马，是马不叫马。

④叫鼠不是鼠，是鼠不叫鼠。

⑤叫狗不是狗，是狗不叫狗。

谜底是：

叫虫不是虫——鼻涕虫

是虫不叫虫——蚕

叫鱼不是鱼——鱿鱼

是鱼不叫鱼——泥鳅

叫马不是马——海马

是马不叫马——马肃马霜

叫鼠不是鼠——海老鼠

是鼠不叫鼠——耗子

叫狗不是狗——鱼狗

是狗不叫狗——犬（王希杰《这就是汉语》）

［9］中国少年儿童，喜欢彼此逗趣，如此地一问一答地闹着玩儿：

什么球不能踢？　地球！

什么马不能骑？　木马！

什么饼不能吃？　铁饼！

什么斗不量米？　熨斗！

什么耳听不见？　木耳！
什么米不是米？　虾米！
什么山不是山？　人山！
什么海没有水？　火海！
什么花不结果？　灯花！
什么腿不走路？　床腿！（王希杰《这就是汉语》）

例［1］中的“大约”“的确”是一个不合一般语言逻辑生态的矛盾修辞，例［2］中的“南腔北调的生了不知有多少孩子”是一个悖逆一般语言逻辑语序的修辞形式，例［3］中的“不但多情”和“而且是个大混蛋”构成的是一个不合惯常表示递进关系语句的内在逻辑要求的修辞形式，例［4］中的“向来没有人上去过”和“上去的人”构成的也是一个不合一般语言逻辑生态的矛盾修辞，例［5］中的“不是干部的干部”“不是队长的队长”和例［6］中的“又小又宽广”“又短又漫长”以及例［7］中的“如此靠近却又如此遥远”也都跟例［4］一样，构成的也分别都是一个不合一般语言逻辑生态的矛盾修辞。例［8］、例［9］所揭示的，也都是我们的现实语言生活中常见的一些名实不符的不合一般的逻辑的语言现象。上述这些现象，作为一种语言逻辑生态中的负向度存在，在我们的语言生活中不仅是大量存在的，而且为我们所经常使用。甚至有的一些用法我们若没有一定的语言敏感，不特别注意思索，往往对其中所存在的逻辑问题已习焉不察、习惯成自然了。

（二）语言中的这种似是而非、不合一般的逻辑的现象不仅在汉语中存在，在其他语言中也大量地存在着，是一种相对比较常见的、带有一定的共性特征的比较普遍的语言现象，尽管所反映出来的方式在语言的民族性上可能会有所不同。

英语中就大量地存在着这种现象。如“eat one’s words”并不是字面上的“食言”之义（英语中的“食言”常用“go back on one’s word”“break one’s promise”等来表示），而是指“承认错误”；“good and bad”并不是字面上的“又好又坏”之义，而是指“非常坏”（“good and”是惯用的强意结构，相当于“非常”“真正”等义）；“dear John letter”也并不是字面上的“亲爱的约翰信件”，而是指“绝交信”；“feel like a million dollars”也同样并不是字面上的“感觉像百万美元”，而是指“觉得身体好极了，感到精神很好”。这种不合一般的逻辑的语言现象在英语中也很常见，不一而足。

日语中也同样存在着这种现象。“トイレを流す”本是“冲（厕所中的）便器”的意思，但这句话的字面意思却是“冲洗整个厕所”；“鍵をかけます”本是“锁门”的意思，但这句话的字面意思却是“锁钥匙”，而不是“锁锁头”；“何もありませんが、どうぞ召し上がってください”本是“虽然什么都没有，但还是请您进餐吧”的意思，虽然这本是一句客气话，但细分析起来还是不合逻辑：既然什么都没有，那还让客人吃什么呢？“お姉さん”本是“姐姐”的意思，但日本人不但用它来称呼与自己同辈且长于自己的女性，而且用来称呼与自己的母亲同辈的女性。这种现象在日语中也比较常见，不一而足。

限于篇幅，这里不再对这类语言现象作过多的涉及。

二

从前文的有关论述中，我们已经可以比较清楚地看到，语言逻辑生态中常见的负向度存在，并不是一种极个别、极特殊的语言存在，而是一种相对比较常见的、带有一定的共性特征的、比较普遍的语言存在。无论是从受众现实的接受面、使用频度，还是从语言规范的约定俗成原则、柔性原则等方面看，如果我们没经过深入、细致的综合分析、综合考量，仅凭单向的因而也是单方面的不合一般逻辑的“实证”，就对其作出不符合语言规范的“证伪”的判断，这样对问题的处理，显然有点儿过于轻率、过于简单化了。黑格尔（Georg Wilhelm Friedrich Hegel，1770－1831）有句名言：“合理的就是现实的，现实的就是合理的。”① 如

① 黑格尔：《法哲学原理·序言》，范扬、张企泰译，商务印书馆1961年版，第11页。该书对这句话的原译形式是：凡是合乎理性的东西都是现实的；凡是现实的东西都是合乎理性的。这里，我们采用北京大学哲学系外国哲学史教研室编译的《西方哲学原著选读（下卷）》中的译法（商务印书馆2002年版，第441页）。需要说明的是，另有相当一部分人都把黑格尔的这句话不甚恰切地、部分地理解、引申为“存在就是合理的”或“存在即合理”，我们认为这是不甚妥当的。

果汲取这句话中的合理精神，面对语言逻辑生态中的这种大量的、常用的、活生生的、现实的负向度存在，我们在未经过对问题的深入、细致的综合分析、综合考量前，起码也应该按照中介语理论的基本理念，暂仿法理中的“无罪推定”原则，先对这类语言现象暂作“可能规范”的“无罪推定”，以强化对问题的探讨、探究过程，避免不分青红皂白“一刀切”或一概而论之的简单化的做法。

语言的许多规则其实都是在先有了言语事实后，人们研究、总结出来的，一如索绪尔所说的“言语的事实总是在前的”[①]。语言实际上是规则性与非规则性、逻辑性与非逻辑性、系统性与非系统性的辩证统一。对于语言中大量存在的这类似是而非的语言现象，我们并不能简单地、不加分析地仅依据一般的逻辑规律就轻易地去否定它们。一方面，我们强调在语言运用时应该遵循一般的逻辑规律，不要违反逻辑；另一方面，对我们语言中已经被大家相沿习用，表意上大家都很清楚、明白的一些所谓的“不合逻辑”的似是而非的语言现象，应从语言运用最基本的准则——语言的实践表现得体程度准则去对其作出相应的认识与评价。因为语言运用的规范与否，归根结底还是要看语言的实践表现是否得体或到位，是否能表义清楚、不产生歧解、为大众约定俗成的社会习惯所接受。一种语言运用形式假如能不背离这种基本状态的话，就不宜简单地、不加区别地、轻易地用一般的逻辑规律来否定其存在的合理性。

（原刊《语言文学论丛2》，2005年）

① 费尔迪南·德·索绪尔：《普通语言学教程》，高名凯译，商务印书馆1980年版，第41页。

“他（她）”与“他（她）们”用法的规范问题

在现代汉语中，作为第三人称代词，“他”“她”“他们”“她们”的用法本来是有严格区分的：“他”通常用于称自己和对方以外的某个人，既可以专指男性，也可以泛指男性或女性；“她”通常用于称自己和对方以外的某个女性；“他们”通常用于称自己和对方以外的若干人，既可以专指男性的若干人，也可以泛指含有男性和女性在内的若干人；“她们”通常用于称自己和对方以外的若干女性。

然而，在现今的许多报纸杂志中，我们却常常可以见到这样一种语言运用现象：在表示可能是男性或女性的第三人称单数及可能含有男性和女性的第三人称复数时，不时会出现使用了“他（她）”及“他（她）们”形式的表述状况。例如：

［1］一部好的作品，如同有生命的人一样，他首先应当是健康的，体内没有致命的疾病和毒素。……至于他（她）最惹人爱处是眼睛、鼻子、嘴唇，还是秀发、纤指和胡须，那就是细节的魅力了。（韩作荣《答龙源期刊网》，《人民文学》2005 年第 10 期）

［2］当选手以精彩的表演结束比赛，他（她）会扑向谁？会拥抱谁？（《金牌后面的手》，《今晚报》2005 年 11 月 28 日第 19 版）

［3］中国电影诞生已经百年了，电影界正在隆重纪念。电影与中国百姓可谓“血肉相连”，不管你生在哪个年代，也不管你是城里人还是乡下人，几乎每个人都有自己看过而忘不掉的电影，都有你喜欢的或者知道他（她）的名字或者只认得他（她）的模样的电影

演员。（《不该忘记的两颗星》，《大众日报》2005 年 11 月 17 日第 12 版）

［4］在安阳市北郊农村，有一对呆在小黑屋里、“自愿”隔绝人世 6 年之久的兄妹俩，在社会各界的帮助下，兄妹俩第一次出来“玩”了一天，满以为他（她）们从此会走出黑暗世界，没想到，兄妹俩认为这事太丢人现眼，又回到“家”里。

他（她）们在当地一时成为头号新闻，人们纷纷前往慰问，可是他（她）们像高贵的“公主”、“王子”，并不是那么容易见到的。不论你地位多高，官职多大，来到他（她）们家门口，都显得那样“渺小”。想给你个面子，见你；不想给你面子，你堵在门口，等得心焦也无济于事。

他们躲在小屋里 6 年之久的根本原因是什么？他们在小屋里 6 年是怎样渡过的？他们的现状怎么样？他（她）们今后的出路在哪里，会不会走出小屋？……（《走不出小黑屋的兄妹》《辽宁日报》1998 年 6 月 12 日）

笔者认为，上述例子中的“他（她）”与“他（她）们”的用法都是不规范的，其规范、正确的用法应相应地分别是“他”与“他们”。

在现代汉语中，“他”除了可以专指自己和对方以外的某个男人，有时也可用于泛指男人或女人。也就是说，“他”在泛指时，本身就可以包括“她”在内的，而不必用似乎是泛指时的“他”本身包括不了“她”似的这种“他（她）”的形式来补充、强调“她”义的在场。同样，“他们”除了可以专指自己和对方以外的若干男人，有时也可以用于泛指男人和女人在内的若干人，亦即“他们”本身就可以包括“她们”在内的，而不必再用似乎泛指时的“他们”本身包括不了“她们”似的这种“他（她）们”的形式来补充、强调“她们”义的在场。这种由表示男性（雄性）的词语可以泛涵女性（雌性）的类似状况，在汉语中的存在比比皆是。如“先生”一词，既可指男性，也可指女性（如“冰心先生”“庆龄先生”）；“兄”既可指男性，也可指女性（如“广平兄”）；“难兄难弟”既可指男性，也可指女性；“雄风”既可指男性，也可以指女性（如“中国女排再振雄风”）等。

语言中能表示男性（雄性）的一些词语也可以泛涵女性（雌性）的这种语言表现状况，是人类语言中的一种带有共性特征的普遍语言现象，并非汉语所独有的一种特殊的语言现象。现代语言学中有一个源于布拉格学派的著名的语言理论——标志理论（theory of markedness），它所说的一个很重要的内容，就是上述这种在人类语言中带有共性特征的普遍语言状况。如英语中的“he”不仅可指男性，也可泛指含女性在内的某种人［女权运动者一度曾使用的类似于汉语中“他（她）”式的“s/he”类的用法，其实也完全没有必要］。又如英语中的“man”既可指男性，也可指含有女性在内的人。如“Man is a tool – making animal”（人是一种能够制造工具的动物）中，“man”就不仅可指男人，也可以指涵盖男人和女人在内的人。

（原刊《语文月刊》2006 年第 4 期）

关于“阿Q”读音的规范化问题

关于“阿Q”的读音，目前社会上主要有两种流行的读法：一是读为“Ā Kiū”，二是读为“Ā Qiū”。过去中国社会科学院语言研究所词典编辑室编的《现代汉语词典》在对该词注音时，一直明确标注为“Ā Qiū”，又“Ā Kiū”①。“阿Q”作为鲁迅笔下的一位家喻户晓的典型人物，其名称到底是该读作“Ā Kiū”，还是该读作“Ā Qiū”？抑或二者是在同一字形的、同一个人物名称上共存？本文拟从语音规范化的角度，谈谈个人的看法。

一

从语音规范化的角度上看，“阿Q”作为一个享有很高知名度的表义单一的专有人物名称，一会儿你称他为“Ā Qiū”，一会儿我又叫他为“Ā Kiū”，从理性上说，这跟专有名词语音规范化的惯常原则要求是不相称的。同时，“阿Q”作为一个专有名称，让表示同一意义的两种不同的读音并存于同一形式中，不仅会造成专有名称的称谓非专一化，而且从掌握语言的角度上看，也不符合经济原则。

理解把握“阿Q”实际读音的关键，是对“Q”这个字母称说时，到

① 本文收入本书时补注：近年来再版的中国社会科学院语言研究所词典编辑室编的《现代汉语词典》及李行健主编的《现代汉语规范词典》等工具书中，“阿Q”的读音标注只标注了“阿”音而不再标注“Q”的读音。这实际上牵涉不少需要研究、思考的问题。关于对“阿Q”中的“Q”读音现今相关工具书中不标音问题的看法，参阅本书中的《字母词语收录词典需要注意规范的若干问题》一文。

底该读什么音。

拉丁字母"Q"在不同的民族语言中有不同的字母称说名称。在英语中"Q"的字母名称为［kju:］，用汉语拼音习惯上往往记为"Kiū"；在汉语中，作为汉语拼音字母的"Q"，它的字母称说名称习惯上往往记为"Qiū"（字母称说名称不同于呼读音）。在实际语言生活中，"阿Q"之所以会出现"Ā Kiū"和"Ā Qiū"两种不同的读音，正是由于在"Q"这个字母的读音上，有人依据英文字母音读，有人依据汉语拼音字母称说音读而造成的结果。

作为一种语言中的一个具体的词语，专有名词"阿Q"的读音长期让其含有分属于不同语言的英汉两种读音于一体，显然有悖于惯常的语言规律。理想的、规范的称谓形式，应该是让"Ā Qiū"和"Ā Kiū"这两个音二者居其一。

二

比较而言，我们认为，"阿Q"的规范性读音还是应该选择人们惯常所用的"Ā Kiū"音为宜。其理由如下：

1. 从"阿Q"这个人物的名称产生的原始背景上看，该典型人物的塑造者鲁迅先生当年在《阿Q正传·序》中对此曾有过明确的交代：

> 我又不知道阿Q的名字是怎么写的。他活着的时候，人都叫他阿Quei，……我曾经仔细想：阿Quei，阿桂还是阿贵呢？倘使他号叫月亭，或者在八月间做过生日，那一定是阿桂了。而他既没有号——也许有号，只是没有人知道他，——又未尝散过生日征文的帖子：写作阿桂，是武断的。又倘若他有一位老兄或令弟叫阿富，那一定是阿贵了；而他又只是一个人：写作阿贵，也没有佐证的。其余音Quei的偏僻字样，更加凑不上了。先前，我也曾问过赵太爷的儿子茂才先生，谁料博雅如此公，竟也茫然，但据结论说，是因为陈独秀办了《新青年》提倡洋字，所以国粹沦亡，无可查考了。我的最后的手段，只有托一个同乡去查阿Q犯事的案卷，八个月之后才有回信，说案卷里并无与阿Quei的声音相近的人。我虽不知道是真没有，还是没有查，然

> 而也再没有别的方法了。生怕注音字母还未通行，只好用了“洋字”，照英国流行的拼法写他为阿 Quei，略作阿 Q。

鲁迅先生对“阿 Q”名称的上述交代，已经明白地告诉我们：“阿 Q”姓名的由来是“用了‘洋字’，照英国流行的拼法写他为阿 Quei，略作阿 Q”，即“阿 Q”中的“Q”，本是借自英文字母中的“Q”。实际上，鲁迅先生所讲的“Quei”，极可能是其用英文拼的吴方言音。因为一是吴方言中，可能当时有人将古见母字发送气音，就像广州人念“规”为“k‘uei”一样，将英文 qu 音读为 kw 音；二是吴方言有浊音，也可能有人将 qu 音读为 gw 音（古见母字与 i、ü 相拼时，北京音用 j、q，方音中可以有 g、k）。因此，这使鲁迅搞不清楚“Quei”音是“桂”还是“贵”，还是其他什么，而只好用了“洋字”，“照英国流行的拼法”而略写为“阿 Q”。

2. 从“阿 Q”的产生时间与构词理据上看，“阿 Q”的“Q”不是后起的汉语拼音字母中的“Q”，即不是后起的汉语拼音字母中的“Q”所发的称说音“Qiū”音。

在“阿 Q”的读音上，目前除了有读“Ā Kiū”的音，之所以还有人读为“Ā Qiū”，究其原因，恐怕多与后起的汉语拼音字母中的“Q”称说名称读音“Qiū”的影响有直接关系（注音字母虽可拼注“Q”音，但注音字母本身却并没有“Q”这种形式的用来注音的字母）。1958 年 2 月我国开始颁布实施的《汉语拼音方案》中的“字母表”里，从拉丁字母中所吸收过来的、作为汉语拼音字母的 26 个字母中，其中就有“Q”字母。该字母在汉语拼音字母中的称说名称为“Qiū”音。大概是受此影响，使一些人把“阿 Q”这个名称中鲁迅先生原本借自英文字母的“Q”（音 Kiū），人为地向汉语拼音字母中的“Q”（音 Qiū）字母称说音靠拢，把“阿 Q”读成了“Ā Qiū”。更有一些人因此而主张“阿 Q”的标准读音应是“Ā Qiū”，因为作为我们汉语拼音中的字母，“汉语拼音字母的称说标准本来只有一个，那就是《汉语拼音方案》字母表中所规定的字母名称。称说字母当然要用字母的名称”①。虽然此话从某种程度上看，好

---

① 奚博先：《关于汉语拼音字母的称说问题》，本社：《汉语拼音论文选》，文字改革出版社 1988 年版，第 92 页。

像也自有它一定的道理，但把它这个在汉语拼音字母中具有一般性意义的音套到原本不是来自汉语拼音字母，而是借自英文字母的“阿 Q”这个特定词语中的“Q”音上，却是完全不合适，实在是对“阿 Q”读音的一种误解。

塑造出“阿 Q”这个典型人物形象的《阿 Q 正传》，最早发表于 1921 年 12 月[①]。从时间上看，“阿 Q”这个名称的出现，远比 1958 年 2 月颁行的《汉语拼音方案》早了三十几年的时间。所以，“阿 Q”中的“Q”音，不可能是当时还远远没有出现的、后起的汉语拼音字母中规定的“Q”的称说音。换一句话说，远在汉语拼音方案中的“Q”字母没出现之前，“阿 Q”的称谓形式就已约定俗成在先。鲁迅先生当年早已在《阿 Q 正传・序》中明确交代了“阿 Q”这个名称的由来是“用了‘洋字’，照英国流行的拼法”而写他为“阿 Q”的，即带有外来成分的“阿 Q”，依其由来本该读为“Ā Kiū”。而从“阿 Q”这个词的构词理据上看，汉字“阿”和外来的英文字母“Q”合在一起构成一词，“Q”音沿用外来的原字母音，一般来说，这也是符合语言的一般构词规律与语言间的不同成分可以相互吸收的基本规律的，而不一定外来成分一定都是本土的音（除别作要求外）。何况，汉语拼音字母中的“Q”称说音还是远在其后几十年才兴起的呢？这后起的汉语拼音字母中的“Q”称说音，就算从语言民族化的理念上讲，可以让它取代“阿 Q”中的“Q”音，但面对鲁迅先生在《阿 Q 正传》开篇即已明确交代的“阿 Q”名称是“用了‘洋字’，照英国流行的拼法”而来的白纸黑字，这还能从逻辑上说得通“Q”它原本是从汉语中来的吗？

3. 从作品所反映的内容的时代及作者创作时的文化背景上看，《阿 Q 正传》所反映的是辛亥革命时期“大约在一九〇五年到一九一一年这几年中我国农村的社会生活”[②]。此时的时代特征决定了《阿 Q 正传》中的“阿 Q”的读音，其“Q”音也不可能是远在其后五十来年的汉语拼音字母中的“Q”称说音；作者在《阿 Q 正传・序》中已明确交代了他在创作本作品时，刚经历了“陈独秀办了《新青年》提倡洋字”的时期，是

① 鲁迅：《鲁迅全集（第一卷），人民文学出版社 1981 年版，第 527 页。

② 鲁迅：《阿 Q 正传》，人民文学出版社 1976 年版，第 107 页。

出于创作的需要，才在“阿 Q”这个人物的名称上“用了‘洋字’”。所以，“阿 Q”这个名称中的“Q”用的是洋字，这不仅在文化背景上与作者当年自身所经历的“提倡洋字”的时代风潮相合，而且从时间上又一次给我们提供了“阿 Q”中的“Q”音不可能会是后起的汉语拼音字母中的“Q”音的佐证。

4. 退一步说，或许有的人会说：语音是发展的，尽管“阿 Q”中的“Q”音从其原始出处上看，应读“Kiū”，但会不会后来随着语音的发展，我们该读为“Ā Qiū”了呢？

尽管我们不好随便断言语音发展的可能性，但就我们目前状况而言，从语音动态发展的角度看，汉语“Q”将来的称说音发展，也仍有趋向于英文字母名称音的走势与可能。早年曾参与过《汉语拼音文字》制订工作的、著名的老一辈语言学家周有光先生 1998 年在纪念汉语拼音方案颁布实施四十周年时，曾明确指出：“方案（指《汉语拼音方案》——笔者注）规定了字母名称，但是没有认真推行。注音字母的名称事实上代替了拼音字母的名称。近年又有用英文字母名称代替的趋势。这是一个先入为主的习惯问题。”[①] 也就是说，即使从语音发展变化的角度让“阿 Q”读为“Ā Qiū”，就目前情况看，从动态发展的角度而言，“阿 Q”的读音的再发展与再演变，也仍有趋向于演变成“Ā Kiū”音的可能。

5. 从语音规范化的基本准则上看，现代汉语普通话语音规范的一个基本准则是要以北京语音为标准音。而现代的北京人对“阿 Q”中的“Q”音又是怎么读的呢？周一民先生在《VCD 该怎么读——谈谈英语字母的普通话读音》一文中证实：目前“Q”音在北京音中读 kiù[②]，并正面主张“作为普通话语音标准的北京语音，当然最有资格成为英语字母汉译音的规范，如果把京音读法作为规范确定下来，有助于从根本上解决当前英语字母汉译音读音混乱的问题”[③]。王均先生在《书〈VCD 该怎

① 周有光：《〈汉语拼音方案〉的制订过程》，《语文建设》1998 年第 4 期，第 11—14 页。

② 笔者认为，“Q”音在北京音中的读音实际上还是记为 kiū 音可能更妥当一些。因为 k 字母仿英文字母音是 kèi，将“Q”音在北京音中读音标为 kiù，可能是受到了 k 仿英文字母读成去声读音的同化影响所致。这里 iu 的音为平声，而汉语音节定调法习惯上有按韵母定调的习惯。

③ 周一民：《VCD 该怎么读——谈谈英语字母的普通话读音》，《语文建设》2000 年第 6 期，第 16 页。

么读〉之后——兼谈汉语拼音的字母名称读音》一文中，肯定了周一民先生的认识与看法①。也就是说，从普通话语音规范化的角度上看，就一些专家的倾向而言，“阿Q”的读音也有趋向于规范为“Ā Kiū”的可能。

综上所述，我们认为，目前“阿Q”的读音不宜让“Ā Qiū”和“Ā Kiū”两音并存，“阿Q”的规范性读音，就目前的相关规范意识而言，应该选择带有拟外来英文字母音形式的“Ā Kiū”音的形式为宜②。

（原刊《辽宁教育行政学院学报》2003年第11期）

① 王均：《书〈VCD该怎么读〉之后——兼谈汉语拼音的字母名称读音》，《语文建设》2000年第6期，第17页。

② 本文收入本书时补注：本文初稿成文于2000年，修改稿于2003年发表后，2004年陆续见到李行健主编的《现代汉语规范词典》及邢东田编的《拯救辞书——规范辨证、质量管窥及学术道德考量》等材料。这里，将笔者于2004年10月9日在读罢这些材料后所记下的一些思考补记于下：2004年陆续见到李行健主编的《现代汉语规范词典》（外语教学与研究出版社、语文出版社2004年1月第1版第1次印刷）中将“阿Q”的读音标注为“ākiū…… ‘Q’取英文字母读法，不读qiū。”的形式，以及由此所引起的一些讨论（可参阅邢东田编《拯救辞书——规范辨证、质量管窥及学术道德考量》，学林出版社2004年版，第211—212页）。对“阿Q”的读音标注为“ākiū”的不同意见主要集中在以下两点上：一是“阿Q”读音标注中的“ɑ”字母是否要大写的问题，二是“Q”的读音标注到底是“kiū”或“Kiū”还是“kiù”或“Kiù”问题。笔者认为，“阿Q”作为一个专有名词，其读音标注中的“ɑ”字母按常规应该大写；“Q”的读音标注还是“Kiū”好（K字母要大写），原因我在上文中已有比较明确的论述。这里需要强调说明的一点是，在讨论“阿Q”的读音标注规范问题上，我们必须要注意到讨论本问题与讨论一般的其他普通词语的读音标注规范问题的两个根本性的不同：一是“阿Q”作为一个专有名词，它的产生有其特定的历史背景，故它的读音标注规范必须要合乎相应的专有名称读音标注规范，即“阿Q”的读音标注中的“ɑ”“k”应分别大写为“A”“K”；二是“阿Q”中的“Q”本是“用了‘洋字’，照英国流行的拼法写”的，故它的读音标注必须要考虑到它的英文读音样式及汉人发此英文读音时可能受到的母语发音习惯的迁移的影响，亦即“Q”的读音标注规范可以“Q”的英语字母音的普通话读音为准。这时“Q”的读音标注，相对规范的标注当为第一声的“Kiū”而不是第四声的“Kiù”，则是考虑到了“Q”的英语字母音汉语普通话译读时“k”音的送气音影响及iu音的平声等因素。至于考虑到“Kiū”的拼合不合普通话的音节结构规律等原因，因而“Q”的读音是否这里就不应该这样标注问题，也不一定不区别具体情况地一概而论：因为“Kiū”的这种拼合本来就是拼合外来音而用、而来的，稍微有些普通话常识的人，当然也不会认为它是现普通话中的音节。“Kiū”不过是我们在拼合外来音时所出现的一种特殊的现象，它的存在，一如普通话中实际存在的一些字母词一样，尽管有些异类，却大可不必不加区分地因此而大惊小怪。因为普通话本身也需要适当地吸收外来词（包括部分地吸收外来词的形、音、义等方式）以为己所用，而语言的规范也有一般、有特殊，也有一定的层次性、柔性或弹性。

关于“XP”的读音问题

2001 年 10 月，微软的新一代产品 Windows XP（分专业版的 Windows XP Professional 和家庭版的 Windows XP Home Edition 两个版本）在规模空前的新产品造势声中闪亮登场。随着 Windows XP 的使用面及影响面的逐渐扩大（包括一些软件公司的搭车追仿），“XP”这个词的社会影响度也随之越来越大，在许多电脑爱好者与使用者那里，几乎已到了耳熟能详的地步。但在“XP”的读音上，目前大家的读法却并不一样：有的读“爱克斯批”，有的读“叉批”，也有极个别的把它读为“希批”。

“XP”本源于英文单词“experience”（体验），是一个产品的代号（现行的 AMD 的 0.13 微米 Athlon 也“非常巧合”地命名为“Athlon XP”，AMD 对这当中的“XP”的解释是源自英文“eXtreme Performance”）。根据“XP”的由来，从理论上说，“XP”在汉语中本应按照英文字母音读为“爱克斯批”。从目前人们对汉语字母词语读音规范的倾向性来看，将“XP”按其所由的英文字母音来读，也符合多数人的习惯与认知。然而，时下人们对“XP”的读音中，又有相当多的一部分人将“XP”读成了“叉批”（另有极个别情况将其读为“希批”），这又该怎样来认识、看待与理解呢？

国人素来有以适合自己民族语言文化特点的特有的方式，来改造新词语以为己所用的习惯。在称说“XP”这个词为“爱克斯批”音上也不例外。现代汉语的词汇有一个很重要的特点是双音节词占据优势，这不仅表现在新出现的词的绝大多数都是双音节词上，而且表现在已有的一些多音节的词或短语随着使用频率的增大，大多会在语言的经济规律的作用下，逐渐地变成双音节词。因此，尽管“XP”按原英文字母音的汉语读音可以表示为“爱克斯批”，事实上也确有相当一批社会公众就这么称呼“XP”，但随着因“XP”系统的广泛应用而带来的“爱克斯批”使用频率的逐步增大，人们便会在其应用中自觉或不自觉地按照语言的经济规律，以自己民族语言文化特有的习惯方式来寻求与之相应的、更为简便、容易掌握的方式来表述之。这样，在语言的经济规律的作用下，在现代汉语词汇双音节化规律的影响、同化下，以及语言的类推机制的作用下，“爱克斯批”的汉语四音节的表述形式便开始部分地、逐步地衍生出用汉语两个音节的“叉批”（个别用“希批”）来表述的形式。应该说，这是很自然的事。

同时，根据认知语言学中的隐喻规律，人们对一个新事物、新现象的认知，通常都是由一个自己相对比较熟悉的、已知事物与说法向新的事物与现象隐喻投射、认知的过程。“XP”一词乍一出现在国人的现实生活中时，尽管有不少国人了解其来历并能依据其由来而正确地将其读为“爱克斯批”，但也有相当一批国人并不熟知其原本来历，但却完全可以根据其熟悉的汉语中的相关情况与说法来投射、认知“XP”。这样，一方面，“XP”会被了解情况的人按英文字母音而读为“爱克斯批”；另一方面，“XP”又会被不甚了解情况的人或是习惯于用汉语中已有的对“X”的称说法的人用“叉”或“希”来称说“X”，从而形成“叉批”或“希批”的读音。这是国人在汉语表述中之所以会出现把“XP”读为“叉批”或“希批”的又一个认知上的原因与根据。也就是说，国人在“XP”的汉语表达中，部分人舍弃“XP”的“爱克斯批”叫法而改用两音节的“叉批”或“希批”，自有其语言发展的普遍规律与汉语自身特有的规律及语言认知规律上的合理性。应该说，这本是一种很正常的社会语言现象。

从语言规范的理据性原则上看，“XP”的规范读音应是“爱克斯批”。这种读法的最大优点，是合乎词语由来的理据。但若是从汉语特有的演变规律及语言规范的习性原则上看，现社会公众中部分地出现“叉批”或“希批”的读法，也有其出现的原因与道理。这种双音节化称谓的最大的优点是简洁、经济。只不过，“叉批”更多地带有非本来意义的俗称的意味（“X”作为一个英文字母，不读“叉”音。“叉”是汉语中对“X”号的一种叫法），缺少称为“爱克斯批”时所具有的较强的理据性;“希批”则是明显地带有汉语拼音字母称说音的味道。这也正是目前在“XP”读音的规范问题上,需要仔细斟酌、讨论的地方。汉语词语发展史上,不乏一些不甚合语言的理据规律而合语言的习性规律的称说方式最终打败了合理据的语言称说方式的现象。从这个意义上说,可以预见的是,即便是汉语中“XP”的读音按语言规范的理据性原则被规范为是“爱克斯批”,其习性规律作用下的双音节化的简便读法在民间社会语言生活中依然会存在。至于“爱克斯批”未来还可能会怎样进一步双音节化,则在尚未取得相对充分的观察、论证前,不宜匆忙轻下结论。

(原刊《辽宁教育行政学院学报》2008 年第 1 期)

也谈日语词“骚音”的引进

熟知日语的人都知道，日语中有一个和汉语中的“噪音”大体相应的词语——“骚音”，意思是“骚扰的声音”。据说，日本街头有一种跟中国公共场合“禁止噪音”的用法相类似的用语，叫“骚音禁止”（意即禁止骚音）。鲁启华先生在其《引进“骚音”如何?》（以下简称“鲁文”）一文中据此认为，跟“乐音”相对应的汉语中的“噪音”一词，在表义上没有兼含“乐音”和“噪音”都在内的日语词“骚音”宽泛、恰当，因此主张汉语中应引进“骚音”一词，用“禁止骚音”来代替“禁止噪音”①。这种看法，笔者认为未必适宜。现略陈己见，以就教于通人方家。

一

鲁文对“禁止噪音”中“噪音”一词含义的理解有误。鲁文认为，“禁止噪音”这个词语“不够周详或妥贴”，因为“从字面上看，喇叭是鸣不得的，那么大声喧哗、放声高歌似乎不在禁止之列，送葬迎娶、吹吹打打、鞭炮轰鸣也是允许的，至于噪音被禁，那么乐音则不禁”，并认为“汉语中的噪音，是声学中的名词，与‘乐音’相对”，因而覆盖不了日语词“骚音”所能覆盖的、人们有时也不爱听的乐音所引起的骚扰。鲁文的这种看法，明显地存在着两个漏洞：

第一，汉语中的“噪音”一词，在《现代汉语词典》中有两个义项：

① 鲁启华：《引进“骚音”如何?》，《语文月刊》1998 年第 6 期，第 16—17 页。

一是指跟乐音相对应的、“由发音体不规则的振动而产生的”“音高和音强变化混乱、听起来不谐和的声音”；二是指噪声，即“在一定环境中不应有而有的声音。泛指嘈杂、刺耳的声音。也叫臊音”[①]。鲁文对“噪音”含义的理解，显然只说对了前一个义项，理解了该词字面意义上的一半。而所遗漏的第二个义项——“在一定的环境中不应有而有的声音”，恰恰可以涵盖人们有时不愿意听到或不愿意某环境中出现的“不应有而有的声音”——如不愿意听到的乐音。即使这种乐音本是优美的，但在不愿意听到的人那里，也形同嘈杂、刺耳之音。

第二，抛却词典中对“噪音”一词固有的义项不谈，鲁文在此所理解的“禁止噪音”中的“噪音”含义，从言语的角度上看，显然只是看到了相对孤立的、静止固定的单个词“噪音”的含义，而忽略了在具体的言语组合中，当一个词进入一定的组合环境后词义所特有的、临时性的变化，即词义的共时性语义变化。在具体的言语中，由于语言环境或表达方式的作用，词语的意义往往也可以发生语用上的临时性变化，临时产生相应的语境意义，这已是语义学中的一个常识性原理。词典中的“乐音”和“噪音”的个体含义解释是死的、封闭的，而在具体的言语环境中，“乐音”和“噪音”则可以依据组合形式及组合环境的不同，其意义又可以是灵活的、开放的，可以依据语境的变化而临时产生语境意义，并以此来弥补在表义上的某些空位。如“流血”一词，其在词典中本身有一个固定的词义，这只是它的相对固定的语言上的意义。它在跟其他别的词语组合时，即在具体的言语运用环境中，却可以依据组合形式的不同或依据语境的不同而临时产生新的、不同于语言层次上的意义——言语意义。如在“流血大甩卖”中，“流血”可以依据语境而临时产生词典中并没有的言语意义——“赔本贱卖”之义。此种情况在语言的具体运用中比比皆是，不一而足。同理，对于不想听乐音的人来说，尽管可能传来的声音对他人而言是很优美的乐音，但对他而言，却已不再感到是乐音，而是令人生厌的噪音了。这个道理，跟杜甫诗句中“感时花溅泪，恨别鸟惊心”的环境感受是一样的道理。因而，“禁止噪音”中的

---

① 中国社会科学院语言研究所词典编辑室：《现代汉语词典》（修订本），商务印书馆 1996 年版，第 1573 页。

“噪音”，在具体的言语运用中，其意义涵盖范围完全可以在词典中已有的固定意义的基础上，保持言语运用上的一定的张力与灵活度，而不一定仅仅只是词典上已固定的“和乐音相对的音”。更何况，词典中的“噪音”本身的含义，原本就并非仅指和“乐音”相对的音呢?

二

鲁文所说的“骚音”一词比“噪音”优越的一个重要特点是：“骚音”一词能够“表示发声者有主观色彩”，而作为声学名词的“噪音”“无主观色彩”。这种说法既自相矛盾，又在逻辑上说不通。按鲁文意思，带有“发声者主观色彩”的“骚音”，似乎是具有主观性的，因而好像从逻辑上能更好地顺应“骚扰别人”的内涵意识。这里，且不论语言表达通常多少都具有一定的主观性、“主观色彩”本身也可能存在着的多样性与复杂性到底该如何理解把握问题，仅就这一说法的本身来说，如果这种逻辑成立的话，那么，假如我发出的是我主观上并没想去骚扰别人的乐音，而客观上却被你认为是骚扰了你，这种“骚音”算还是不算带有我的主观上想去骚扰别人的色彩呢?同样，所谓的“无主观色彩”的“噪音”，我若有意识地发出它，骚扰了别人，这又算不算是有了主观色彩呢?显然，用有无主观色彩来作为鉴定“骚音”和“噪音”二者优劣的一个重要依据，是不甚恰当的。

三

语言具有民族性，语言的运用和民族文化心理息息相关。一个新词的引进与创造，必须在适合一定的民族语言规范的前提下，顺应一定的民族文化心理与民族文化习惯来运作。从某种程度上说，只要我们语言表达上确有必要，是可以引进外来词的。但这种引进却绝不是鲁文所说的、我们至今已是无条件地“什么都可引进”，而恰恰是有条件的，是需要建立在顺应我们相应的语言民族文化习惯与心理的基础上来进行的。从表面上看，“骚音”和“噪音”只一字之差，所谓的引进，字面上不过是把“噪”换成了“骚”。在汉语中，尽管“骚”有“骚体”（离骚体)、“骚客”“骚人”(诗人)等古已有之的传统用法，但自“骚”字有了“指作风轻佻、作风下流”义、“同‘臊’(sāo)”义等不雅的意义后[①]，实际上用“骚”字构词，已自觉或不自觉地受到了我们相应的社会文化心理上的排拒。这已是社会语言使用中的一种常见的现象。从语言发展演变的“葛氏定律”(源于经济学中的“劣币驱逐良币定律”)上看，语言中的一个词一旦开始有了不良义后，除非不得已，人们一般都不太愿意再随便启用该词去表示该词原本有的正常的良义，即趋向于尽量地少用或避讳使用该词，以免再遭受到该词还具有的不良义的滋扰或影响，等于是良义会逐渐地不用或退出用这个词来表达[②]。表示原本已有的正常的良义情况尚且如此，何况是琢磨再用它来作为汉语的一个新词的构造成分并用此构词成分所构成的词去替换、代替一个已普遍地为全社会所习用的常见用词呢?从这个意义上说，作为一个借形词(汉语中从日语里吸收过来的汉字词叫借形词)，“骚音”的引进，既在理论上难以适合我们相应的民族文化的接受心理，又在实践上即便是强行引入，也很难得到社会大众的广泛认同。并且，“禁止噪音”的语句通常都应用于公共场所，在汉民族文化浸润下的汉语社会，一旦启用“骚音”这样一个在汉语中可能会引起不良义联想的词语在社会的公共场所“骚”来“骚”去，不论是在民族文化心理上，还是在社会精神文明建设上，恐怕都多有不宜之处。

综上所述，我认为，汉语中没有引进日语词“骚音”来代替“噪音”的必要。退一步说，即使是“噪音”一词确实在表义上没有“骚音”宽泛，而确实又需要再找另外一个词来代替它的话，也不见得一定要从外国引进个“骚音”来，为什么不可以用我们已有的民族语言材料组合起来的“扰音”等之类的词来代替呢?

(原刊《语文月刊》2000 年第 5 期)

① 中国社会科学院语言研究所词典编辑室:《现代汉语词典》(修订本)，商务印书馆 1996 年版，第 1091 页。

② 于全有:《语言演变中的“葛氏定律”与社会文化心理通观》，《锦州师院学报》(哲学社会科学版) 1995 年第 2 期，第 76—78 页。

“教授”称谓的多元走势与规范问题

引　言

“教授”本是一个在社会公众心目中拥有相当高的社会公信度、尊敬度、影响力与感召力的学人学衔的崇高称谓。《辞海》在对作为名词的“教授”称谓释义时，一是将“教授”释义为历史上自宋元至明清时期存在的一种“学官名”，二是将“教授”释义为“高等学校教师学衔或职务名称之一”①，并在“学衔”条目下进一步解释说：“根据高等学校教师所担任的教学工作及其专业水平授予他们的职称。现代各国高等学校内通常有教授、副教授、讲师、助教等；有些国家规定一定学衔应具有一定学位。中国高等学校教师，按照所担任工作，分教授、副教授、讲师、助教四级。”②《现代汉语词典》在对作为名词的“教授”称谓释义时，将“教授”解释为“高等学校中职别最高的教师”③，而“教师”又是“担任教学工作的专业人员”。因此，“教授”其实就是“高等学校中职别最高的担任教学工作的专业人员”。可见，“教授”的称谓，除是历史上的一种具有相当级别与水准的“学官名”外，在现代汉语中，它是包括中国在内的世界上许多国家培养高级专业人才的摇篮——高等学府中，对代表学衔或职别最高的担任教学工作的专业人员的一种专业职称称谓，是一种在某一专业领域文化水准最高级别的光荣的称谓、崇高的

---

① 辞海编辑委员会：《辞海》（缩印本），上海辞书出版社 1980 年版，第 1469 页。

② 辞海编辑委员会：《辞海》（缩印本），上海辞书出版社 1980 年版，第 1126 页。

③ 中国社会科学院语言研究所词典编辑室：《现代汉语词典》（第 5 版），商务印书馆 2005 年版，第 690 页。

称谓。并且，有些国家对“教授”这类称谓在学衔的认定上还有比较严格的学位要求，“规定一定学衔应有一定的学位”，显现了国际社会对授予此项荣誉称谓的严格、严肃、严谨与庄重、慎重及尊重。

在中国，“教授”通常都是由国家有权力授予“教授”这类职称的有关部门组织相应的评委会来进行评定或认定，无此权限的单位和个人没有资格随便授予他人“教授”的头衔。这也体现了我们国家对“教授”这一称谓的尊重及对授予“教授”这一头衔的慎重。

然而，一段时间以来，因种种原因，“教授”称谓的内部，渐次呈现出一种以某一部门为单位的层次化、多元化走势。同时，社会上逐渐涌生出了一批本非高等学校专业教师，却头顶着高校“教授”名号的形形色色、大大小小的“教授”来，使得原本被称为是“越教越瘦（授）”的精神万元户——“教授”——这一业内人眼里的鸡肋，越来越成为某些本属于业外的一些“文化”中人眼里的梦寐以求的金色光环，从而成为其追逐的对象。这又使“教授”之称呈现出高等学校校内与校外之不同层面的多元走势，并在某种程度上蓄有日渐泛滥的失范之势。

一 “教授”种种

“教授”本是高等学校教师学衔或职别的最高称谓，然而社会上还存在着不少花花绿绿的、各种名号的“教授”。这些林林总总的各种名号“教授”，已经形成了一个令人眼花缭乱的、浩浩荡荡的“教授”多元化序列：什么“特聘教授”“首席教授”“责任教授”“骨干教授”“一般教授”“助理教授”，什么“客座教授”“兼职教授”“讲席教授”“讲座教授”，什么“校聘教授”“系聘教授”“资格教授”“名誉教授”“荣誉教授”，什么“资深教授”“一级教授”“二级教授”“三级教授”“×级教授”，什么“教学型教授”“科研型教授”“教研并重型教授”，什么“待聘教授”“延聘教授”“返聘教授”“双聘教授”“评退教授”……种种“教授”的名号层出不穷，令人眩晕。至于民间出现的什么“博士教授”“硕士教授”“博士后教授”，什么“特贴教授”“博导教授”“硕导教授”，个别人名片上赫然出现的“访问教授”“教授级专业技术拔尖人才”“教授级××专家”“教授待遇”“等同于教授”，这些形形色色的各种"教授"及攀附的"教授"，让不少社会公众因此而陷入"教授"汪洋、难辨良莠的晕境。难怪学界有人因此而发出"绿色教授"的呼吁来。

粗略道来，目前社会上林林总总的所谓"教授"，大体上可以区分为以下三类：一类是因"教"而"授"的"教授"，一如某些始终奋战在高等院校教学第一线的"教授"；一类是因"授"而"教"的"教授"，一如某些脱离或主要工作、主要精力不在高等院校教学岗位第一线，只因为要拥有"教授"的这一头衔而不得已以"教"为点缀、更像是基层的"兼职教授"或"业余教授"的"教授"；一类是在高等院校既不"教"也不"授"的"教授"，一如某些鱼目混珠、自以为是的"访问教授"、非高等学校教学系列外的"教授级××"类的种种"等同于教授"之"教授"。

二 "教授"称谓多元走势的社会文化心理分析

任何一种社会现象都是一定的社会文化的隐喻。"教授"称谓的多元化走势，有其深刻的当代社会文化背景。尽管"教授"称谓的多元化走势有着错综复杂的社会文化原因，但择要而言，其主要的原因不外乎以下几个重要方面：

（一）"教授"评聘绩能化与区分聘用的社会用人机制

此为第一类"教授"中所涵盖的林林总总的各种"××教授"称谓之所以会产生的社会文化原因。

近年来，随着现代社会用人机制的逐步建立，许多部门对"教授"的评聘已打破了以往的某些在"教授"评聘上的论资排辈、终身制等做法，普遍开始采用根据当事人的业绩与能力竞聘上岗的方法，能者上，不能者下。同时，按需设岗、按岗评聘、公平竞争、择优上岗等成为现代社会新的用人理念与机制。在这种大的社会背景下，一是"教授"的聘任有了诸如"在聘教授""解聘教授""未聘教授""待聘教授"等种种区别性的称谓，二是在"教授"的具体聘任中，也有了诸如"校聘教授""系聘教授""一级教授""二级教授""三级教授""教学型教授""科研型教授""教研并重型教授"以及"首席教授""责任教授""骨干教授”“一般教授”等种种层次性、区别性的称谓。显然，同以往历史上的“教授”聘用一度曾一概都是没有区别的终身制相比，上述种种“教授”称谓的出现，恰恰反映了我们在用人机制及“教授”评聘上的不同于以往的改革、改进与转变。

（二）“教授”称谓的崇高感与欣羡向往的社会文化心理

此为第二类“教授”中所涵盖的林林总总的各种“教授”称谓之所以会产生的社会文化原因。

“教授”作为高等学府中学衔或职别最高的教师的一种称谓，它既有学识渊博、风度儒雅、鸿才俊杰的学者的韵味、学人的神采、学家的气度等种种崇高的社会形象，也有最高级别的人类灵魂的工程师的无上荣耀与荣光。“教授”的这种崇高的社会形象在社会公众心目中所形成的崇高感，又相应地在社会公众心目中不同程度地会自觉或不自觉地形成一种欣羡向往的社会文化心理。这使一部分高等学府一线教师系列外的有关人士（包括高等学府内的某些以行政工作为主要日常工作的领导干部、高等学府外的有关人士），在某种意识与心理的驱使下，亦极尽“教授”之能事而欣然趋靠，以种种方式及名目来挤兑、谋取一个意味着学识水平、学术地位、学术名誉、学术影响乃至学术待遇的“教授”的头衔。这不仅在高校内部造成“教授”的行情看涨与评聘的拥挤，产生了一批掺兑着水和泥沙的“教授”，而且一定程度上也造成“教授”的名号在高校外部行情一再看涨，产生了一批拥有高校“兼职教授”“客座教授”“讲座教授”等种种称谓与名号的、具有某单位或部门认可性质的、良莠不齐的“教授”来（我们无意反对一些确有真才实学、学有专长的高等院校一线教师系列外的有关人士走进兼职类“教授”行列）。某些单位或部门对“兼职教授”“客座教授”“讲座教授”等一类外聘人员的聘任把关不严，聘任随意，甚至出现了不少媚俗聘任、关系聘任等送人情类的“教授”、面子类的“教授”、不宜冠教授之称的“教授”来。显然，社会对“教授”名号与称谓的追逐与追求，一方面反映了当前社会对知识、人才、教师的尊重与尊崇，另一方面在很大程度上反映出了当前社会对“教授”形象的崇高感与崇敬感，以及由此而衍生出的对“教授”称号与称谓的欣羡向往的心态与心理。

（三）“教授”称号的荣光感与攀附贴搭的社会文化心理

此为第三类“教授”中所涵盖的林林总总的各种“××教授”“教授级××”等称谓之所以会产生的社会文化原因。

“教授”的称谓在高等学校的教师中，本只是一种最高学衔或职别的称谓。对于相当多的高校教师而言，“教授”虽然是其要为之奋斗的理想与目标，但大多对这一称号的期待与获得都持一种比较理性、平和的心态与态度，并尊重名副其实、水到渠成的结论与结果。然而，社会上的部分业外人士，或出于对“教授”这一称谓的荣光感心理、欣羡心理，以及某种借此头衔与光环来达到个人的某种目的之心理，明明不是“教授”或本与“教授”称谓无关，却极尽攀附贴搭之能事，硬是要跟“教授”攀亲搭边儿，比附粘贴，致使目前社会上不仅冒出了名片上赫然出现的什么“访问教授”来，而且冒出了什么“教授级专业技术拔尖人才”“教授级××专家”“教授级待遇”“等同于教授”等种种攀附贴搭“教授”称谓的名号与名分来。尽管这种情况的攀附贴搭在种种“教授”的称谓中并不占据多数，但却因此而反映出了部分人心中失衡的社会文化心理及某种畸形的“教授”欲望与心态。

正是由于上述几种不同的社会文化原因，直接导致了目前社会上“教授”称谓形形色色、花样繁多的多元、泛化的态势来。

三 “教授”称谓多元走势中的隐忧

“教授”称谓的多元走势，相当一部分原本有其正常的社会改革、发展及用人机制转变上的原因，毋庸置辩。但在这多元走势之中，也明显地存在着部分以“兼职教授”“客座教授”“讲座教授”“访问教授”等为代表的“教授”称谓失范与泛滥等不正常的现象。这种不正常地追逐“教授”称谓现象的背后，很大程度上是由高校外部的社会人士对“教授”形象的欣羡及对“教授”称谓的攀附贴搭的追逐而造成的。

任何事物的发展都有其自身正常的逻辑与秩序。热追与泛化的本身，在另一个角度上，也昭示着现时的该事物本身已经蕴含着非正常的逻辑与秩序。“教授”称谓的失范与泛滥，对“教授”及“教授”称谓的本身来说，并非一定是一件好事。它同时也蕴有可能会因此而带来的各种社会问题的隐忧。

首先，“教授”本是一个在社会公众的心目中有着崇高的社会形象的称谓。“教授”称谓的失范与泛滥，会使大大小小、形形色色的各种“教授”以良莠不齐的形象充斥于社会，这在一定程度上必然会降低“教授”称谓原有的信誉与质量的社会信度，进而引发原本良好的“教授”社会公信度的坍塌与崩溃。这对一向以严格、严肃、严谨的学术形象与最高级别的人类灵魂工程师的崇高面貌面对社会公众的“教授”形象来说，无疑是一种无形的戕害与摧残。

其次，教育、教师本是社会的良知与希望之所在，社会公信需要守望社会的良知与希望。“教授”作为学衔与职别最高级别的高校教师，本是社会的良知与希望的重要代表。“教授”称谓的失范与泛滥，致使良莠不齐甚至是鱼目混珠的各种“教授”充斥于社会，不仅会直接造成“教授”称谓的贬值，而且必然又会在一定程度上对教育、教师的良好形象形成无形的绞杀与冲击，也是对公众原本比较敬重的社会公信形象及价值观念自信的一种戕害与摧残。对此，学术界近年来出现的某重点大学对某“兼职教授”聘任的取消、对某“兼职教授”自称为“教授”的招摇过市行为的揭露与批判等，就是已出现这类问题的明证。许多带有某种功利目的、把关不严的某类“兼职教授”“客座教授”，许多出于某方面的人情、面子的不恰当的“教授”的聘任，既是教育的媚俗与不自信，也是教育的堕落与自戕。同时，这也是对教育的某种不负责任，当然也是教育及“教授”称号的不幸与悲哀。

语言演变中有一个借自于银行货币学规律而来的定律——“葛氏定律”，说的是一个词语如果在发展的过程中，在具有好的内涵或含义的同时，又有不良的内涵或含义存在的话，这个词在以后的词义发展过程中，具有好的内涵或含义的内容会逐渐地退出该词语，而具有不好的内涵或含义的内容则会逐渐地占据该词语的内涵或含义①。如“小姐”一词，原本有良好的内涵和含义，前些年由于三陪女等也加入“小姐”的行列，

① 于全有：《语言演变中的“葛氏定律”与社会文化心理通观》，《锦州师院学报》（哲学社会科学版）1995 年第 2 期，第 76—78 页。

致使许多良家“小姐”为避“小姐”的坏名声而不愿被人叫“小姐”，即逐渐退出了“小姐”的称谓①。在我们全社会中本来有良好形象与影响的“教授”之称，如果也不断地被一些良莠不齐、真假难辨的所谓“教授”充斥于其中，则“教授”之称的未来，或也可能在某种程度上会步“小姐”称谓的后尘之担心，也并非一定是杞人忧天、危言耸听。因为泛滥的结果必然会泛“烂”，这是一条基本的泛滥致烂定律。

最后，“教授”称谓的失范与泛滥，如不及时予以必要的规范与引导，容易因此而滋生另类的教育腐败与精神腐败，从而引发出相应的社会问题。

“教授”称谓的失范与泛滥问题所引发的社会问题并非始自今日。多年以前，社会上的许多有识之士就对这种现象及隐忧提出了治理意见。曾发生过某重点大学十几位本专业的专家学者对本专业的某一外聘的“兼职教授”的“痛心疾首”、认为是“本专业前所未有的耻辱”，而请求校方取消对某“兼职教授”的聘任事件；某著名教授曾对某“客座教授”表明了“羞与为伍”的态度；某教授认为“在我们中国这样一个目前高等教育还很落后至少是还很不发达的国度，假如到处都是真真假假或者真假难辨的‘教授’，毕竟是一件令人尴尬的荒唐事”等②。1997 年 9 月 19 日，时任国务院副总理的李岚清同志曾在关于兼职教授问题的批示中指出：“教授是一项崇高的称谓，有的国家甚至规定一个系只能有一位教授。兼职教授不是不可以，但一是本人得够资格；二是要有需要；三是要名副其实，要上课、讲学、搞科研。否则教授贬值是一个严重的大问题，是教育的耻辱。”③

因此，对各种“教授”称谓的失范与泛化的治理与规范，已势所必然。

四 关于“教授”称谓的规范问题

任凭“教授”称谓的泛化、泛滥乃至泛“烂”而采取放任自流的漠

① 于全有：《“小姐”内涵的历史嬗变》，《中国教育报》2000 年 1 月 11 日第 7 版。
② 杨玉圣：《冷眼旁观“客座教授”热》，《中华读书报》1997 年 1 月 29 日第 2 版。
③ 杨玉圣：《学术批评丛稿》，辽宁大学出版社 1998 年版，第 132 页。

然的态度，这对于相关部门而言，既不是一种积极的、有作为的态度，也不是一种对“教授”、对原本良好的社会公信形象的积极的、有作为的守护。为了维护“教授”称谓的严肃性，防止因“教授”称谓的泛化与泛滥而可能生发出的相应的社会问题，我们认为，应该对“教授”称谓（包括其他相应的社会称谓）进行必要的社会规范。

首先，从制度入手，有关部门必须制定严肃、严格的“教授”及与之相应的各种“兼职教授”“客座教授”的评审、认定制度与聘用标准（包括聘用人的资质、水平、聘期，部门单位可聘的比例、程序、基本工作要求等），并依据制度与标准，严格把关，坚决杜绝出于人情关系而随意颁发的不合相应的制度与标准的各种“兼职教授”“客座教授”等。

其次，在管理层面上，有关部门对于由某些相关单位发放的、充斥于我们社会中的各种名号的形形色色的所谓“教授”，要定期进行必要的检查，并把其纳入对具体的发放单位的管理考评中。对于不合有关部门制定的相应的制度与标准的各种名号的所谓的“教授”，要适时予以纠正与清除，以维护“教授”称谓的严肃性。

最后，在相应的社会文明素质的正常教育中，注意引导有资格发放、聘任各种名号的“教授”称谓的单位及相关人员，让其充分认识到“教授”称谓的严肃性、严格性与专业性及规范性，从各种名号的“教授”称谓的发放上与对形形色色的“教授”名分的非分追求上这两个方面，提高对“教授”称谓的严肃性的认识，还“教授”称谓以正常的面貌、正常的社会认知心理及追求心态。

（原刊《文化学刊》2010 年第 1 期）

关于“语汇”与“词汇”称名之争问题

一 “语言的建筑材料”的三种不同称谓

关于“语言的建筑材料”的称谓问题，目前学术界的认识与看法并不一致。归纳起来，这些不同的认识与看法，主要有称“词汇”、称“语汇”、分称“词汇”和“语汇”三种情况。

（一）称“词汇”

“词汇”之称在现代汉语中的使用相对较早，影响也比较广泛。不同的时期、不同的学人，对“词汇”内涵的理解也不尽相同。从总体情况看，学术界对“词汇”的含义的理解有狭义与广义之分：狭义的“词汇”，指的是语言中的词的总汇，此种认识可以以孙常叙、高名凯、石安石、许威汉及胡裕树主编的《现代汉语》、中国社会科学院语言研究所词典编辑室编的《现代汉语词典》等为代表；广义的“词汇”，指的是语言中的词和语的总汇，此种认识可以以黄景欣、张永言、武占坤、符淮青、刘叔新、叶蜚声、徐通锵、黄伯荣、廖序东、邵敬敏等为代表。

现代汉语中，“词汇”的上述两种含义，都可以从在中国有着广泛影响的、斯大林的《马克思主义与语言学问题》一书中寻到踪迹。20世纪50年代，斯大林在其《马克思主义与语言学问题》一书中说：“语言中所有的词构成为所谓语言的词汇。”① 可能是受到斯大林此说的影响，其

---

① 斯大林：《马克思主义与语言学问题》，中共中央马克思恩格斯列宁斯大林著作编译局译，人民出版社1953年版，第21页。

后中国的不少与汉语语汇有关的著述中所理解的“语汇”的含义，就是这种仅限于词范围内的、狭义的“词汇”说。例如：

孙常叙的《汉语词汇》中说：“每种语言所蕴蓄的词的总汇叫做‘词汇’。”[①] 张志公主编的《汉语知识》中说：“词汇是指一种语言里的全部的词。”[②] 北京大学语言学教研室编的《语言学名词解释》中说：“词汇是语言的词的总汇。”[③] 高名凯、石安石主编的《语言学概论》中说：“词汇是语言中词的总汇。”[④] 许威汉的《汉语词汇学引论》中说：“词汇是语言的词的总汇。”并且认为“词汇相当于语汇”[⑤]。胡裕树主编的《现代汉语》（增订本）中说：“词汇是语言的建筑材料，是许多词的集合体。”[⑥] 中国社会科学院语言研究所词典编辑室编的《现代汉语词典》（第5版）中说，词汇是“一种语言里所使用的词的总称”[⑦]。

同时，斯大林在其《马克思主义与语言学问题》一书中又说：“语言，主要是它的词汇，是处在差不多不断改变的状态中。工业和农业的不断发展，商业和运输业的不断发展，技术和科学的不断发展，就要求语言用工作需要的新的词和新的语来充实它的词汇。”[⑧] 也许是又受到了斯大林这一说法的影响，其后中国的不少与汉语词汇有关的著述中，在对“词汇”含义的理解上，又较多地出现了包括词和语在内的、广义的“词汇”说。例如：

黄景欣的《试论词汇学中的几个问题》中说：“一种语言的词汇是由该种语言的一系列具有一定形式、意义和功能特征的互相对立、互相制约的词汇单位（包括词以及和词具有同等功能的固定词组）构成的完整

---

① 孙常叙：《汉语词汇》，吉林人民出版社1956年版，第161页。

② 张志公：《汉语知识》，人民教育出版社1979年版，第52页。

③ 北京大学语言学教研室：《语言学名词解释》，商务印书馆1960年版，第13页。

④ 高名凯、石安石：《语言学概论》（第2版），中华书局2003年版，第101页。

⑤ 许威汉：《汉语词汇学引论》，商务印书馆1992年版，第37页。

⑥ 胡裕树：《现代汉语》（增订本第3版），上海教育出版社1984年版，第232页。

⑦ 中国社会科学院语言研究所词典编辑室：《现代汉语词典》（第5版），商务印书馆2005年版，第221页。

⑧ 斯大林：《马克思主义与语言学问题》，中共中央马克思恩格斯列宁斯大林著作编译局译，人民出版社1953年版，第8页。

体系。”[①] 张永言的《词汇学简论》中说：“所谓词汇就是语言里的词和词的等价物（如固定词组）的总和。”[②] 武占坤的《词汇》中说：“某种语言的词汇，就是指该语言里全部词和词的等价物——熟语的总汇。”[③] 符淮青的《现代汉语词汇》中说：“语言学一般所说的词汇，不仅包括词儿，也包括由词构成的、性质作用相当一个词的语言单位，叫‘语’，我们叫‘固定结构’。”[④] 刘叔新的《汉语描写词汇学》中说，词汇是“一种语言全部词语的总和。”[⑤] 叶蜚声、徐通锵的《语言学纲要》中说：“一种语言中所有的词和成语等固定用语的总汇就是该语言的词汇。”[⑥] 黄伯荣、廖序东主编的《现代汉语》（增订三版）中说：“词汇又称语汇，是一种语言里所有的（或特定范围的）词和固定短语的总和。”[⑦] 邵敬敏主编的《现代汉语通论》中说：“词汇是语言的建筑材料，是词和语的集合体。”并认为“词汇有时候也叫‘语汇’”[⑧]。汉语大词典编辑委员会、汉语大词典编纂处编纂的《汉语大词典》（缩印本）中解释“词汇”说：“一种语言里所有的词和固定词组的总汇，是构成语言的建筑材料。”[⑨]

（二）称“语汇”

把“语言的建筑材料”另称为“语汇”的认识与做法，在现代汉语中出现得也比较早。这可以以吕叔湘、张志公、胡明扬等为代表。早在20世纪50年代，吕叔湘就曾在其《语言和语言学》一文中说：“一个语言的所有语素和所有具有特定意义的语素组合，总起来构成这个语言的语汇。罗列一个语言的语汇，解释每一个语汇单位的意义的是词典。词

---

① 黄景欣：《试论词汇学中的几个问题》，《中国语文》1961年第3期，第18—22页。

② 张永言：《词汇学简论》，华中工学院出版社1982年版，第1页。

③ 武占坤：《词汇》，上海教育出版社1983年版，第1页。

④ 符淮青：《现代汉语词汇》，北京大学出版社1985年版，第5页。

⑤ 刘叔新：《汉语描写词汇学》，商务印书馆1995年版，第16页。

⑥ 叶蜚声、徐通锵：《语言学纲要》（第3版），北京大学出版社1997年版，第126页。

⑦ 黄伯荣、廖序东：《现代汉语（上册）》（增订第3版），高等教育出版社2002年版，第250页。

⑧ 邵敬敏：《现代汉语通论》，上海教育出版社2001年版，第113页。

⑨ 汉语大词典编辑委员会、汉语大词典编纂处：《汉语大词典》（缩印本），汉语大词典出版社1997年版，第6559页。

典是语汇研究的成果。”[①] 后来，张志公在其主编的《现代汉语》（试用本）中，在讲到传统的“词汇”部分内容时，直接就称为“语汇”[②]。张斌也曾在其主编的《简明现代汉语》中，在讲到传统的“词汇”部分内容时，也直接使用了“语汇”的说法，并说：“语汇，又称‘词汇’，是一种语言里所有词语的总汇。”[③] 胡明扬在其主编的《语言学概论》中，也对传统的“词汇”部分内容直接使用“语汇”之称，并说：“语汇就是一种语言中词和语的总和”，“语汇也可以叫作词汇，两种术语的意思差不多。不过说词汇容易被误解为只是指‘词’，说语汇就明确包括了‘语’。”[④] 其他如陈原的《社会语言学》[⑤]、张登歧主编的《现代汉语》[⑥]，于全有、张华的《普通话概论》[⑦] 等著作，在涉及“词汇”内容的称谓时，也都直接使用了“语汇”的说法。

（三）分称“词汇”和“语汇”

把“语言的建筑材料”分称为“词汇”和“语汇”说（即认为传统的“语言的建筑材料”实际上是由词汇加语汇而构成的，可分立）的意见，是近些年新提出来的意见。这主要可以以温端政为代表。2000 年，温端政、沈慧云在其《“龙虫并雕”和“语”的研究》一文中提出：“‘语’则是语言里大于词的、结构相对固定的、具有多种功能的叙述性单位”，是性质和作用都有别于“词”的语言单位，不是“词的等价物”；语汇自身是一个系统，应建立与汉语词汇学平行的汉语语汇学[⑧]。同年，温端政又在其《论语词分立》一文中，提出“语词分立”的主张。这种主张的基本含义是：

1. 给词、语，特别是给“语”下一个确切的定义，明确它的范围；

---

① 吕叔湘：《吕叔湘语文论集》，商务印书馆 1983 年版，第 37 页。

② 张志公：《现代汉语（上册）》（试用本），人民教育出版社 1982 年版，第 109 页。

③ 张斌：《简明现代汉语》，中央广播电视大学出版社 1990 年版，第 39 页。

④ 胡明扬：《语言学概论》，语文出版社 2000 年版，第 86—87 页。

⑤ 陈原：《社会语言学》，学林出版社 1983 年版，第 53 页。

⑥ 张登歧：《现代汉语》，高等教育出版社 2005 年版。

⑦ 于全有、张华：《普通话概论》，吉林人民出版社 2006 年版，第 2 页。

⑧ 温端政、沈慧云：《“龙虫并雕”和“语”的研究》，《语文研究》2000 年第 4 期，第 1—12 页。

2. 确认“语”和“词”是两种性质不同的语言单位，把“语”从“词汇”里分立出来，把“词”从“语汇”里分立出来；

3. 明确“词汇”和“语汇”的定义，确认词汇具有系统性，语汇也具有系统性①。

把“语言的建筑材料”分称为“词汇”和“语汇”的思想，集中地体现在温端政的《汉语语汇学》一书中。按照温端政先生的看法，“语言的建筑材料”可以具体地区分为“词”和“语”两个方面，因为“‘语’和‘词’确实有着一致的一面，如都是语言单位，都是语言现成的‘建筑材料’。然而‘语’和‘词’也有不一致的一面”②。根据温端政先生的表述，“词”和“语”的异同主要表现在以下几个方面：

第一，“语”和“词”一样都属于语言单位，但“语”是由词和词组合而成的大于词的语言单位；

第二，“语”和“词”的意义都具有“整体性”，但“语”不是概念性而是叙述性的语言单位；

第三，“语”和“词”的结构都具有固定性，但“语”的结构的固定性是相对的。

第四，从语法功能上看，“语”和“词”也是有相同的一面和不同的一面③。

二　三种不同称谓的比较分析

通过上面的论述，我们可以看到，目前学术界对“语言的建筑材料”的称谓主要有“词汇”“语汇”及“词汇”加“语汇”三种不同的状况。表面上看，每种称谓都有每种称谓的理由及优势，也各自都有一定的道理。但比较而言，我们还是倾向于用“语汇”之称。这是因为：

---

① 温端政《论语词分立》，《辞书研究》2000 年第 6 期。该文 2002 年 5 月提交到在河北师范大学召开的第四届全国词汇学学术研讨会，收入苏新春、苏宝荣编《词汇学理论与应用（二）》，商务印书馆 2004 年版，第 28—41 页。另见温端政的《汉语语汇学》，商务印书馆 2005 年版，第 2 页、第 20—21 页。

② 温端政：《汉语语汇学》，商务印书馆 2005 年版，第 10 页。

③ 温端政：《汉语语汇学》，商务印书馆 2005 年版，第 10—13 页。

（一）“语汇”之称相对具有更大的涵容性与适应性

对“语言的建筑材料”三种不同的称谓，虽然表面上称谓有所不同，但实际上三者在对“语言的建筑材料”的内涵所指的认识上，基本上是相同的：都认为“语言的建筑材料”是词和语的总汇。如按第三种称谓方式将“语言的建筑材料”按“词”和“语”分立，分别称为“词汇”和“语汇”，则等于实际上还是没有一个包括“词”和“语”在内的关于“语言的建筑材料”的简洁概括式的称谓。而语言是要遵循一定的经济规律的。而这种简洁化的称谓，实际上早就有了，这就是人们惯常习用的第一种称谓的“词汇”或第二种称谓的“语汇”。如按第一种称谓方式将“语言的建筑材料”称为“词汇”，确有表层上会被误为“语言的建筑材料”只是指“词”的总汇之可能。而如称之为“语汇”，则可免除第一种称谓可能出现的、容易被误解为“语言的建筑材料”只是指“词”的总汇之情状，明确地让人感到“语言的建筑材料”是包括“语”的。并且，在字面上，“语”的含义也比“词”要大。因而，“语汇”之称相对具有更大的涵容性与适应性。

有人在不赞同把“词汇”改称“语汇”时曾提出：“术语‘词汇’早已使用开来，成了中国语言学界的‘常用词’，要用‘语汇’来替换它，改变学术界惯用的术语，似无必要”[①]，“‘语汇’突出了‘语’，而不是数量上多得多的词，这一点就使它比‘词汇’逊色”[②]。实际上，这种看法也不尽然，很有再认识的必要。第一，“词汇”为中国语言学界的惯用术语固然不错，但中国语言学界在本问题上的惯用术语却从来就不曾只“词汇”一个，“语汇”也并不是近些年才出现的新的术语，它同样也有很长的使用历史。如果从上文提到的吕叔湘先生对“语汇”的使用始，起码早在20世纪50年代，我国语言学界就已有著名学者在使用“语汇”之称。后来的著名学者张志公、胡明扬等，更是本方面的重要倡行者。第二，说“语汇”之称比“词汇”之称逊色的重要原因之一是“突出了‘语’，而不是在数量上多得多的词”，这种认识，一如温端政先

① 刘叔新：《汉语描写词汇学》，商务印书馆1995年版，第16—17页。

② 刘叔新：《汉语描写词汇学》，商务印书馆1995年版，第17页。

生的看法，是“混淆了‘语’与‘词’的不同性质，而且在语言事实上也有误解”[1]，是站不住脚的。实际上，“语”的数量并不见得比词少得多。《现代汉语词典》（第5版，2005年版）收集包括部分“语”在内的词条共六万五千条，《辞海》（1989年版）收集包括部分“语”在内的词条共十二万余条，而《语海》（2000年版）所收集的“语”，则已近十万条。可见，“语”在数量上并不见得要比词少得多，使用“语汇”之称并不一定会像有人所感受的那样，因其没有“突出……在数量上多得多的词”，而使之要比“词汇”之称“逊色”。

（二）“语汇”之称相对更便于与语言的其他要素的称名在表述的形式与逻辑上相协调

语言一共有三个要素：语音、语汇、语法（有人误认为修辞也是语言的一个要素，其实，修辞不是语言的要素，它属于是对语言要素的综合运用，属于语言运用问题）。作为语言的要素之一，“语汇”的称谓比“词汇”的称谓既便于在语言三要素的表述形式上相协调——都以“语×”的形式命名，又便于语言三要素在内在逻辑上相协调——都是关于“语言”的要素。有人曾提出：“语汇”中的“语”与“语音”“语法”中的“语”只是表面一致，在含义上并不一致：前者是指“词语”的“语”，后二者是指“语言”的“语”[2]。言下之意，是说“语汇”之称与“语音”“语法”之称在“语”这一点上不见得能协调。实际上，这种认识与看法也很有再认识的必要。语汇的“语”也并非一定就不能和“语音”“语法”中的“语”在理解上取得一致，关键是我们对一个命名的视点与角度怎么去约定、怎么去理解。从理性上说，语音、语汇、语法都是“语言”的要素：语音就是语言的声音，语汇就是语言的语词总汇，语法就是语言的结构规则。也就是说，“语音”“语汇”“语法”作为“语言”的三要素，其本身是从“语言”的层面与视角出发的，都是“语言”的，是语言的“音”，语言的“汇”，语言的“法”。“语言”是这三者指称的统一基础与出发点。即便是“语汇”中的“语”是“词

---

① 温端政：《汉语语汇学》，商务印书馆2005年版，第20页。

② 刘叔新：《汉语描写词汇学》，商务印书馆1995年版，第17页。

语”，也一定是“语言”的词语。语言学界之所以会出现倡行“语汇”之称的现象，恐怕不少人看重的正是“语汇”之“语”与“语音”“语法”中的“语”可以在某种程度上相协调这一点。其实，不管我们对“语汇”之中的“语”与“语音”“语法”之中的“语”的含义作相同的理解也好，作有差别的理解也罢，有两点东西是确定的：一是“语音”“语汇”“语法”三个用名本身，就是要用来指称语言三要素的，“语言”是这三个称名的统一点、交合点与出发点。如果暂先不论这三种用名中的“语”是否有差异，但就表层用语而言，完全可以用一个“语”字来反映三者的这种统一点、交合点与出发点——“语言”。二是任何一个术语的确定，其用词及内涵所指，本是源于一种人为的社会约定。正如荀子所言：“名无固宜，约之以命。约之俗成谓之宜。”因而，对“语汇”中的“语”义如何理解，实际上就是要看大家如何约定它了。但不管怎么约定，理论上，“语汇”中的“语”也不能不是“语言”的词语。从这个意义上说，用“语汇”之称，其中的“语”不仅可以在表述形式上与“语音”“语法”中的“语”在表层上相协调一致，而且完全可以在“语言”的意义上，与“语音”“语法”在深层的内在逻辑上取得一致。

三 “语汇”的内涵及特点

在确定了“语言的建筑材料”的“语汇”之称后，自然需要对“语汇”的内涵作一个清晰的界定。

我们认为，作为一个术语，“语汇”的内涵应该作这样的界定：

语汇是语言中语词的总汇。它是语言的建筑材料，是语言的构成要素之一。

“语汇”的含义有广义与狭义之分：广义的“语汇”，指的是语言中的语和词（简称“语词”）的总汇；狭义的“语汇”，指的是语言中的语的总汇。

作为“语言的建筑材料”，语汇具有下列三大基本特征：

（一）结构固定或基本固定

“结构固定或基本固定”，指的是语汇中的词语的结构有的固定，有的基本固定。一般而言，语汇中的词这一部分，结构上都比较固定。如"伟大""光荣""工人""公园"等词，结构都比较固定；而语汇中的语这一部分，结构上则有的固定，有的基本固定：像"一衣带水""不拘一格"等成语的结构比较固定；而像"舍不了孩子打不了狼"这个意思的俗语，常常在使用中会见到有"舍不了孩子打不了狼""舍不了孩子套不住狼"等用法，像"一山难容二虎"这个意思的俗语，在使用中也常常会见到有"一山难容二虎""一山不容二虎""一山不藏二虎""一山不能存二虎"等用法，显现了部分俗语结构模式上基本固定的特征。而这种"基本固定"的情况的出现，只是因该结构的俗语在使用中出现的、不影响整体意思的个别字的不同而造成的。这和不属于语汇范畴的一些结构不固定的言语现象，应该是有区别的。

（二）内涵具有社会性

语汇中的语词，是含义已经社会化的语词，是人人都可以使用的、本身具有共同的社会化内涵的语词。也就是说，我们所说的"语汇"，是作为语言单位而存在的语汇。比方说，作为语言建筑材料的汇集的各种语汇类工具书中，以词条形式而出现的每一个词条，其本身都有尚未进入具体应用语境时的相对固化的社会内涵，即"语言"意义上的内涵。如"你"这个词，《现代汉语词典》（第5版）明确解释为：人称代词。其意义主要有两个：一个是"称对方"，另一个是"泛指任何人"[①]。这种对"你"的内涵意义的揭示，是对其具有社会性内涵部分的揭示，属于"语言"意义上的语汇义揭示。而实际上，语词的意义是多方面的，它可以随着具体的言语实践发生临时性的、不同的变化，产生临时性的、带有个性特点的语境意义。例如：

> 你怎么总叫我你你你的？你都你了我几十年了！我有名字，叫我名字好不好？

① 中国社会科学院语言研究所词典编辑室：《现代汉语词典》（第5版），商务印书馆2005年版，第992—993页。

这句话里的“你了我几十年了”中的“你”，是在这个具体的言语环境中临时出现的一种用法：临时作动词用，大体相当于“（用‘你’来）叫”“（用‘你’来）称呼”的意思。尽管从理论上说，语汇所涵盖的语言意义也源自对言语意义的抽象概括，但语言意义上的抽象概括，是对言语意义中的具有社会化特性内涵部分的抽象概括，而不是、也不可能是对像“你了我几十年了”中的“你”的这种相对还不具有广泛的社会性的、个别的、特殊的言语临时意义的总括。

（三）可以独立运用

“独立运用”，指的是能单说或单用。即语汇中的语词一般都能独立单说（作为一个句子）或单用（作为一个句子成分或分句等）。例如：

［1］a. 这样的事儿，你可以找我呀！

b. 谁？

我！

［2］a. 这都不懂啊？这叫“没有规矩不成方圆”！

b. 没有规矩不成方圆，不严格一点约束好自己的队伍怎么能行呢？

上述例子中，例［1］中的“我”，在 a 例中可单独用作一个句子成分（句中的其他成词单位也具有单用功能），在 b 例中可单说。例［2］中的“没有规矩不成方圆”，在 a 例中可单用作一个句子成分，在 b 例中可作为一个分句来使用。

（原刊《辽东学院学报》社会科学版 2008 年第 5 期）

网络语言：异变的震颤与规范

受访人背景：于全有，沈阳师范大学文学院教授，博士，沈阳师范大学语言学及应用语言学专业学术带头人，硕士研究生导师。曾任沈阳师范大学文学院副院长、中国修辞学会理事、辽宁省语言学会副会长、辽宁省语言文字工作者协会副会长、辽宁社会科学院中国民俗语言文化研究中心客座研究员等职，主要从事语言学及应用语言学专业的教学和科研工作。近年曾获辽宁省高等教育教学成果奖一等奖、教育部优秀教学成果奖二等奖、辽宁省第八届社会科学优秀科研成果奖一等奖、沈阳市优秀教师、曾宪梓奖教基金奖等。著有《语言理论与应用研究》《现代汉语纲要》等多部专著，多篇论文曾被《语言文字学》《高等学校文科学报文摘》《文摘报》《文摘周报》《北京日报》《浙江日报》《广州日报》等转摘。

一　拍案惊奇：网络语言大变脸

记者*：于教授，作为语言学专家，您认为什么是网络语言？它都有些什么样的特点呢？

于全有：所谓的“网络语言”，是指人们在网络交流中所使用的、与网络活动有关的语言。它的含义，通常有广义和狭义之分。广义上的网络语言通常有三层意思：一是指与网络本身有关的计算机语言，如“鼠标”“硬件”“病毒”等；二是指与网民、网络使用有关的具有鲜明特色

* 记者为《辽宁日报》周仲全。

的自然语言，如“网吧”“黑客”等；三是指网民在聊天室、QICQ 和 BBS 等上面常用的词语和一些特殊的信息符号，如“美眉”“菜鸟”“JJ”“886”等。狭义上的网络语言的含义，指的是上面所说的第三种，这也是现在许多拿网络语言说事儿的人所议论的焦点或主要内容。

网络语言作为一种新的语言现象，具有很多独到的特点。除了刚才我所举的那些例子可以看出网络语言有简捷、新颖的特点，网络语言还具有形象生动、诙谐幽默等特征。如“美眉”一词，网聊时习惯上也被写为“MM”。这个词目前不但在网上很流行，而且已部分地走进了我们的日常生活中。我身边的个别青年人有时跟我聊天时，时常就会冒出这个词来。跟它的同义词“妹妹”相比，这个词其实也挺有意思的：一方面它并不比“妹妹”烦琐，写成“MM”时比写成“妹妹”简捷；另一方面它也比较新颖，还具有形象生动、诙谐幽默的一面。这些特点正是网络语言的独特魅力所在，也是网络语言为众多网民所习用的原因所在。

记者：现在有一种说法，认为网络语言革了现代汉语的命。其中心意思是说有些网络语言不符合现代汉语的语法规则，不好懂。现在，社会上的一些人对网络语言非议较大。依您看，这些非议主要表现在哪些方面呢？

于全有：生活中的任何一种新事物、新现象乍一出现，往往都要在一定的范围内引起一些议论或讨论，这在事物生长、发展的过程中本是一种很正常的现象。通过这几年对本问题的研究，我认为，目前社会上对网络语言的争议主要反映在以下几个最基本的方面上：

1. 认为网络语言中的一些用法偏离了现代汉语规范。表现在有些词语不合语法规范，如“我走先”；有些语词变异使用，如“郁闷 ing”（郁闷着）、“得意 ing”（得意着）这样一些“中西合璧”的词语。另外，还有一些使用非文字符号、图形来充当相关表达用字等情况。

2. 认为有些网络词语语义晦涩，很难理解。如“酱紫”（这样子）、“B4”（以前）、“KISS”（本是“吻”，但在网络里则是“简单点，傻瓜”，即英文“Keep It Simple，Stupid”）、“8807701314520”（抱抱你，亲亲你，一生一世我爱你）、“可爱”（可怜没人爱）、“蛋白质”（笨蛋、白痴加神经质）等。面对这些网络中的老手——“网虫”“大虾”——都再明白不过的词，如果你还是初级网民——“菜鸟”的话，恐怕一时还是弄不懂的。

3. 认为一些词语品位低、比较粗俗。如“TMD”（他妈的）、“SB”（傻逼）等。

4. 认为网络语言会对基础语文教育产生一定的负面影响。如错别字、不规范的词句等。

我觉得，从某一角度上看，上面所说的这些看法都有其一定的道理。只是对其中个别问题的一些认识，我觉得应该还可以作另一侧面与角度的分析。由于语言在社会使用的过程中的多样性特点，决定了现实生活中的具体的语言不可能一下子就都那么规范，这本身是由语言自身的发展规律所决定的。现实的语言也不可能是那种纯而又纯的理想状态的语言。事物的发展往往都具有两面性，我们毕竟不能因为要倒洗婴儿盆中的脏水，便不假思索地就把盆中的一个新生儿也一起倒掉吧。对待网络语言的认识，我觉得也应该是这样。

二　理性自觉：驱除迷茫的郁闷

记者：目前，不少老师和家长很苦闷的一件事是：一些学生的作文中部分地出现了用网络语言的状况。对此，他们中的不少人很有些迷茫，不知道到底该怎么面对这种情况。依您看，我们究竟应该怎样看待网络语言走进学生作文的这种现象呢？

于全有：你问的这个问题，其实也正是目前许多人对网络语言怀疑、担心乃至非议的一个很重要的原因所在，也是引起社会对本问题特别关注的重要原因所在。现在，对于网络语言的一些相关议论，很重要的一个问题，就是对基础语文教学的影响问题。

不久前，我看到一个材料中说学生作文中有这样一段话：

“那天，几个同学叫我去上网，我就去了。我们找到一个 BBS，大家一起 K 一起 HT，没想到这里有这么多的大虾，我们这些菜鸟也刚好可以 M 到不少知识。我觉得在这里灌水可比和 GG 他们在一起有意思多了。”

学生往往接受新事物快，当他们很轻松地把网络语言写入作文时，一些对网络语言持异议态度或本身没有网聊经验、不甚了解网络语言的家长和老师对此的迷茫与郁闷，可以理解。

我的看法是，对此问题一定要具体分析，注意引导，既不是不分青红皂白地一概照单全收，也不是强行禁用，轻易地、不加分析地就将这种现象一概拒之门外。

首先，我们应当看到，学校所进行的规范的语言教育是在现实生活的多层次、多样化、不少地方都充斥着许多并不一定规范的语言现象的这种大的社会生活环境下来进行的。网络语言使用中的一些问题，也不过是语言生活中存在的众多问题之一，它和我们日常生活中常见的一些老百姓话语中的不规范的语言用法一样，本身并不一定是一个特别奇怪的现象。

其次，判断语言运用合适与不合适、好与不好的重要标准是依据语言的实践表现度，也就是看语言在社会实践中运用的得体程度。用修辞学的话说，就是合不合乎一定的题旨、情境。如果语言运用得得体，不管是像鲁迅《狂人日记》中的狂人的话也好，还是像鲁迅《立论》中祝贺人家孩子满月时所奉迎的发财、长命百岁之类的话也好，你无法不承认它们在相应的语境下的得体的合理存在。同时，如果学生作文中反映的是一个新新人类的网络生活，或反映的是与网上生活有关的内容，只要他对网络语言运用得得体，你就没法干涉他对网络语言的得体的使用。当然，一些很生僻难懂的语词还是不宜随便使用的。从这个意义上说，就语言运用的语境上看，上述这种网络语言在反映网络生活内容的作文中出现，并不违反基本的语用原则。至于说其中的个别词语是不是都运用得特别妥帖，那又是一回事儿了。

同时，也应当看到，学生能用一些相对新颖的语言来写作，这本身并不一定就是一件坏事。而需要老师和家长引导的（注意：我说的是“引导”，不是一概不分青红皂白地“堵”或“不许”），是让学生明白什么样的语言在什么样的场合下运用是得体的、什么样的语言在什么样的场合下运用是不得体的，这才是问题的关键。

这里不妨再多说几句。语言本身是随着社会的发展而不断地向前发展的，因而，人对语言的学习与掌握也不可能是一次性就完成的，而是终身的，需要不断地与时俱进的。这就要求我们的一些从事基础教育的教师及相关人员必须不断地与时俱进，适时更新自己的语言观，用发展的眼光来看问题。比如，据说时至今日，仍有人还不认可“您们”用法的合法地位，还在固守着很早遗留下来的对本问题的一些旧的观念与认识。可是，该用法在我们的社会语言生活中早已很常见，许多人都在这么用，你不承认也没有用。不是说语言学家对语言规范的一些认识原来就是在不断地向错误的语言运用现象低头，而是语言作为一种社会现象而不是个人现象，语言也有语言自身运行发展的一些不以某些个人的意志为转移的客观规律，我们对许多语言现象的认识，只能在一定的社会语言发展观下，用发展的眼光向前看，而不能老是向后看。规范是什么?规范是服务，规范是引导，规范不是简单地就是去“堵”或“不许”，也不是简单地匡谬正俗，规范需要有发展的眼光，面向未来。对于网络语言中出现的一些新语言现象的认识，恐怕也得是这样。

另外，还有部分人对网络语言中存在的一些令人难以接受的粗话、脏话表示担忧，担心这些粗话、脏话可不可能会由网络语言中泛滥到现实的语言生活中来使用。其实，这种担心也没有多大必要。这是因为，网络是一个虚拟的世界，在虚拟的世界中，人的心态往往可能由比较放松而逐步发展到放纵甚至是放肆的地步。这当中所出现的一些令人难以接受的粗话、脏话，除个别的情况外，并不见得就一定会泛滥于非虚拟的、现实的世界及现实的人与人之间的正常交际交往交流中。因为现实的世界中，生活在一定的现实社会环境中的人，是要受到一定的现实社会道德准则约束与相关的一些法律法规的约束的，它不同于非现实的、便于恣意与放纵的虚拟世界。语言自身存在着自我调节的机制。

记者：那么，我们到底应该怎样来正确地认识与对待网络语言呢?

于全有：网络语言的出现与存在自有其出现与存在的道理，它是社会发展的产物。网络语言中所存在的问题也是发展中的问题，不必对此大惊小怪的。对待网络语言的正确的态度应该是：正确理解，注意引导。

第一，语言是随着社会的发展而发展的。未来高新技术的发展会层出不穷，新的语言现象还会不断地涌现，这是规律，我们对此必须要有清醒的认识。

第二，生活在社会中的人是有层次之别的，所以语言的使用也是有层次性的，不是整齐划一的。农民的语言不可能跟研究导弹的科学家的语言完全一样，教师的语言也不可能跟市场上的人的语言完全一样，所以对语言的规范不能“一刀切”。网络语言作为一种新的媒体语言，它存在于一定的语言层次中，自有其存在的合理性的一面。

第三，语言是丰富多彩的，又是发展变化的，不可能做到纯而又纯。同时，语言规范的目的也不是使语言能达到纯而又纯，因为规范并不能阻止语言的发展演变和一些新语言现象的不断出现。

第四，每一个语言成分都有其自身的表达作用。在不同的语境与表达层面中使用不同的语言，这是尊重语言规律的表现，也是人与语言相和谐的表现。现在到处都在讲构建和谐社会，构建和谐社会也需要人与语言关系的和谐，这也是构建和谐社会的基础。我们需要和谐的社会，我们同样也需要和谐的语言。

三　适度规范：和谐语言的理性建构

记者：您认为网络语言的哪些地方需要规范？

于全有：判断语言规范不规范的根本标准是看其语言实践表现得体的程度，也就是看其实践应用得体还是不得体。网络语言只要实践应用得体，就应该允许其应用。我们需要规范的是网络语言实践应用中的不得体的部分、不恰当的部分，而不是把网络语言一棍子都打死，或者以偏概全，从一个极端走向另一个极端。

记者：那么，依您看，网络语言应该如何规范呢？

于全有：从策略上讲，网络语言的规范主要可以从人本策略、制度策略、技术策略等几个层面入手来进行。具体一点说，我认为网络语言的规范主要可以从以下几个方面入手：

首先，要以提高人的语言素养为本，加强相关方面语言运用文明与规范的引导。语言运用的文明与规范程度，关系到社会的文明建设与秩序建设。全社会都有责任来维护语言的文明与规范。我们应从有益于构建和谐语言的高度，对网络语言的规范进行正确引导。我们要充分地认识到规范不是不分青红皂白的一种硬性的规定，规范是服务，是引导。尤其对目前在很大程度上存在于虚拟世界中的网络语言来说，尤应如此。语言规范也是在促进语言能够更健康地发展与运用，要引导人们认识到语言不是个人现象，而是社会现象，不能随随便便地使用语言。对于网络语言使用中的一些不健康、不正常的现象与心理，如放纵心理、猎奇心理等，有关人员必须要注意对相关使用人员适时加以必要的引导，尤其对青少年的网络语言的运用，基础教育领域应该在正确的语言理念下，承担起应该承担的引导责任，而不是求全责备，或寄希望于将网络语言一棍子打死，或将问题推给社会。同时，也希望从事基础教育工作的有关人员能适时更新语言观念，把规范的重点放在正确引导青少年如何正确认识、对待网络语言上，如何对网络语言进行正确的、得体的运用上。

其次，从制度建设上，要健全相关规范。要大力加强对网络语言的规范制度建设，使之能更好地为社会服务。在相关规范建设上，要注意柔性规范原则与层次性规范原则，既要有宽容意识、约定俗成意识，又要注意层次差异，区别对待。如对官方用语的相关规范与个人用语的相关规范就宜有所区别，对网上新闻、消息、公告等用语规范与对聊天室、留言板、博客上的用语规范也宜有所区别等。

最后，从管理技术手段上，要完善相关管理措施。根据中国互联网信息中心发布的《第十六次中国互联网发展状况统计报告》统计，截至2005年6月30日，我国上网用户总数已达1.03亿。针对这样一个庞大的可能应用网络语言的群体，完善相关管理措施十分必要。政府有关部门对各网站不仅应加强管理建设，加大监控力度，对一些网站中出现的不文明、不规范用语现象要有引导教育后仍改观不大时的行政干预措施，而且应该积极扶持网络用语相关监控软件技术的开发工作，提高网络过滤技术，对一些不良的网络语言现象及时予以必要的干预与清理。同时，有关部门还可以适当吸收从事网络语言研究方面的有关专家学者的意见，协助把关，以便使网络语言能更好地服务于社会。

（原刊《文化学刊》2007年第6期）

一种新型的网络语言——“火星文”论析

引　言

随着时代的不断演进及网络技术的日新月异，网络语言也在迅速地发展变化着。近来，互联网上又大量地涌生出了一种新的、颇为特异的网络用语：什么“orz”“Or2”“OTL”“__|￣|○”，什么“弓虽”“丁页”“彦页刀巴”“亻壬亻可”，什么“啊？真的吗...(￣▽￣|||)a”“我好难过阿～::>.<::”，什么“这是我的唉低。”“你是我的好麻吉！”，什么“轲笕饿奃魞魞笕奃都呠堪杁眼啲哋跴”“吙鯉彣啓源衻 wō 國颮壪哋區”，什么“1 切斗 4 幻 j，↓b 倒挖 d！”“曾经 u 1 份金诚 d i 摆在挖 d 面前，但 4 挖迷 u 珍 c”等。这就是时下网上部分网民中颇为流行的、所谓的“火星文”。这种比较奇特、怪异的“火星文”，近来（特别是自 2007 年下半年以来）不仅在网上大行其道，火星四溅，而且已部分地走进个别人的现实语言生活中：不久前，媒体就曾报道过这样一个案例，一位大学生的求职简历中竟出现了火星文：“我是台南人，父母很开明，在长期得自己找乐子ㄉ情况下，我粉早就发展出一ㄍ特质：对自己有兴趣ㄉ事物，能发挥出惊人ㄉ爆发力，并且忠于自己^Q^……我ㄉ学习能力及上进心都非常旺盛，恳请大哥大姐赏我个工作，感激不尽 orz 跪拜，3Q。”①

“火星文”奇特、另类的“文字”形式，半谜语似的表意方式，非使用中人一头雾水、不知所云的迷惘与愤懑，自然使“火星文”的使用，引起了社会的广泛关注：以新生代“90 后”为代表的部分“新新人类”，

---

① 陶捷：《“90 后”网上自创火星文遭围剿》，《青年报》2007 年 8 月 6 日第 3 版。

对“火星文”热情追逐，并对创制新的“火星文”乐此不疲；不少社会公众，包括一些网友、部分论坛的版主，则倾向于对其进行必要的封杀；从事社会科学的一些相关方面的学者，也随着新近部分媒体对“火星文”现象的报道，而对之发表褒贬不一的各种评论①。笔者于2007年9月4日在“百度”搜索引擎以“火星文”为关键词进行搜索，得到相关网页有13 300 000页之多；至9月30日再次重复搜索时，得到相关网页已有15 600 000之多。这还不包括网民在网上的相关讨论中实际上已涉及“火星文”，但却并未出现“火星文”这一关键词字样的有关“火星文”议论之种种状况。网络语言到底怎么了？究竟什么是“火星文”？它是怎么产生的？它的表意方式到底是怎样的？它又是因何而迅速地流行起来的？我们到底应该如何正确地认识并对待“火星文”？这正是本文要梳理、分析与探讨的问题。

一 “火星文”的内涵与起源

（一）“火星文”的内涵

所谓的“火星文”，通常指的是在网上聊天室、论坛、贴吧、个人空间等语境中所使用的，由繁体字、别字、偏旁、字母、数字、外文、图符及部分简体字等组成的一种特殊的表意形式。这种特殊的表意形式之所以被称为“火星文”，是说这种“文字”像是火星人所写下的一种对地球人来说难以理解、难以阅读的“文字”。其中，“火星文”中的“火星”，通常认为它源于电影《少林足球》中的“金刚腿”对仗义为少林队担任守门员的“馒头女”所提出的忠告——“地球是很危险的！你还是赶快返回火星吧！”——一语而流行起来的“火星”，意思是指非地球上的事物②。

“火星文”使用的语境主要是在网上聊天室、论坛、贴吧、个人空间

① 《网络游戏风行“火星文”惹争议》，http://tjgame.enorth.com.cn/system/2007/08/14/00182.2539.shtml，2007年8月20日。

② 《两岸网络“火星文”异曲同工 周星驰成公共源头》，https://cul.sohu.com/20070930/n252440152.shtml，2007年10月6日。

等网络世界中，其所使用的表意形式往往具有多样性、不统一性等特征。有时，在同一“火星文”内容的表达与理解上，不同的“火星文”的创制者与理解者可能会对同一内容的“火星文”表达用“字”、同一“火星文”所表达的内容的理解，出现不甚统一的局部差异。

（二）“火星文”的起源

一般认为，“火星文”起源于我国台湾地区。据说这与台湾地区的网民们多使用仓颉、注音等繁体输入法输入汉字有关。因为用上述方法输入汉字时，常常会频繁地出现一些别字。久而久之，许多网民却也都能大概推测出一些常见的别字的意思，也就默认这种情况的出现与使用了。同时，又由于为了缩短打字时间等，一些网民在网上非正式的场合中，又对之加以发挥，使用了一些更为方便的形式与符号，包括外文、方言等来进行网上的表达与交流。慢慢地，一些台湾地区网民觉得这种“文字”表达方式另类醒目，新鲜有趣，遂逐步地将这种“文字”表达形式发展壮大起来。后来，“火星文”随着网游等多种网络渠道流入中国大陆，受到了以新生代“90后”为代表的一大批网民的青睐、追逐与拥抱，并在使用中不断地创造出适合简体中文发挥的“火星文”输入方式及“火星文”与正常语言间的计算机转换软件，以适应“火星文”的表达者与理解者的实际需求①。

二 “火星文”的构造

（一）“火星文”的“文字”构成形式

“火星文”从“文字”构成形式上看，它主要是由繁体字、别字、偏旁、数字、字母、拼音、外文、图符、构字部件及部分简体字等构成的。关于这一点，从前文所举的部分“火星文”的实例中，已可略见一斑。限于篇幅，这里不拟赘述。

---

① 可参阅《火星文破解手册》，http：//news.163.com/special/0001295E/huoxingwen.html；《火星文》，http：//baike.baidu.com/view/32668.html；《什么是火星文》，http：//zhidao.baidu.com/question/7027837.html？si＝2。

（二）“火星文”的表意方式与解意方式

“火星文”的表意方式，除了部分规范的语言文字组构仍为正常的表意方式，它还具有自己特殊的表意方式。根据我们的考察，这种特殊的表意方式，主要有隐形、分形、摹音、摹图等几种。与之相应的解意方式，则分别可有析形、合形、音指、图指等几类。

1. 隐形

“隐形”是“火星文”常用的表意方式之一。所谓的“隐形”，是指隐藏表示真正意义的字形于另外一个字形或语形中。理解时，与之相应的解意方式是“析形”——从其所隐藏的字形或语形中分离出表示真意的字形，也就是从“火星文”的字形或语形中析出表示真意的部分来进行理解。隐形主要可以分为隐于字形（隐藏于字形的一部分中）、隐于语形（隐藏于语形的一部分中）等两种情况。

（1）隐于字形

“隐于字形”是“火星文”极为奇特的、重要的表意方式之一。这种表意方式，是将表达真正意思的“文字”隐藏成相对比较冷僻的字形的一部分，即这些相对比较冷僻的字形中的一个部件或其组成的一部分所表示的意思，是“火星文”书写者所要真正表示的意思。阅读理解时，阅读者需要根据所阅读的“火星文”的整句话及上下文来推测其所潜隐的表意方式，然后析取出“火星文”中用“隐形”的表意方式来表意的一个个字形中的一部分，再将析取出的字形所表示的意思和整句话中的其他表意字符所表示的意思连接起来，从而理解书写者所要表达的真实意思。如“轲苋饿鉗魞魞苋鉗都吥堪杁眼啲哋跦”，这句话所表达的意思是“可见，我到人人见到都不堪入目的地步”[①]。其中，这句话中除了“都”“堪”两字，其他“字”都是使用“析形”的方式翻译出来的。又如“吙鯹彣啓源衧 wō 國颱灣哋區”，这句话所表达的意思是“火星文起源于我国台湾地区”。其中，“火”“星”“文”“于”“台”“地”也是用“析形”的方式翻译出来的。

① 本文所使用的“火星文”例子，是通过 Baidu 搜索引擎在互联网上搜索得到的。下同。

（2）隐于语形

“隐于语形”是“火星文”的表意方式中非常具有迷惑性的一种表意方式。有时候，在“火星文”的语言片段中，间或有一些在实际表意上毫无意义、通常只起掩饰或装饰等作用的符号或类似于乱码的一些符号，充斥于其中。阅读者在阅读理解时，需要先去伪存真，将其略去，然后再把对整句理解有用的内容析取出来，从而理解书写者所要表达的真实意思。如“走自┳Ю╋己と的≈め路，ḿ 让ɜ┆别%オ人说去γ吧!”，这句话的意思是“走自己的路，让别人说去吧!”；“我ぽ⬚▬思，Π ＿.＿ κ ÷ ヵ┇つ ㄏ⬚ト >，Xム↑ ╠□ゐ╋И ：＊故 3㎜我ゲ╋┬ス在ヤˉδ!”，这句话的意思是“我思，故我在!”。

2. 分形

“分形”也是“火星文”常用的表意方式之一。所谓的“分形”，是指将每个表达真正意思的“文字”分离成两个或多个形体或部件来进行表达。理解时，与之相应的解意方式是“合形”——将表达中分离成两个或多个部分来进行书写的每个文字字形重新组合成一个字形来进行理解。判断所阅读的“火星文”是否使用了“分形”的表意方式，需要根据其语境及“文字”本身的构造特征来进行推断。如“1.鲋鳡鲭 . 1.种颜铯 . . м e 的世堺拁囿壹神彦页色。”（意思是“一份感情，一种颜色。我的世界只有一种颜色。”）这句话中，“彦页”在语境——整句话中没有任何意义，而把离开的“彦”“页”两个字形合成“颜”后，整句话就能理解了。又如“╲＿↗ヾ車専角＊辶禺至リイ愛￣↘＼”（意思是“转角遇到爱”）这句话中，“車専”“辶禺”“至リ”“イ愛”，就分别是通过把分离开的两个构“字”部件合到一起的办法，构成“转”“遇”“到”“僾”的。其中，“到”的右部构件是由分离时的近似规范汉字构件的“リ”来“合”成而推定为“刂”的；“僾”是先由分离时的“イ”“愛”合成“僾”后，又根据语境，“合形”为“爱”的。而“走召弓虽白勺丁页巾占”（意思是“超强的顶帖”）的含义，也分别是通过依次把相邻的两个构字部件合到一起的方法，从而使“走召”“弓虽”“白勺”“丁页”“巾占”分别构成“超”“强”“的”“顶”“帖”的。

3. 摹音

“摹音”也是“火星文”常用的表意方式之一。所谓的“摹音”，即“摹拟语音”，就是通过所摹拟的语音形式来表达意义。理解时，与之相应的解意方式是“音指”——从其所摹拟的语音形式所指向的意义内容，来寻找所要表达的相应的意义。摹音主要可以分为摹拟谐音、摹写拼音等两种情况。

（1）摹拟谐音

“摹拟谐音”是“火星文”重要的表意方式之一。这种表意方式，主要是摹拟字符的谐音文字、谐音字母、谐音数字等来表意。阅读者理解时，需要依据谐音，结合其出现的上下文，来看它最有可能代表的是什么字词，然后再据此推测出该“火星文”所表示的真实意思。如“曾经u 1 份金诚 d i 摆在挖 d 面前，但 4 挖迷 u 珍 c，斗到失 7 d 4 候才后悔莫g”，这句话所表达的意思是“曾经有一份真诚的爱摆在我的面前，但是我没有珍惜，等到失去的时候才后悔莫及”。其中，“u”“1”“d”“i”“4”“c”“7”“d”“g”就是直接利用谐音的字母或数字来表意的，可以分别翻译成“有”“一”“的”“爱”“是”“惜”“去”“的”“及”；“金”“挖”“迷”“斗”虽然用的是正确的汉字字形，但若以字面意义将其放入整句中理解时，又句义不通，而利用其读音进行谐音意义联想，便可以翻译成适合文意的“真”“我”“没”“等”了。又如“这是我的唉低”，这句话所表示的意思是“这是我的身份”。其中，“唉低”是“ID”（identity）的谐音，表示“身份”的意思；“你是我的好麻吉！”，这句话所表示的意思是“你是我的好朋友”。其中，“麻吉”是英文match 的日语谐音，“火星文”中多将其理解为“朋友”的意思。

（2）摹写拼音

“摹写拼音”也是“火星文”的一种比较常见的表意方式。这种表意方式，是用表意所要使用的文字的拼音来代替用字去表意（若是用汉语拼音方案形式来摹写汉语拼音时，常常使用的是英文字母而不一定是汉语拼音字母）。阅读者在阅读理解时，要先根据拼音及其出现的具体语境，来判定拼音所代表的字是哪一个，然后再根据拼音所代表的字来理解所要表示的意思。如“没---yǒu 意 Oヲ思！”，这句话所表达的意思是“没有意思！”。其中，“yǒu”是“有”的意思；“～Wǒ 想～Wǒ 这①辈子只有你~①个最爱!”，这句话所表达的意思是“我想我这一辈子只有你一个最爱!”。其中，“Wǒ”是“我”的意思。

4. 摹图

“摹图”也是“火星文”常用的表意方式之一。所谓的“摹图”，即“摹画图符”，就是通过摹画图符来表示意义。理解时，与之相应的解意方式是“图指”——从其所摹拟的图符指向或显示的意义内容，来寻找所要表达的相应的意义。摹图主要可以分为组合图式、单一图式等两种情况。

（1）组合图式

“组合图式”是用组合的方式摹画图符，来表示意义。它也是“火星文”常用的表意方式之一。“火星文”中常常会有一些由符号组拼成的图符来辅助表意，或直接取代字词来表情达意。这些由符号组拼成的图形，阅读者在阅读理解时，需要发挥自己丰富的联想能力来进行理解。如“我好难过阿~::>.<::”这句话中，“::>.<::”是一个哭脸，“>”跟“<”分别是右眼、左眼，“.”是嘴巴，“::”代表流出的泪水。又如“啊？真的吗...(￣▽￣|||)a”这句话中，“(￣▽￣|||)a”代表一张尴尬的脸，左脸出现了三条线“|||”，用左手“a”抠着脸颊。这两例摹图，在句中所起的作用都是辅助表意。而在“这是一件令人^^的事情~”这句话中，“^^”代表着一双有笑意的眼睛。由于在整句话中略去“^^”时句义不通，因而，可以把“^^”直接代换成“高兴”“开心”之类的词语来理解。这是组合图式在句中直接替代字词来表意。

（2）单一图式

“单一图式”是用单一的图符来表示意义。这是“火星文”又一常用的表意方式。这种表意方式的表意的原理，与用组合图式的表意原理大体相应：有用图符来辅助表意的，也有用图符来直接取代字词来表情达意的。如“⊙_ ︵Boy♀”中的“♀”，是辅助Boy来凸显“雄性”义的；“⊙_ ︵girl♂”中的“♂”，是辅助girl来凸显“雌性”义的。这里的“♀”“♂”，分别是借助了生物学雄性、雌性的符号来辅助表意的。而在“1切斗4幻j，↓b倒挖d!”（意思是“一切都是幻觉，吓不倒我的!”）这句话中，“↓”表示“吓”的意思；“g寞男孩d苍蝇p，←pp，

→pp，為什麼還 4 迷伦乃 i，无伦问 g，金无奈。”（意思是“寂寞男孩的苍蝇拍，左拍拍，右拍拍，为什么还是没人来爱，无人问津，真无奈。”）这句话中，“←”“→”分别表示“左”“右”的意思。这是单一图式在句中直接替代字词来表意。

三 “火星文”的实质

作为一种新的语言现象，“火星文”的涌现，一方面让乐于此道的追逐者的追逐，热火得火星四溅，另一方面使见解不同的议论者的议论也碰撞得火星四溅：仅网上相关内容的网页，已在短短的时间内骤升至数以千万计。然而，目前在相关的议论中亟须廓清的重要问题是：“火星文”到底是不是一种新的文字？我们到底应该怎么看待“火星文”？这些问题的回答，都要求我们首先必须要对“火星文”的实质，作出实质性的回答。

（一）“火星文”并非一种严格意义上的新的文字

尽管人们将网上新近涌生的这种由繁体字、别字、偏旁、数字、字母、拼音、外文、图符、构字部件及部分简体字等构成的“文字”称为“火星文”，但“火星文”本身却不是一种严格意义上的新的文字，它不过是网上的一种新的表意形式。

从理性上说，一种严格意义上的、新的文字的出现，必须要有一套独立的、相对稳定的文字构造系统，具有自身特定的字音、字形、字义等要素。同时，文字作为记录语言的书写符号系统，总是要与一定的社会语言相对应、相适应的，具有社会性。而近来在网络流行的“火星文”，却既没有一套属于自己的、系统的、独立的、相对稳定的文字构造系统，没有自身特定的文字构成要素，也很难说它已从总体上完全脱离现今记录汉语的书写符号系统。特别是在同一内容的书写形式上，可以仁者见仁，智者见智，使得“火星文”的“文字”组构形式呈现出带有很大程度的主观性和随意性的特征。以“爱”字为例，书写时，不同的“火星文”书写者，就可能会使用不同的写法。如有“愛”“ai”“じòぴé”“嗳”“じ☆ve”“僾”“薆”“暧”“瑷”“嫒”“懓”“ài”“鑀”

“蘡”等多种写法。反过来，“部”“被”“悲”“白”等不同的文字，书写时，不同的“火星文”书写者，又可能会使用相同的写法——“b”。“火星文”的这种带有很大的个人主观性、随意性的“文字”形式及其带有隐语性质的表意方式，使得“火星文”很难在具体的“字词”的音、形、义上都得以明晰与确定，这使“火星文”很难与惯常所说的那种严格的、科学意义上的文字相提并论。我们认为，“火星文”并非一种严格意义上的新的文字，它只不过是网上新涌现出来的一种新异的表意形式罢了。

（二）“火星文”不过是网络语言的一个新的变种，部分地带有语言游戏的性质

“火星文”通常出现在网上聊天室、论坛、贴吧、个人空间等语境中，是在网络语言环境中所涌现出来的一种新的语言现象。网络语言是人们在网络交流中所使用的一种语言，它的含义，通常有广义和狭义之分。广义的网络语言通常有三层意思：一是指与网络本身有关的计算机语言，如“鼠标”“硬件”“病毒”；二是指与网民对网络使用有关的、具有鲜明特色的自然语言；三是指网民在聊天室、QICQ 和 BBS 上常用的词语和一些特殊的信息符号，如“斑竹”（版主）、“酱紫”（这样子）、“7456”（气死我了）、“8817711314521”（抱抱你，亲亲你，一生一世我爱你）、“:-)”（笑脸）、“:-(”（伤心、生气）等。狭义的网络语言，主要指的是后一种意思。尽管“火星文”与以往已经出现的网络语言相比，已有很大的不同，但从其所出现的语境、构成的形式、表意方式及功能上看，“火星文”本质上仍属于网络语言中的一种。更确切一点说，基本上是属于狭义的网络语言中的一种。只是“火星文”的构成形式与表意方式更加多样：在构成形式上，更进一步地将繁体字、别字、偏旁、数字、字母、拼音、外文、图符、构字部件及简体字等混合到一起；在表意方式上，也是“隐形”“分形”“摹音”“摹图”等多种形式组配。“火星文”是网络语言又一次新的变异，是网络上以变异的形式出现的各种比较新异的表意手段的混合拼组，属于网络语言的一个新的变种。也就是说，“火星文”作为一种新的语言变异现象，大体上还没有脱离网络语言的范畴。这种状况颇为类似于语言哲学家莱西（A. R. Lacey）对“私人语言”所作的论断：它“可能为我们大多数人童年时喜欢做的那类事，我们编制密码，以便能在日记上放心地写朋友和父母的丑事。这样做显然并不困难。但同样显而易见的是，我们是以普通语言为基础的，只是以某种方式把它译成密码而已（比如把词倒过来写）”①。

同时，“火星文”从其产生的背景、应用的目的及表达与理解的方式手段上看，在一定程度上，它部分地带有语言游戏的性质。“火星文”产生于当今以思想解放、崇尚创新、追求自我等为标志的新时代。以新生代“90后”等为代表的“火星文”的追逐者们之所以热衷于“火星文”，一方面是“火星文”的这种带有隐语性质的表达方式及猜谜语般的理解方式，圈外人较难以理解，便于他们保护他们所希望拥有的个人空间或自我领地免遭圈外人（包括大人们）的窥视；另一方面是“火星文”的这种新奇、特异的表意方式与手段，以及其解谜语式的理解过程，比较合乎他们的趋新尚趣心理，他们可以以自己喜欢的方式，在轻松、戏谑的个性表达中，既达到了他们个性化地自由交流之目的，又使圈外想窥视他们隐私的“捉迷藏者”乍见“火星文”时如坠迷雾，更因此而收获到了一份他们从中所希望收获的愉悦自得与自我陶醉的乐趣。而在相当一部分“火星文”的追逐者那里，“火星文”的创制与理解都要通过“火星文”转换器的转换来实现。这种不同于正常的语言表达、理解方式的本身，在某种程度上，就带有语言游戏的性质。

四 “火星文”所引发出的新问题及其规范策略

任何事物的涌生，都自有其一定的、能够涌生的因素与土壤。“火星文”的涌生，也自有催生它涌生的、相应的语言社会文化因素。限于篇幅，这部分内容笔者将另文阐述。这里，本文拟对“火星文”所引发出的新问题及规范策略问题，扼要阐明我们的看法。

① 莱西：《怀疑论与语言》，车铭洲：《西方现代语言哲学》，李连江译，南开大学出版社1989年版，第410—411页。

（一）“火星文”所引发出的新问题

“火星文”以其特立独行的另类面目，受到相当一批“新新人类”的极力追捧，并部分地出现了走出聊天室、论坛、贴吧、个人空间等网络空间，向外泛化的走势，引发了社会的忧虑与关注。由“火星文”而引发出的方方面面的问题，触及面广，涉及的具体问题很多。这里，我们主要从语言的角度，对“火星文”所引发出的一些新问题，作一概要的分析。

择要而言，从语言的角度看，由“火星文”所引发出的新问题，主要有以下几个方面：

1. 形体问题

同一正常的语言文字内容在不同的“火星文”表达者那里，极有可能所使用的“火星文”形体会不尽相同。如前文提到的“爱”的多种不同的书写形式、“有”的“u”和“yǒu”等不同书写形式、“Or2”中的“O”大小写的不同书写形式（除了创制时使用同一种“火星文”转换器转换。下同）等。而不同的“火星文”理解者对同一形体内容的“火星文”表述，也极可能会因对形体感知、理解的不同，而出现不尽相同的理解差异。由于“火星文”目前仍处在不断地被新创制出来、不断地翻新与扩大之中，“火星文”的追逐者们新创制出来的、带有创制者个性色彩的“火星文”形体，相应于以往的同一内容的“火星文”形体，又难免会有某些不同的差异。即使“火星文”的追逐者们在开始新的“火星文”表达时，就使用同一的“火星文”转换器软件，目前“火星文”的形体也只能达到暂时的相对统一。因为目前仍不断地有以各种方式创制出来的、形体不一定完全相同的新的“火星文”问世，并不断地被发到网上，加入“火星文”圈中参与交流。

2. 读音问题

“火星文”中所使用的“文字”，有的读音能读出，也相对比较好确定读音（如“c”“4”等摹音类表意方式所构成的“文字”）；有的读音不固定，需要根据语境来确定（如前文提到“d”就有时读“的”，有时读“得”等之类的“文字”）；有的读音读不出来或不便于读出（如“_|￣|○”“::>.<::”“(￣▽￣|||)a”等摹图类表意方式所构成的“文字”）；

有的能不能读或怎么读还需要研究（如“^^”等摹图类表意方式的构成的“文字”“辶禺”“至リ”等分形类表意方式所构成的“文字”）；有的属于是为掩饰或装饰而随意混入的乱码类的符号，有没有必要读，也很需要研究（如“κ÷ヵ┇っ”等“隐形”类中涉及的文中夹杂符号）。

3. 表意问题

如同形体问题一样，“火星文”在表意的理解上，同一内容在不同的“火星文”解读者那里，也极有可能会有不尽相同的、差别性的理解（除创制时与理解时都使用了同一软件的“火星文”转换器转换外）。这与“火星文”随意组构的“字词”在表意上目前还缺少统一的规范不无关联。如“^^”，代表的一双有笑意的眼睛。理解时，“^^”固然可以被理解为“高兴”“开心”类的意思，但也不能排除会被理解为“发笑”之类意思的可能性。

4. 其他问题

除了上述形、音、义三方面的问题，“火星文”还存在着其他一些需要探讨的问题。如别字问题、一些无意义的符号所带来的赘余问题、语言性问题、对社会语言可能带来的影响问题、社会对它的认可度多大问题、如何对待类似语言现象问题，以及由“火星文”现象所引发出来的对相关的语言现象认识的深入与完善问题等。

（二）“火星文”规范的基本策略

针对“火星文”中存在的种种问题，有人惊呼：“作为一个中国人，请尊重自己的语言，不要拿个性挑战底线”；有人痛斥：“看不懂，没文化，糟蹋传统汉字”①；有人指责：这是“把无知当有趣”“是对中国文字的侮辱”，甚至指斥“火星文”是“脑残体”②；更有网友发起了“抵制火星文”运动，主张封杀“火星文”③。社会要求对“火星文”予以规范的呼声比较强烈。那么，我们究竟应当如何面对“火星文”现象？又

① 徐靖：《“脑残体”充斥网络 网友怒骂侮辱中国文字》，https：//cul. sohu. com/20070711/n251005557. shtml，2007 年 9 月 16 日。

② 王晓凡、韩俊杰：《“火星文”：个性娱乐，还是洪水猛兽》，《中国青年报》2007 年 8 月 20 日第 9 版。

③ 影子：《网络新文字火星文》，《金华晚报》2007 年 8 月 16 日。

应当对其采取什么样的规范策略？

我们认为，“火星文”不过是网络时代所出现的一种新的语言变异情况，我们既不能一味地对其听之任之，放任自流地任其随意繁衍，也不能对在语言发展的过程中所出现的这种新现象过于大惊小怪，幻想能一棍子把它打死，或者是不分具体情况及语境，一概封杀，以维护语言的“纯洁”。我们应该在顺应语言生态规律和社会文化发展规律的前提下，从容面对，积极引导，从软性的教育引导和相对比较硬性的规范管理这样软与硬的两个方面，适时地对其进行必要的引导与规范。

1. 积极引导——加强正确的语言文字应用观教育

针对“火星文”中所存在的问题，以教育为本，切实提高国民的语言文字应用素质与素养，应该是促进社会语言文字运用健康发展的首善之选。正确的语言文字应用观的培养，提高广大语言文字应用者的语言文字素养与素质，这是我们的社会语言走向规范、文明的重要保证。必须要让国民认识到，语言毕竟属于一种社会现象，具有社会性，每个社会成员都应该遵循基本的语言运用规范准则，规范得体地使用语言，并懂得语言到底如何运用才是得体的基本道理。《尚书·毕命》有言：“辞尚体要，不惟好异。”语言运用不是盲目地唯异是求，猎奇自娱，语言运用必须建立在得体的基础上。目前，“火星文”的存在环境基本上是在“90后”的网民网上生活中，一般是在聊天室、论坛、贴吧、个人空间等网络语言环境中使用。脱离了这种语言环境（包括时地、对象、表达内容、宗旨、语体等）使用，就必须要注意表达的得体性或得体度问题了。如网上聊天这种文体中所出现的种种另类表达形式的“火星文”，如不加区别地将其用于某些公文语体、政论语体等语言表达中，就不仅有语言风格上的问题，容易出现某些不必要的理解上的问题，也不得体（除特殊需要的个别情况外）。

切实加强正确的语言文字应用观教育，提高国民的语言文字应用素质与素养，不仅已是目前我们社会的现实需要，而且是国家有关语言文字工作意志的体现，是政府有关工作部门应当承担的职责。从事语言文字工作的有关部门及人员，有责任、有义务承担起应当承担的、相应的教育引导的职责与义务。但这同时也意味着，教育引导者自身也必须要有一个正确的语言应用观为基础，对问题有一个正确的理性认识。

2. 完善规范——加强相应的语言文字规范建设

相关工作部门应当着力加强相应的语言文字规范建设，制定相应的规范措施，对不规范情况及时进行必要的规范性指导与管理。在规范建设的过程中，既要注意把握规范原则与语言的特性间的辩证关系，又要有一定的规范度意识，要注意区分层次，区别对待。比如，当“火星文”应用于网上聊天室、个人空间等特定语境中时，就应将其与其他层面的泛化运用区别对待。不看具体情况，不分语言使用的层次及具体语境而一概予以否决的“一刀切”的做法，并不见得是最恰切的选择，未免有些简单、粗暴。同时，在具体的规范措施上，有关部门还可以在已有规范的基础上，组织相关方面的科研力量进行相关方面的技术研发，如研制出相应的过滤软件，对一些不合规范要求的“火星文”的流通进行必要的过滤等。

（原刊《沈阳师范大学学报》社会科学版 2008 年第 6 期，第一作者）

“火星文”涌生的语言社会文化透析*

所谓的“火星文”，指的是新近在网上聊天室、论坛、贴吧、个人空间等语境中所使用的一种带有语言文字游戏性质的新型的网络语言。如“orz”（一人跪下叩头，为跪拜的意思）、“弓虽”（强）、“丁页”（顶）、“彦页刀巴”（颜色）、“轲笕饿箌觎觎笕箌都吥堪杁眼啲哋跡”（可见，我到人人见到都不堪入目的地步）、“吙鯹彣啓源衧 wō 國颱flying灣哋區”（火星文起源于我国台湾地区）、“1 切斗 4 幻 j，↓b 倒挖 d!”（一切都是幻觉，吓不倒我的）、“曾经 u 1 份金诚 d i 摆在挖 d 面前，但 4 挖迷 u 珍 c，斗到失 7 d 4 候才后悔莫 g”（曾经有一份真诚的爱摆在我的面前，但是我没有珍惜，等到失去的时候才后悔莫及）等①。

任何事物的涌生，都自有其一定的、能够涌生的因素与土壤。大哲学家黑格尔曾有句名言：“合理的就是现实的，现实的就是合理的。”② 如果汲取黑格尔这句名言中的合理精神，“火星文”的涌生，也自有催生它涌生的相应的语言社会文化因素。

一　语言生态因素

语言是随着社会发展而发展的。随着网络技术的普及与信息交流、

---

* 本文系前文《一种新型的网络语言——“火星文”论析》的姊妹篇。出于便于系统地展现对“火星文”问题的思考之考虑，这里将这两篇文章连排到一起。

① 于全有、裴景瑞：《一种新型的网络语言——“火星文”面面观》，第五届全国语言文字应用学术研讨会，2007 年。

② 北京大学哲学系外国哲学史教研室：《西方哲学原著选读（下卷）》，商务印书馆 2002 年版，第 441 页。

交换越来越便捷化的走势，网络语言信息交流、交换的形式与手段也在不断地发展提升。一方面，网络信息交流、交换的即时性与快捷性，要求网络语言要简便、快捷；另一方面，信息爆炸、处处都充斥着花花绿绿、令人眩晕的信息的现实，又要求网络语言信息要富有个性，以吸引眼球。在网络语言中，由于输入法而产生的同音别字及其他错别字的情况相对较多，而在大体上不甚影响交流的情形下又渐渐地为许多网民所容忍，这实际上也在某种程度上为后来"火星文"的涌生，提供了一个可能在一定的社会层次与范围中被容受并得以生长的社会心理环境。"火星文"另类、新奇的样态，实际上也确实成了它能在短时间内迅速吸引人们的眼球的一大法宝。

同时，语言也是一种有层次的社会存在。语言的这种有层次性的社会存在，与人的不同层次的社会生活、生存紧密相连。不同的社会层次的人，所使用的语言是具有不同层次的特点的。作为网络语言的一个新的变种，"火星文"主要流行于以新生代"90后"为代表的这一层次的网民的网络语言生活中。"火星文"能够存在于这一社会层次的人的语言生活中，实际上也并不奇怪。一个时代的人有一个时代的人的生活方式，生存特点。以新生代"90后"为代表的一批网民，他们生活在一个思想解放、尊崇个性、鼓励创新的时代，生活在一个网络文化勃兴、信息传递的方式方法及手段都在不断地发展变化的时代。一方面，时代的发展进步，使他们思想意识、行为方式都明显地打上了时代的烙印：思想解放，思维活跃，尚新求新，勇于尝试，凡事不愿意墨守成规，乐于接受新的事物；另一方面，时代文化的融通、发展与进步，尤其是网络文化的发展进步，也给他们张扬个性、追求自我价值观的实现，提供了便利的条件：他们在自己所希望拥有的个人空间或自我领地里，能够免受圈外的窥视者的窥视（特别是大人们的窥视），保护自己的隐私、自由，享受圈内个性交往的乐趣，因而使被外界难以阅读、难以理解、类似于秘密语的"火星文"这种交流形式，有了适宜的、能够生长的、特定层次的社会使用群体及条件。

由此我们可以看到，"火星文"的涌生，一方面是语言在随着社会发展而发展的过程中所出现的一种现象；另一方面是一定的时代背景条件下、一定的社会阶层的语用者们语用选择的结果。也就是说，"火星文"

的涌生，既符合语言要随着社会发展而发展的语言生态规律，也符合语言是一种有层次的社会存在的语言生态规律。

二 社会文化因素

（一）传统语言文化的潜在因子

“火星文”作为网络语言的一个新的变种，从使用的“文字”形式及表意方式上看，在某些程度上与我们传统文化中的民间隐语、语言文字游戏及一些文艺语体中所使用的某些传统的语言表现手段颇为类似。

我国历史上很早就出现了与今日的“火星文”的“文字”形式与表意方式比较类似的民间隐语、语言文字游戏及一些特殊的表意形式。如早在宋代就出现的我国第一部隐语行话分类语汇专集《绮谈市语》中，就有把“松（树）”称为“十八公”等记载。其实，在中国历代隐语行话中，这种类似的语言表现方式比比皆是，不胜枚举。如把“谢”称为“言寸身”，把“刘”称为“卯金刀”，把“李（姓）”称为“十八子”，把“骗（子）”称为“马扁”，把“侄（子）”称为“人至”，把“天”称为“一大”，把“饭”称为“食反”，把“钱”称为“金戈戈”，把“烟”称为“火西土”（“烟”的繁体字为“煙”），把“米”称为“八木”[①] 等。现今流行的“火星文”中的“分形”式的表意方式，跟这种表意方式（修辞手法亦称“析字”）如出一辙。

又如中国民间隐语中有一种在20世纪六七十年代的北方下乡知识青年和上海的中学生中间还见使用的、所谓的“宽式麻雀语”，就用“早这肖小找子跑不掉地倒道”来表示“这小子不地道”[②]；赵元任当年在其《反切语八种》中曾提到“北平有一种秘密语就是凡字都加红黄蓝白黑循环的说”[③] 的所谓的“五音循环语”，就用“我红们黄看蓝电白影黑去红”来表示“我们看电影去”，用“你红要黄注蓝意白天黑气红冷黄热

---

① 郝志伦：《汉语隐语论纲》，巴蜀书社2001年版，第316—318页。

② 曲彦斌：《中国隐语》，辽宁古籍出版社1994年版，第44—45页。

③ 此处所引赵元任语，依赵元任原文进行了订正。见《赵元任语言学论文集》，商务印书馆2002年版，第363页。

蓝"来表示"你要注意天气冷热";20世纪50年代沈阳市的中小学生中还曾流行过一种所谓的"单音循环语"隐语,就用"我的们的看的电的影的去的"来表示"我们看电影去"[①]。现今流行的"火星文"中的"隐于语形"的表意方式,跟这种表意方式也如出一辙。

北宋神宗初年,苏轼面对"以能诗自矜"的辽国使臣的挑衅,以作诗容易、看懂诗文更难为对,首创了一种被后人称为"神智体"的诗——《晚眺》,示与辽使。该诗由形态各异的十二个字构成:

亭景畫 老拖筇 首雲暮 江蘸峰

诗的意思是:"长亭短景无人画,老大横拖瘦竹筇。回首断云斜日暮,曲江倒蘸侧山峰。"这里,苏轼故意运用了这种带有语言文字游戏性质的、构形颇为怪异的"诗"以难辽使,令辽使"惶愧莫知所云",从而回击了辽使的挑衅,维护了北宋的尊严。现今流行的"火星文"中的摹图表意方式,与苏轼的这段"以意写图"的游戏"文字"[②],实际上也形同一理。

又如我们的文艺语体中很早就有"老的社会"(意思是"老鼠的社会")、"一只标有的小木箱"(意思是"一只标有危险品标志的小木箱")[③]、"海阔凭跃"(意思是"海阔凭鱼跃")、"华纳音乐★座"(意思为"华纳音乐星座")[④] 等表意方式。现今流行的"火星文"中的摹图表意方式,跟这种表意方式(修辞手法亦称"图示")也是同一机杼,如出一辙。

由此,我们可以看到,尽管"火星文"在"文字"形式与表意方式上都比以往我们传统文化中已有的类似的表意形式要繁复得多,但我们还是可以从历史的长河中,看到我们源远流长的传统语言文化因素对今日"火星文"这种表意方式的"文字"的涌生所具有的潜在的影响。

---

① 曲彦斌:《中国隐语》,辽宁古籍出版社1994年版,第40页。

② 陈望道:《修辞学发凡》(新3版),上海教育出版社2001年版,第202页。

③ 曹石珠:《形貌修辞学》,湖南师范大学出版社1996年版,第101页。

④ 曹石珠:《形貌修辞学》,湖南师范大学出版社1996年版,第106页。

（二）后现代社会文化思潮的影响

后现代社会文化思潮发端于20世纪60年代的西方后工业社会时期。它以反传统、反理性、反秩序等极端倾向为特征，崇尚非传统的价值观与道德观，消解崇高，解构权威，张扬个性，挥洒自我。随着后现代社会文化思潮的弥漫，加之自笛卡儿以来西方哲学中就一直残存着的、认为语言本质上是私人的东西的意识的作用与影响，都对国人的思想观念、价值取向及社会语言的运用，自觉或不自觉地产生了一定的影响。从某种角度来说，“火星文”也是时代社会文化的大背景——后现代社会文化思潮下的产物。

同时，从目前对“火星文”追逐的代表者——新生代“90后”成长的时代社会语言文化背景上看，自20世纪90年代起，由于受到当时的社会文化思潮以及国人对语言生态规律的认识、把握还不甚深入等因素的影响，中国当代社会语言开始部分地呈现出语言运用上的一味猎奇、盲目追求“陌生化”的现象。在当时部分人的意识中，语言要发展，要新颖、鲜活，在语言的运用上就必须要使语言越来越“陌生化”，甚至要“扭断文法的脖子”，才能实现自己的、不落俗套的“陌生化”的理想。有人甚至宣称：“只有将‘一般的语言’加以揉搓，然后随意地抛撒出来，方能更确切、更彻底地宣泄内心的感受。”于是，我们的社会语言便出现了“突出语言的新、特、奇、怪、半中半洋、不中不洋的句子，使人如嚼涩果，诗的意境语境成了可悲的语言游戏”等种种故作高深、玩弄技巧、令人不知所云的怪现象①。尽管“陌生化”作为20世纪初俄国形式主义学派什克洛克夫斯基等人所提出的一个重要的文学主张，其本身自有合理的一面，但上述这种对“陌生化”理想过犹不及的盲目追求，不可避免地会对一些人的语用行为产生某种形式的误导。这种时代语言文化背景，无疑也在一定程度上对以新生代“90后”为代表的“火星文”的热情追逐者们产生一定的潜在性的影响。

---

① 于全有：《中国当代社会语言异化现象的文化透视及其理性抉择（上）》，《学术界》2001年第6期，第77—86页；于全有：《中国当代社会语言异化现象的文化透视及其理性抉择（下）》，《学术界》2002年第1期，第98—107页。

正是由于上述这种大的时代社会文化背景及其影响下的具体的社会语言文化背景的潜在影响，使得"火星文"一开始就以一种对传统的语言文字表达规范多方解构、多方颠覆的面孔而出现。"火星文"在一定程度上解构了传统的语言文字规范秩序，颠覆了传统的语言文字音、形、义的系统性与稳定性等特征，并通过表达者的自我想象、发挥，组造出了另类的、带有自我情感和个性特征的"文字"。如语言中掺杂用数字代替的"文字"（如用"4"代替"是""事""世""思""死""似"等）、字母谐音代替的"文字"（如用"u"谐音"优""游""有""又""呦"等）、构形代替的"文字"（如用"orz"构绘一个四肢趴跪在地的人形，来表示"痛心疾首"或"佩服得五体投地"等），以及简体文中夹杂繁体字（如"1. 种習慣"中的"習慣"）与别字（如"夫家说说看"中的"夫"）、字词的拼音代表的"文字"（如"没---yǒu 意 Oヲ思!"中的"yǒu"）、夹杂外文（如"偶ㄉ电脑坏掉ㄌ害偶一整天都粉 sad~>"<"中的"sad"）等。"火星文"中的这些"文字"形式，在颠覆了传统的语言文字规范的同时，其创制者张扬自我、凸显个性的文化特征已跃然文面。

三 当代计算机技术的支撑

计算机技术的日新月异与日臻成熟，对"火星文"的涌生与流行，也起到了至关重要的支撑作用。这种支撑，主要可体现在以下几个方面：

第一，计算机输入方式中某些问题的惯性影响，对"火星文"的孕育、萌生、被理解，提供了某种程度上的可能性。众所周知，计算机输入方法的成熟，有一个过程。由于计算机在输入技术的初期，尚没有很好地解决在文字录入中的同音别字及错别字问题（多是因使用音码和形码输入法造成的），此类错误出现得比较频繁，使得许多网民慢慢地也能揣测并读懂常见的一些同音别字和错别字所表示的真正含义，且渐渐地对此种情况也见怪不怪，有了一定的接受能力。这使"火星文"的涌生与被理解接受，有了一定的可能性。

第二，网络渠道对"火星文"的流传起到了重要的助推作用。网络的联通，加速了区域之间的文化交流，使得"火星文"可以相对方便、快捷地随着网游等渠道迅速地走进中国大陆，并在网上聊天室、贴吧、论坛、个人空间等语境中频频亮相，受到了以新生代“90后”为代表的网民的追逐与追捧。

第三，“火星文”之所以能在短时间内迅速流行，得益于计算机软件技术的日臻成熟，特别是网上“火星文”转换器起到了推波助澜的重要支撑作用。“火星文”的性质与特点，决定了它要想在网络语言中拥有自己的一席之地，必须要解决两大技术问题：难以快速录入、理解和难以不断出新。如果解决不了这两大难题，“火星文”这种表达形式要想流行和在较大范围内运用，是不可想象的。随着“火星文”转换器这类软件的出现，一方面，网民只要轻点几下鼠标，就可能把正常的语言文字转换成“火星文”，或把“火星文”转换成正常的文字，提高了录入速度和理解速度；另一方面，由于录入的便捷，又使乐于此道者能腾出更多的时间与精力去创造新的“火星文”。而“火星文”转换器的编制者们又可以及时地把这些新的“火星文”收录到“火星文”转换器中，推广出去。

这使我们清楚地看到，计算机技术对“火星文”的流行起到了重要的支撑作用。

（原刊《文化学刊》2008年第2期，第一作者）

《〈现代汉语词典〉(2002 年增补本)》新词新义部分释义商兑*

引 言

面向全社会的、基础性的工具书的编纂，是一项十分严肃的科研工作。它要求编者不仅要具有相应的、扎实的专业知识，一丝不苟、精益求精的科学精神与求真、求实的科学态度，而且必须要在严格遵循一定的科学释义原理、原则及方法、体例下，踏实、认真、细致地开展工作。这并不是很容易地就能够做到的。

中国社会科学院语言研究所词典编辑室编写的《现代汉语词典》，是中华人民共和国成立后我国在促进现代汉语规范化方面的第一部重要的中型工具书，也是一部在国内外享有崇高声誉的权威性工具书。近年来，有关方面又根据语言发展的实际，几次对其进行了必要的修订与增订。由中国社会科学院语言研究所词典编辑室编写、商务印书馆 2002 年 12 月出版的《〈现代汉语词典〉(2002 年增补本)》一书，对《现代汉语词典》内容的进一步丰富与完善、对更好地满足广大汉语学习者与工作者的实际需求、对更好地促进现代汉语的规范化，无疑具有十分重要的意义。笔者近来在翻阅本书的过程中，偶然发现该书所附的《新词新义》中，还部分地存在着释义上的一些不尽如人意的地方。这主要表现在：部分词条存在着释义错误或部分错误、释义模糊不清、释义还可作必要增删等情况。为了更好地、更进一步地丰富与完善《现代汉语词典》的

---

* 本文收入本书时，个别地方有改动。

词条释义，维护《现代汉语词典》来之不易的崇高声誉与地位，维护广大读者的利益，笔者在总体上充分肯定《现代汉语词典》已有成就的前提下，不揣谫陋，对《新词新义》中部分词条的释义问题，谈一点儿个人的、不一定成熟的看法，并就正于广大读者。

一 释义错误或部分错误

《新词新义》中有少部分词条，明显地存在着释义上的错误或部分错误。根据《新词新义》中词条出现的顺序（下同），现举例如下：

［1］【布点】布设、安排有关基层单位、人员等：住宅区商业～不够合理。

这个词条的释义是错误的。“布点”通常指的是网点的布设、布局等，如一些商业性网点的布设，一些布控、把守性质的网点布设等，不是平平常常的“布设、安排有关基层单位、人员等”的意思。该词条下所举的例子——“住宅区商业～不够合理”，也证明了该词条释义的不足：“住宅区商业～不够合理”这句话的意思是说：住宅区商业“网点的布设（或布局）”不够合理，而绝不是说住宅区商业“布设、安排有关基层单位、人员等”不够合理。

［2］【吧台】酒吧里供应饮料等的柜台。

这个词条的释义，把“吧台”的意思限定为“酒吧里”是不完全正确的。实际情况是，现在一般的饭店、招待所等服务行业中的收银台（不一定是酒吧里的）等，也都常常被人们称为“吧台”（尽管这可能不是“吧台”的早期的含义）。把“吧台”限定为“酒吧里”，从现实情况看，这种释义的概括性显然小了，不合实际。

［3］【标题新闻】以标题形式刊登在报纸上的新闻，内容简要，字号较大。

这个词条释义中的最后一句话“字号较大”失之武断，不甚准确。实际情况是，确有一部分标题新闻的字号相对较大，但也有相当一部分的标题新闻的字号并不大。标题新闻一般多是用比较醒目的外观设计或字形设计（不一定字号就大），放于版面比较醒目的位置上。直接就把“标题新闻”的释义烙上“字号较大”的特征，是不确切的。

[4]【打车】租用出租汽车；乘坐出租汽车：时间太紧了，咱们打个车去吧。

这个词条举的例子是错误的。首先，词条叫“打车”，举例子却是“打个车”；前者是由一个层次构成的动宾式的词，后者是由两个层次构成的动宾式的短语。其次，这个词条的举例的这种表述形式在风格上也和整个《现代汉语词典》及《新词新义》中的其他词条的举例表述形式不合。整个《现代汉语词典》及《新词新义》中的词条举例中，该词条的词语在例句中都是用“～”号来代替的。此处跟全书合体例的恰切表述形式应该是：“咱们～去吧。”

《新词新义》中有不少词条在表述时，都存在着跟全书的体例不合的情况（详见下文）。仅就与“打车”词条释义举例相类似的情况看，《新词新义》中类似的情况并非仅此一例。例如：

[5]【母亲河】对与民族世代繁衍生息息息相关的河流的亲切称呼。如长江、黄河被称做中华民族的母亲河。

这个词条的举例不能说不对。但若从全书总体体例一致的角度考虑，似还应当是把例句中的“母亲河”改成全书同一体例的“～”号为宜。

[6]【打非】指打击制作、出售非法出版物和音像制品的行为。

这个词条的释义表述是有歧义的。表面上看，“打非”是“指打击制作、出售非法出版物和音像制品的行为”，即指的是一种行为，似乎没有什么歧义，但若往下进一步分析，就明显地会发现歧义：一是指执法人员打击非法人员的制作、出售非法出版物和音像制品的不法行为，“行为”是“打击”的对象，指的是非法人员的不法行为。即：

打击　制作、出售非法出版物和音像制品的行为
动　宾

二是指执法人员打击制作、出售非法出版物和音像制品的执法行为，“行为”是被修饰的对象，指的是执法人员的执法行为。即：

打击制作、出售非法出版物和音像制品　的　行为
定　中

这个词条的释义之所以会出现歧义，关键在于对“行为”的两种不同的理解。从“打非”一词的本身构造上看，“打非”是动宾式的构词方式。要消除这个词条释义表述上的歧义，在可供选择的多种方式中，直接去掉“行为”，一如“打非”原动宾式的构词方式将其作“打击制作、出售非法出版物和音像制品”的动宾式语句来解释，也许不失为是一种值得考虑的选择。

［7］【打假】指打击制造、出售假冒伪劣商品的行为。

这个词条的释义表述与“打非”一样有歧义。这当中的“行为”一可以指非法人员的不法行为，即：

打击　制造、出售假冒伪劣商品的行为
动　宾

二也可以指执法人员的执法行为，即：

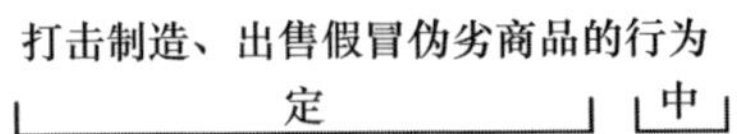

对“打假”这个词条释义表述上的歧义的消除，可以跟“打非”这个词条释义表述上的歧义的消除统筹起来考虑。

［8］【盯防】球类比赛中指紧跟着不放松地防守。

这个词条的释义部分不准确。“盯防”固然有“紧跟着”的一面，但也有不是“紧跟着”式的“盯防”。“盯防”实际上是紧随所要防守的对象的行动而看守着对方的一种防守形式，可以根据情况紧随在其前、后、左右进行。此处的“盯防”比较恰切的表述可以是“球类比赛中紧看着所要防守的对象的行动而看守着对方”。

［9］【顶风】［补义］比喻公然违犯正在大力推行的法令、法规、政策等。

这个词条的释义错误有两个：一是“顶风”不只是违令、违规、违反政策，而是包括与正在着力倡导、推行的某种社会风尚在内的某种倡导、规定等精神悖逆而行；二是“顶风”不一定是“公然”的，用“公然”来修饰是不恰切的。

［10］【反季节】不合当前季节的。

这个词条的释义是不准确的。把“反季节”释义为“不合当前季节的”，显然是以当前季节为着眼点来说明问题的，它不能解释或包蕴非当前季节里出现的“反季节”的事物。“反季节”的意思其实应该是：不合传统习惯中某事物应该出现的季节。

［11］【奖级】奖金或奖品的等级。

这个词条的释义是不正确的。倘若说“奖级”是“奖金或奖品的等级”的话，那么，有些也有级别之分的奖，既没奖金，也无奖品，就有个证书等情况怎么办？实际上，“奖级”是指奖励的级别或等级。如果这样定义“奖级”的话，不仅可解决上述这些问题，而且能涵盖“等级”外的“级别”义。

［12］【叫价】公开报出价格；开价。

这个词条的释义是不准确的。“公开报出价格”不一定都是“叫价”，“叫价”也不同于“报价”、不同于“还价”，更不同于“讨价”。按《现代汉语词典》中已有的解释，“报价”是指卖方提出的商品销售价格或提出所需的价格，“还价”是指买方因嫌货价不合适而说出愿付的价格，“讨价”是要价。“叫价”实际上一是指买方或想获得方跟卖方或供应方间公开提出自己所希望的价格，二是指多个买方或想获得方共同面对卖方或供应方公开竞价。

［13］【教师节】中国教师的节日。1985 年 1 月 21 日第六届全国人民代表大会常务委员会第九次会议决定，9 月 10 日为我国的教师节。

这个词条的释义是错误的。“教师节”顾名思义，就是专为教师设立的节日。“教师节”不独中国有，国外某些国家也有。假如将“教师节”释义为“中国教师的节日”，那么，汉语在表述国外的“教师节”这个词的时候，该怎么表述呢？难道汉语中非得还要再另造一个表示国外的“教师节”的词吗？假如这里需要体现中国教师节的意思的话，最多也只能在教师节是“专为教师设立的节日”的前提下，再增设一个特指中国教师节的义项罢了，而绝不能将“教师节”径解释为特指性的意义——“中国教师的节日”。倘若这样的话，这将使“教师节”这个词条的释义失去概括性、普遍适用性。

［14］【接轨】［补义］比喻两种事物彼此衔接起来。

这个词条的释义也是错误的。“接轨”不是“两种事物彼此衔接起来”，因为若真是“两种事物”的话，也谈不上“接轨”。实际上，“接轨”指的是不同的国家或不同的地区、不同的层次间的同一类事物的两种不同状况的衔接。

> [15]【经济技术开发区】我国为吸收外资、引进先进技术、开发新产业而在中心城市设立的特定区域，在区域内实行一系列优惠政策。

这个词条的释义是错误的。第一，“经济技术开发区”不独中国有，国外某些国家也有。把“经济技术开发区”限定为“我国……”，这是不正确的。这个错误如同将“教师节”解释为“中国教师的节日”一样，将使我们在涉及用汉语表达国外的“经济技术开发区”时，难以用这个词，从而使这个词失去概括性、普遍适用性。第二，根据《现代汉语词典》（修订本）中的“外资”的解释，所谓的“外资”，指的是“由外国投入的资本：~企业丨吸收~。”这个解释当然是有一定的根据的。按理说，“经济技术开发区”词条中所谓的“吸收外资”中的“外资”的含义，也就该是指“由外国投入的资本”了。但以我国目前经济技术开发区的实际情况看，吸收的“外资”，除了一部分是由“外国投入的资本”（包括外商独资、中外合资、中外合作等“三资”企业中的外国投入的资本），还有相当一部分是由包括港澳台等在内的地区来的我国同胞的投资。倘若在对“经济技术开发区”这个词条释义时仍笼统地用“外资”这一概念，其意义仍为字典中已有的指“由外国投入的资本”的含义的话，那么，其结果，要么就是“经济技术开发区”这个词条的释义内容不符合实际（如上文所述，涵盖不了如港澳台等地区我国同胞来本地的投资），要么就是要根据“外资”这一词的实际内涵已较难涵盖住其实际的状况，重新对其进行界定，以便能更好、更客观、更清晰地反映出客观实际状况，更适应社会发展的实际需要。我们倾向于后者。我们倾向于在对“经济技术开发区”这一词条释义时，将其原释义的第一句“我国为吸引外资”中的“外资”，改为“外来资本”。这样改，一是为了增加词义的概括性、普遍适用性，二是也能更好地符合客观实际。显然，我们将“外资”理解成为“外来资本”，这种资本当然有“外资”原意义上的“外国”投入的资本，同时也包括了本国其他地区投入的资本。

当然，在怎么看待“经济技术开发区”这一词条的释义上，同时不仅牵涉了《现代汉语词典》中相关词语“外资”的内涵理解认识问题，而且牵涉对《新词新义》中相关词语“内资”的内涵理解认识问题。这些都是有内在联系、需要在释义时统筹起来考虑的问题。限于篇幅，这个问题不拟在此作更多的讨论。

[16]【沙尘暴】挟带大量尘沙的风暴，发生时空气混浊，天色昏黄，水平能见度小于1000米。春季在我国西北部和北部地区多有发生。

这个词条的释义错误有二：第一，表述上有歧义。这个词条释义的最后一句“春季在我国西北部和北部地区多有发生”中，“我国西北部和北部地区”有两种含义：一是指我们国家中的西北部和北部地区，即：

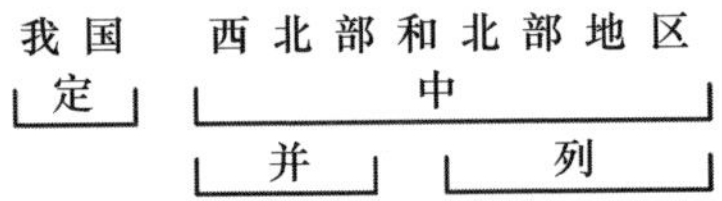

二是指我们国家的西北部和地球上的北部地区，即：

我 国 西 北 部 和 北 部 地 区
并 列

从理论上说，这两种含义范围内的地区，都有可能发生沙尘暴。而该词条的这种表述在这里到底要表示什么意思，令人费解；第二，“西北部和北部”这是一种彼此间有包含与被包含关系的属种概念的并列。如果在表述“北部”的同时，非要强调一下其中的“西北部”，也宜以另外一种表述方式表述。

[17]【题库】大量习题或考题的汇编。

这个词条的释义严格说是有问题的。如果说“题库”是“大量习题或考题的汇编”的话，那么，公开发行或发给学习者的有关习题或考题汇编的材料也是“大量习题或考题的汇编”，但这是常见的“题库”的主要意思吗？实际上，“题库”通常指的是为某种考测的需要，由考测的主管者组织建立起来的、汇总了一定数量的相关内容的习题或考题的试题备用库。

［18］【凸显】清楚地显出。

这个词条的释义是不准确的。按《现代汉语词典》的解释，“凸”是“高于周围”的意思，不是“清楚”的意思。“凸显”也就是凸出地显出，亦即高于周围地显出。

［19］【凸现】清楚地显现。

这个词条的释义犯了跟“凸显”同样的错误，都将“凸”解释成了“清楚”的意思。实际上，“凸现”就是凸出地显现，亦即高于周围地显现。

［20］【地板革】铺地面用的人造革，有各种图案花纹，坚固耐磨。

这个词条释义的后半部分“有各种图案花纹，坚固耐磨”的解释是不恰当的，显得比较武断：第一，“地板革”不一定都“有各种图案花纹，坚固耐磨”；第二，像“坚固耐磨”这类解释也多余，画蛇添足。

［21］【地砖】专门用来铺地的砖，多为方形，表面有色彩和图案，品种较多。

这个词条释义的后半部分“表面有色彩和图案，品种较多”的解释一如“地板革”词条一样，是不恰当的：第一，什么地砖表面理论上说都自然“有色彩”，解释“地砖”说它“表面有色彩”的表述显得多余；

第二，说地砖“有……图案”，这不一定，以偏概全；第三，说地砖“品种较多”也纯属多余，因为类似“地砖”这种“品种较多”的情况还有许许多多，如“地板”“地板革”等，但这些词条的解释都不曾有过“品种较多”这类多余的话，“地砖”一词又焉何特殊？

二　释义模糊不清

较前一种情况而言，释义模糊不清的状况在《新词新义》中相对较少。例如：

［1］【擦边球】打乒乓球时擦着球台边沿的球，后来把做在规定的界限边缘而不违反规定的事比喻为打擦边球。

这个词条的释义有几处模糊不清：第一，释义表述中的前一句说的是与“擦边球”有关的意思，后一句结束时落脚点却不是“擦边球”，而是“打擦边球”，分不清是在说“擦边球”还是在说“打擦边球”；第二，“擦边球”本来应有一个本源意思和一个比喻意思这样两个意思构成。而《新词新义》在解释“擦边球”的意思时，其表述却既像是说一个意思（形式上是一个义项），又像是两个意思都沾点儿边似的（由本源意思转向比喻意思），这就造成本为两个义项的意义内容纠缠成一个义项意义内容的状况。实际上，“擦边球”的释义应分为两个义项：①打乒乓球时擦着球台边沿的球；②比喻做的事在规定的界限边缘而又不违反规定。

［2］【动迁】因原建筑物拆除或翻建而迁移到别处。

这个词条的释义模糊不清的是：“因原建筑物拆除或翻建而迁移到别处”的东西的可能性很多，既可以是住户，也可以是其他什么物体等。根据“动迁”一词的本意，“动迁”应是住户的动迁，而不是指其他的与建筑相关的事物的动迁。因此，“动迁”这一词条的意思应该是：住户因所住的原建筑物拆除或翻建而搬迁到别处。这样释义也便于和“回迁”的释义协调起来。

三 释义可作必要增删的

这类情况又具体可以分为“释义可作必要增加的”与“释义可作必要删改的”两种。

(一) 释义可作必要增加的

[1]【不明飞行物】指天空中来历不明并未经证实的飞行物体。近几十年来屡有这类飞行物体出现的报道，据称形状有圆碟形、卵形、蘑菇形等。也叫飞碟。

这个词条释义中，牵涉这里没有介绍的、“不明飞行物”的另外一个比较常见的“又名”——“UFO”怎么处理问题。本来，“UFO”这个名字在知识分子及学生中以及报纸杂志上应用得比较多，也很常见。但可能是由于它是字母词这种形式的外来词的缘故，一些一向以严肃、谨慎著称的词典，对这类词的“词籍”仍持比较谨慎的态度。虽然这种态度自有其合理的一面，但我们认为，倘若因为“UFO”是这样一种词形的外来词等原因，就如同“VCD”“E－mail”一样，尽管国人常用也不在又名中体现，这也未必就是最好的选择。一些外来词词典或字母词词典中已收录了这些常见词。作为异文化的使者，拿来主义的产物，这些以这样一种外来词的词形面貌出现的常见词即使不能堂堂正正地收入《现代汉语词典》，我们至少也要考虑这些常见词的客观存在，考虑到其毕竟也是现代汉语所使用的词语中的一部分，给其一个更圆融的安顿。既然我们在词典中已附录了“UFO”这些词形的词，那么，我们就没有更多的理由不将表现与“不明飞行物”等同意义的另一个名“UFO”给标示出来。显然，我们倾向于还是应该在“不明飞行物”这一词条的后面再增加一个“又名 UFO”的解释。当然，这又涉及因此可能又要另再设立一个“UFO”词条的问题。但这并不是主要问题。这个问题的关键，是我们到底在观念上怎样认识、看待“UFO”这类词的“词籍”问题。

[2]【搭车】比喻借做某事的便利做另外的事，从而得利。

这个词条的释义只有词的比喻义一项，缺基本义义项的解释。词的比喻义都是从基本义中转化而来的。无基本义的比喻义如同无源之水，无本之木。实际上，“搭车”的释义应包含这样两个义项：①乘车；②比喻借做某事的便利做另外的事。若准此而论，“从而得利”之表述则不甚准确，可删掉。

[3]【点击】进行计算机操作时，移动鼠标，把鼠标指针指向要操作的地方并用手指敲击鼠标上的键。

这个词条在释义时，说明了用鼠标“点击”的情况。但实际情况是：现在也有不用鼠标“点击”而直接用手指在电脑的触摸屏（或叫触控板）上“点击”电脑的新式“点击”方法。倘若本词条的释义按现在的思路往下走，则必须要在最后再加上用触摸屏（或叫触控板）来“点击”电脑的情况。但需要指出的是，由于事物是不断向前发展的，“点击”的方式也必将要不断地向前发展，因此，此处对“点击”的释义的另一种应该考虑的，也比较科学的方法是：不用具体表述各种实际存在的具体的“点击”方式（实际上有时候也考虑不全），而应该运用词义的概括性原理来对词义所反映的具体情况进行概括性的阐释。应该说，这种方法才是最应提倡，也是最理想的、合乎逻辑的科学选择。

[4]【电子信箱】在互联网设置的电子邮政计算机系统中，用户拥有的一定的信息存储空间，叫做电子信箱。用户使用密码打开电子信箱，进行电子邮件的收发、编辑等各种操作。也叫电子邮箱。

这个词条的释义，一如“不明飞行物”中不提“UFO”的这样的又名的做法，不提“电子信箱”在国人中广为流行、更常用的一个又名：“E－mail”。对待这个问题的看法，笔者已在上文对“不明飞行物”又名“UFO”的处理意见中谈了对类似问题的看法，在此不再赘述。我们倾向于还是在又名中提一下我们目前最常见、常用的“E－mail”为好。

[5]【读秒】围棋比赛中指某方用完自由支配的时间后，必须在很短时间（一般为一分钟，快棋多为30秒）内走一步棋，此时裁判员开始随时口报所用秒数，如超时则判负。

这个词条的释义跟前面提到的“搭车”的释义正好相反，只有词的基本义义项，而没有现已常用的该词的比喻义义项。其实，“读秒”我们除了常用其基本意义，也经常用到它的比喻意义——比喻事情进入最后阶段。因此，“读秒”一词应有两个义项，应在现有的义项之后，再增加一个表示其比喻意义的义项。

[6]【绿色】指符合环保要求，无公害、无污染的。

“绿色”一词目前在社会上使用面很广，其意义已在原有意义的基础上有了很大的发展。《新词新义》中对“绿色”的这个释义显然离实际还有很大的差距，需要增补的义项较多。粗略道来，“绿色”的含义起码已有这么几个：①指绿的颜色；②指符合环保要求，无公害、无污染的；③指符合相关要求的。如“～工程”“～考试”；④安全，方便。如“～通道”。

[7]【平台】[补义]计算机的硬件系统和软件系统的组合。如将DOS操作系统装入计算机，就形成DOS平台。在平台上可以支持和开发各种应用软件。

“平台”一词在原《现代汉语词典》中已有的意义是：①晒台。②平房。③生产和施工过程中，为操作方便而设置的工作台，有的能移动和升降。在上述所有这些关于“平台”的释义中，都没有将“平台”常用的另一个比喻义的义项给解释出来：比喻能得到施展与发挥的场所、空间或机会。如：“这个文件的出台，等于给我们又提供了一个再发展的平台”。宜将这个比喻义作为一个义项，列入“平台”的释义中。

[8]【世界贸易组织】全球性的贸易组织。主要职责是规范、协

调、促进世界范围内的贸易活动，消除关贸壁垒，降低关税，处理贸易纠纷等。

这个词条的释义中，一如“不明飞行物”“电子信箱”的做法，没有将“世界贸易组织”在国人中另一较常见的又名“WTO”给标示出来。关于对这类又名的处理问题，笔者在前文中已有所阐述，在此不再赘述。

［9］【死机】电子计算机运行中因程序错误或其他原因而不正常地停止运行，此时屏幕图像静止不动，无法继续操作。

这个词条的释义只解释了“死机”的基本意义，而没有把其如今比较常见的比喻义表述出来：比喻思维无法继续往下进行。如：“我实在想不起来了，死机了。”也就是说，“死机”应有两个义项，除了《新词新义》中提到的一个表示基本义的义项，还应增加这里提到的另外一个表示比喻义的义项。

（二）释义可作必要删改的

之所以称这类情况为“可作必要删改的”，意思是说这些词条中的释义相对来说无大缺陷或不足，往往在诸如释义体例上还有一些不足，可以再删改一下。

《新词新义》中，有一部分词条在释义结束时，用了“……叫××”“……叫做××”“……称为××”“……所以说××”等表述形式。这种表述形式跟原《现代汉语词典》中的词条释义表述形式及《新词新义》中的大多数词条释义表述形式在风格上不协调、不统一。例如：“冰毒”词条的释义结尾“……叫冰毒”，“除权”词条的释义结尾“……叫做除权”，“除息”词条的释义结尾“……叫做除息”，“触摸屏”词条的释义结尾“……叫触摸屏”，“重码”词条的释义结尾“……叫做重码”，“打卡”词条的释义结尾“……叫打卡”，“地球村”词条的释义结尾“……叫做地球村”，“第四宇宙速度”词条的释义结尾“……叫做第四宇宙速度”，“犯罪嫌疑人”词条的释义结尾“……称为犯罪嫌疑人”，“飞碟”词条的释义结尾“……叫飞碟”，“挂牌”词条的释义结尾“……叫挂牌”，“飘红”词条的释义结尾"……所以说飘红"等。另像"黑箱""黄页""猫步""幕墙""内退""上班族""刷卡""双休日""套牢""填权""贴权""温室效应""洗盘""摘牌"等词条的释义，其结尾也都有"……叫××"的表述形式。这些表述形式尽管从总体比例上看，占整个《新词新义》1 200 余条词条中的比例不高，但却与《新词新义》中的其他千余词条及原《现代汉语词典》中的成千上万个词条的释义表述形式在风格上不相协调。从理想的角度上看，若是能将这类风格上跟全局不怎么协调的词条释义情况再略作删改与调整，应该说，就更好了。

中国社会科学院语言研究所词典编辑室编写的《现代汉语词典》，不仅是一部在国内外享有盛誉的权威性工具书，而且是一部在促进现代汉语规范化方面十分重要的工具书。据笔者所知，现在许多孩子早在上小学时就被老师告知：现代汉语字词的音义要以这部《现代汉语词典》为准。不少学校学生对这部《现代汉语词典》都达到了人手一册的程度，足见其影响之广、之巨及其在国人心中的崇高位置。本文所述内容，只是笔者粗略地看过一遍《新词新义》后，大致看到的一些情况。若再仔细审读、推敲《新词新义》，并与原《现代汉语词典》相关方面的内容联系起来作整体性的审读，也许还会发现其他问题。为了维护《现代汉语词典》来之不易的崇高声誉与地位，维护广大读者的利益，建议有关部门能真正在充分讨论、集思广益的基础上，对《新词新义》中的一些确有问题的词条及时进行必要的修订，以免贻误读者。

参考文献

[1] 中国社会科学院语言研究所词典编辑室：《现代汉语词典》（修订本），商务印书馆 2001 年版。

[2] 中国社会科学院语言研究所词典编辑室：《现代汉语词典》（2002 年增补本），商务印书馆 2002 年版。

（原刊《沈阳师范大学学报》社会科学版 2005 年第 2 期，第一作者）

字母词语收录词典需要注意规范的若干问题

引　言

近年来，陆续有现代汉语工具书将字母词语收录词典。如李行健主编的《现代汉语规范词典》、中国社会科学院语言研究所词典编辑室编写的《现代汉语词典》等。其中，中国社会科学院语言研究所词典编辑室编写的《现代汉语词典》，在第 1 版（1978 年）正文词条中收录了“阿Q”“三 K 党”“X 射线”等字母词 3 条，第 3 版（1996 年）正文词条中收录字母词 4 条（较前版增加了“卡拉 OK”一词），并首次在正文词条后以附录形式收录了西文字母开头的词语 39 条。至第 4 版（2002 年）时，以附录形式收录西文字母开头的词语 142 条，正文字母词 3 条；第 5 版（2005 年）在第 4 版的基础上，附录中新增字母词语 49 条，删除 9 条；第 6 版（2012 年）正文和附录收录的西文字母词已达 242 条（正文 3 条，附录 239 条。以上计算不包括未作词条形式出现的、附属于某一汉字形式词条中的诸如“维生素 A”等形式）。显然，字母词语被收录进一般的现代汉语词典已呈不断增长之势。以新近出版的由中国社会科学院语言研究所词典编辑室编写的《现代汉语词典》（第 6 版）为例（以下简称《现汉 6》），作为“遵循现代汉语规范化的一贯宗旨”、力图“使这部具有广泛社会影响的语文词典与时俱进，把质量提高到一个新水平”（见第 6 版说明）的一次系统的修订，本版《现代汉语词典》对于更好地满足社会语言生活的实际需求，进一步明确词汇规范，进一步促进现代汉语规范化等，无疑具有十分积极的意义。

笔者近来因探究问题的需要，在翻阅以《现汉 6》为代表的现代汉语词典中所收录的字母词语时，陆续发现不少相关词典中所收录的字母词语，仍一定程度地存在着早已出现的称谓方式的科学性问题、字母的读音及标注问题、词条的释义问题及相关联的其他问题。进一步加强对这些已然存在的问题的规范性探究，对于推进字母词语与现代汉语规范化工作、维护现代汉语词典的规范性地位等，具有十分积极的理论意义与实践意义。本文拟以《现汉 6》为例，扼要对上述问题的规范谈一些自己的认识与看法。

一　称谓的科学性问题

《现汉 6》中所收录的字母词语，共有 242 条。其中，以正文形式收录的3 条（“阿 Q”“三 K 党”“卡拉 OK”），以附录形式收录的西文字母开头的词语 239 条。这些词语，按一般的称谓习惯，可以概括性地将其一并称为“字母词语”。就以附录形式收录的这 239 条“西文字母开头的词语”而言，从所涉及字母的来源上看，除了二十几个未作来源说明的词条（如“AA 制”“Y 染色体”），涉及英语（如“AM”“APEC”）、法语（如“pH 值”）、日语（如“NHK”）、希腊语（如“ISO”）、拉丁语（如“T 淋巴细胞”）等字母及汉语拼音字母（如“HSK”“RMB”）等多种。若将这些以字母开头的词语概称为“西文字母开头的词语”，则存在不甚科学之处。

《现汉 6》在正文所收录的“西文”词条中明确说：

> 【西文】指欧美各国的文字①。

“西文”既然是指欧美各国的文字，那么，作为像汉语、日语等非欧美国家的文字，自然应当不在“西文”的范畴内。因而，像含有汉语拼音字母等这类字母词语，理论上就不好归入属于是“西文字母开头的词语”中，尽管汉语拼音字母是从拉丁（罗马）字母中借鉴过来的。

---

① 中国社会科学院语言研究所词典编辑室：《现代汉语词典》（第 6 版），商务印书馆 2012 年版，第 1389 页。

首先，现行《汉语拼音方案》中所使用的汉语拼音字母，理论上并不是西文字母，它是汉语中所使用的一种拼写、记录汉语语音的字母，已属于我们自己民族语言的拼音字母。尽管从来源上看，现行《汉语拼音方案》中所使用的汉语拼音字母借自世界上通行的拉丁字母，但只是借助了拉丁字母的字母形式。借过来之后，我们已经进行了不少民族形式的改造，已属于典型的“洋装虽然穿在身，我心‘已然’是中国心”的状况。比方说，《汉语拼音方案》中的字母表，所用的字母虽然是拉丁字母，却已有自己的作为汉语拼音字母的名称：ɑ（ɑ）、b（bê）、c（cê）、d（dê）、e（e）、f（êf）、g（gê）、h（hɑ）、i（i）、j（jie）、k（kê）、l（êl）、m（êm）、n（nê）、o（o）、p（pê）、q（qiu）、r（ɑ′er）、s（ês）、t（tê）、u（u）、v（vê）、w（wɑ）、x（xi）、y（yɑ）、z（zê）（字母后面括号里为汉语拼音字母名称音。需要说明的是，《汉语拼音方案》发布当初使用的是当时人们较为熟悉的注音字母来标注这些字母的名称音，后来出现用上述新形式的字母来标注这些字母的名称音）。这些字母名称，不同于同样是使用拉丁字母的英语、法语、德语、意大利语、西班牙语等西方语言。也就是说，被吸收到汉语拼音方案中的拉丁字母，已成为我们民族语言自己的字母了，已不属于西文字母了。关于这一点，周恩来 1958 年在《当前文字改革的任务》中早已说得很清楚：“现在世界上有六十多个国家采用拉丁字母来作为书写语言的符号。例如英国、法国、德国、意大利、西班牙……都是用的拉丁字母。它们接受了拉丁字母之后，都对它作了必要的调整或者加工，使它适应本民族语言的需要，因此都已经成为各个民族自己的字母了。……同样，我们采用了拉丁字母，经过我们的调整使它适应了汉语的需要之后，它已经成为我们自己的汉语拼音字母，已不再是古拉丁文的字母，更不是任何一个外国的字母了。字母是拼写语音的工具，我们用它来为我们服务，正像我们采用火车、轮船、汽车、飞机（从来源来说，这些东西也都是外来的）来为我们服务一样。”[①] 将汉语拼音字母归于或混同于西文字母，显然是只看到了汉语拼音字母借用了拉丁字母的字母形式，而没有认识到汉语拼音字母已是属于我们自己的民族语言形式的字母了。

---

① 转引自李平《拼音人生——语文现代化文集》，西安出版社 2008 年版，第 115 页。

同样，将源于日语中的字母开头的词语归入“西文字母开头的词语”中，也一定程度上存在类似问题的纠葛。

其次，作为一种称谓方式，“西文字母开头的词语”之称在称谓实际所收录的一些包括源于东西方语言中字母开头的词语在内的字母词语时，概括性差，概括度不够。前文已经说过，《现汉6》中所收录的字母词语，从所涉及词语中字母的来源上看，除二十几个未作来源说明的词条外，已涉及英语、法语、日语、希腊语、拉丁语等字母及汉语拼音字母等多种。而这些词语中的字母，有的属于西文字母，有的不属于或不再属于西文字母。因而，以“西文字母开头的词语”之称去概括实际所收录的这些字母词语，显然是概括性差，概括度不够。

因此，学理上，在称谓一些源于包括东西方语言中字母开头的词语在内的字母词语时，称其为“字母开头的词语”，显然应比称其为“西文字母开头的词语”更为科学，更为准确。

二 字母的读音及标注问题

汉语字母词语中的字母来源相对比较复杂，这使得这些字母词语中的字母的读音及其标注等问题也相应地随之复杂起来。《现汉6》后面所附录的《西文字母开头的词语》部分，所收录的239条词语及正文中所收录的3条字母词语，对所涉及的字母均未标注读音，只是在《西文字母开头的词语》部分的脚注中说：“这里收录的常见西文字母开头的词语，有的是借词，有的是外语缩略语，有的是汉语拼音缩略语。在汉语中西文字母一般是按西文的音读的，这里就不用汉语拼音标注读音，词目中的汉字部分仍用汉语拼音标注读音。”①

表面上看，尽管这些字母词语中的字母在收录词典时虽然词条上没有一一对其进行标音，但关于这些字母词语中的字母怎么读音的问题似已通过这个脚注说得很清楚了。然而，实际上，这是一个非常复杂的问题，既不容易比较轻松地完全弄得清楚、说得明白，又在读音的实际标

① 中国社会科学院语言研究所词典编辑室：《现代汉语词典》（第6版），商务印书馆2012年版，第1750页。

注上存在诸多棘手的问题，一般的读者要仅据此就完全清楚其正确的读音，谈何容易！汉语字母词语的读音及其标注问题，目前已经成为有关字母词语入典规范方面亟须解决的一个重要的实际问题。

（一）入现代汉语词典的字母词语中的字母，需要也应该明确标音

首先，工具书之所以成为工具书，就是要为人们掌握、使用某一方面的内容释疑解惑，提供方便。特别是作为“以确定词汇规范为目的，以推广普通话、促进汉语规范化为宗旨”的《现代汉语词典》，更应如此。给入典的字母词语同入典的其他词语一样标注读音，是现实语言生活中人们规范地掌握、使用语言的基本需要。通常而言，词语的音形义是带有基础性、规范性的现代汉语词典类工具书在对词语进行解说时不可或缺的几个重要方面，也是现实语言生活中人们对其规范地掌握、使用最需要的几个重要方面。但在目前能够见到的相关工具书中，对入典的字母词语，却往往只有形义的解释，鲜有读音标注。即使早期存在的部分字母词语在入现代汉语词典正文内容词条时，对其字母进行过标音，也不过是以“阿Q”等为代表的几个以汉字开头的字母词语。现在无论是字母词语入词典的正文还是附录，已基本上都没有对字母词语中字母读音的标注。如果说这种状况出现在不是以规范为宗旨的一般字母词语词典中还尚好理解的话，那么，在以规范为宗旨的具有基础性、工具性的现代汉语词典中出现这种情况，就难免有些不甚说得过去了。

其次，不能因为给入典的字母词语标注读音的复杂与棘手，就一直这么含混模糊地、姑且由之地处理其入典中的标音问题。对入现代汉语词典的字母词语中的字母不标注读音，只笼统地说其字母“按西文字母读音”，一般的读者在语言实践操作中难以据此就完全清楚其正确的读音。这是因为，一是西文字母就字母本身而言，有多种系统，如拉丁字母、希腊字母、斯拉夫字母等诸系统，每种系统中的字母的读音均有自己的特点，并不都相同，一般人实际上难以都规范地掌握这些不同系统中的不同字母的读音；二是即使是源于同一字母系统中的字母，在不同语言中的具体读音也不尽相同。如以拉丁字母为例，现在世界上数以百计的国家的语言中在使用拉丁字母形式的字母，而在这诸多使用拉丁字母形式的字母的民族语言中，这些字母在这些民族语言中的读音也不尽

相同，一般人实际上还是很难都能具体掌握其在不同语言中的不尽相同的读音。也正因为如此，对现在入典的字母词语中的字母通常只注明来源而不标音的方式，会导致读者在语言实践中并不一定能很好地、合乎学理地解决字母的规范读音问题。更何况，部分字母词语中的字母究竟到底是源于何种字母尚不甚明了，该按什么音去读尚处于模糊状态之状况了。例如：

【ISO】国际标准化组织。[从希腊语 isos（相同的）得名，一说从英语 International Organization for Standardization]①

这里，作为专有名称的字母词语“ISO”的读音，到底是按希腊语读还是按英语读，就是一笔尚处于模糊状态的糊涂账，还需要进一步研究。这种状况，颇类似于早期的中国社会科学院语言研究所词典编辑室编写的《现代汉语词典》第 3 版之前对专有名称“阿 Q”读音的两种标注“Ā Qiū，又 Ā Kiū”②，存在着是专有名词却不清楚其专有读音为哪一种的状况。

设想一般人都能清楚明白地了解掌握上述林林总总的不同系统、不同民族语言中的字母的读音，显然是不切实际的；倘若明知问题之所在，却因问题的复杂与棘手而就一直这么相对含混模糊地处理其入典中的标音问题，也不是积极面对问题并试图解决问题的理想方式。实际情况是：收入现代汉语词典的字母词语中的字母，需要也应该明确标音。

（二）入现代汉语词典的字母词语中的字母，需要研究怎样规范标音

入现代汉语词典的字母词语中的字母目前之所以鲜有标音，大概与这些字母词语中的字母的标音到底按什么标音、怎么标音（包括怎么排序）等问题的纠缠不清有很大的关系。这里面有不少问题需要进一步明

① 中国社会科学院语言研究所词典编辑室：《现代汉语词典》（第 6 版），商务印书馆 2012 年版，第 1752—1753 页。

② 于全有：《关于“阿 Q”读音的规范化问题》，《辽宁教育行政学院学报》2003 年第 11 期，第 80—81 页；于全有：《中国语言学研究》，吉林文史出版社 2006 年版，第 48—55 页。

确、厘清。

概要而言，对于字母词语中的字母的标音问题，大体上可以有两种不同的解决问题的思路：一种是按照字母词语中的字母的来源去标音，另一种是走汉化的道路，将字母词语按汉化情况去标音。

先说第一种解决问题的思路。

理论上，按字母词语中的字母在其直接来源的具体民族语言中的读音去标音，如源于希腊字母的按希腊字母的读音去标注，源于英文字母的按英文字母的读音去标注，源于汉语拼音字母的按汉语拼音的字母读音去标注，这应该是对字母词语中的字母怎么标音最切合词语来源实际的理性选择。这种选择可能导致出现的一个现象是：纷繁多样的字母带来纷繁多样的字母读音，同一字母形式在不同的字母词语中可能因来源的不同而读不同的音。与之相应的另一种方式读音标注的选择是，大原则上按字母词语中的字母的来源读音（包括原字母直接来源系统——民族语言中的字母音、民族语言字母的直接来源系统音等）中影响相对比较大、相对较便利的某系统的读音来标注。如直接源于汉语拼音中的字母不按汉语拼音字母的读音标注，而是按同源于拉丁字母、目前影响也相对比较大的英文字母的读音来标注；或者是直接源于汉语拼音中的字母不按汉语拼音字母表中规定的字母名称音的读音标注，而是按时下影响相对较大、一般人相对更熟悉些的汉语拼音字母的呼读音来标注等（当然，这每一种选择当中都有许多值得探讨的具体问题）。这应该是现情况下对字母词语中的字母怎么标音的最切合人们惯常的实际读音习惯的习性选择。这种选择可能导致的一个现象是：字母词语中的字母标音不一定切合词语来源的实际，却在一定程度上适合人们的某一习惯；字母读音的纷繁复杂性相对减弱。面对这两种比较主要的读音选择方式，比较而言，由于近年在字母词语中的字母读音及标注问题上，我们实际上并无比较明确、具体的理性规范来指导社会语言生活，人们在具体的社会语言生活中往往多依据已掌握的习惯形式去读字母词语中的字母音，从而使后一种选择方式呈自然上升之势。

不管这些字母的读音怎么选择，大原则上按字母词语中的字母的来源去读音（如来源于某一语种的字母就按来源语种里字母的音去读），这一点学术界的相关认识大体一致。关键是，字母读音的来源有的有直接来源与间接来源之分，有的有名称音与呼读音之别，有的有影响大与影响小之不同。在这向下再怎么选择的问题上，大家目前的认识就不尽相同了。相比较而言，对于直接来源于某一外文的字母，按来源语种里字母音读，这一点大家的认识相对比较一致；而对于直接来源于汉语拼音的字母到底怎么读，大家的认识就不完全一致了。以字母词语中源于汉语拼音中的字母为例，目前学术界对其怎么读音，大体上就有以下几种：按《汉语拼音方案》规定的字母名称音读；按英文字母音读；按呼读音读；按元音读本音、辅音一律后加元音［o］来读；按拼读中用呼读音、引用外文时用英文音读等种种看法①。而社会语言生活的实际状况是：由于《汉语拼音方案》字母表中规定的字母名称没有得到相应的推行，“注音字母的名称事实上代替了拼音字母的名称。近来又有用英文字母名称代替的趋势”②。之所以会出现这样的状况，原因是多方面的：既与自《汉语拼音方案》1958 年开始推行至今，从小学开始一直重视并先教声韵调及拼音，然后再以附带的形式略带一下字母表的这种没有认真推行字母表中字母名称教学的教学方式有关，又与传统的注音字母音的惯性影响、我们这些年来在字母词语的规范问题上的滞后及一定的社会风潮影响有关。现实的社会语言生活实际状况迫切需要我们能够集思广益，对字母词语中字母的读音规范作出适切的选择。

比较而言，笔者认为，一是对于字母词语里直接源于汉语拼音中的字母的读音，从这类字母的来源、读音的社会性与规范原则的一贯性上看，理应按来源读汉语拼音字母的音。具体而言，理论上，汉语拼音字母的音宜读《汉语拼音方案》字母表中规定的字母名称音。但鉴于目前社会对《汉语拼音方案》字母表中规定的字母名称音的认知相对较差的状况，推行起来难免有一定的难度，加之在一套字母里又有名称音又有呼读音的两读形式所可能带来的潜在的混乱与不经济的影响，用汉语拼音字母的字母名称音来读很可能比不上在中国已经完全社会化的汉语拼音字母的呼读音更容易为人们所把握、接受。而对字母词中直接源于汉

---

① 郭熙：《汉语、汉字和汉语现行记录系统运用中的一些问题及其对策》，《语言文字应用》1992 年第 3 期，第 29—36 页。

② 周有光：《〈汉语拼音方案〉的制订过程》，《语文建设》1998 年第 4 期，第 11—14 页。

语拼音字母的读音用英文字母音对于学过英语者容易掌握接受，也有一定的社会基础，但一是英文字母音目前在中国显然还达不到汉语拼音字母的呼读音在我们整个社会的社会化程度与普及程度，二是汉语拼音字母在拼读时读呼读音、在字母词中读英文音，汉语拼音字母中的这种一套字母两读形式同样也还有一个经济性问题。从理论上、规范原则的一致性上及现实的社会化程度、普及程度、易把握程度上等综合考虑，当然也包括从顺应语言文字的民族性与吸收字母词语民族化的考虑，对于字母词语里直接源于汉语拼音中的字母的读音，笔者倾向于还是用民族语言中的汉语拼音字母的音，用汉语拼音字母的呼读音。如 b（音 bo，不是名称音 bê）、p（音 po，不是名称音 pê）、m（音 mo，不是名称音 êm）、f（音 fo，不是名称音 êf）等。二是对于字母词中来源于其他语种的字母则按来源注音，再在词条释义前用汉语拟音译注一下（一如“α 粒子”词条中的“阿尔法粒子”、“β 射线”词条中的“贝塔射线”、“γ 刀”词条中的“伽马刀”等形式），然后再解释词条的意思。这么做的优点是：既按来源为其字母注了音，又给出了词条的汉语拟音形式；既为读者对该词读音的理解把握提供了方便，又为这些词语未来汉化吸收之可能性等提供了相应的引领，预留了发展的空间。

当然，对字母词语中源于汉语拼音的字母主张用汉语拼音字母的呼读音读也好，还是主张用英文字母音读也好，各自的优长与不足都摆在那里，关键在于我们相关的规范化工作依什么样的理念来怎么决策了。

再说第二种解决问题的思路。

为什么要提到第二种解决问题的思路呢？这是因为，第一种解决问题的思路虽然好像也是一种解决问题的方式，但因此会带来一系列的其他问题。如标外文字母音无法或不宜、不便用现有的汉语拼音去标音问题，标音的方式不合现有的汉语拼音拼写规律问题，外文字母的标音方式与汉语拼音的标音方式连写问题等。这都是需要考虑到并注意研究的问题。比如说，以现行的《汉语拼音方案》中的汉语拼音的记音能力而言，它主要是用于对汉语普通话记音的。如用它去标注外文字母的音，难免有力所不及的时候，这当中的问题就需要研究怎么解决。如前文所引《现汉 6》后面所附录的《西文字母开头的词语》部分的脚注中所说的“在汉语中西文字母一般是按西文的音读的，这里就不用汉语拼音标注读音，词目中的汉字部分仍用汉语拼音标注读音”，其中的“这里就不用汉语拼音标注读音”之表述，单独看有歧义：一是可理解为可用汉语拼音注音但没用，二是可理解为不用汉语拼音注音。从这句话的上下文看，似乎是前一种意思强一些，给人以西文字母似乎都能用汉语拼音标注读音、不过这里不作标注而已的印象。这种表述，无论是从理论上还是从实践上说，都是不甚严密的、存在一定的问题的。又比如说，以西文字母开头的词语中字母的读音一旦按来源音来标音，这些与汉语普通话音系不同的音如何跟汉语普通话音系衔接？它们跟汉语普通话以北京语音为标准音是什么关系？这些外文字母的读音怎样融入现代汉语语音系统中？读音到底该如何标注？国人又该怎样重新学习并接纳一套含有诸多外文语音读音与标音系统在内的、多种不同音系的字母发音杂糅的、新的汉语读音标准与标音标准？考虑到现代汉语语音本身的系统性及词语读音与标音在社会大众实践掌握上的相对简便性、可操作性与可接受性，以及对问题解决的彻底性，我们认为，一如“α 粒子”就是“阿尔法粒子”、“α 射线”就是“阿尔法射线”、“β 粒子”就是“贝塔粒子”、“γ 刀”就是“伽马刀”、“γ 射线”就是“伽马射线”、“UFO”就是“不明飞行物”等汉语名称那样，对吸收进汉语的字母词语走汉化之路，根据需要以某种汉化的形式吸收进汉语，应该是相对比较理想而又经济的选择。当然，落实到具体问题时到底该如何具体操作与选择，这当又是另外一个问题了。

三 部分词条的释义问题及相关联的其他需要研究的问题

（一）部分词条的释义问题

《现汉 6》中，在以附录形式收录的《西文字母开头的词语》里，有部分字母词语的释义还不同程度地存在一些需要进一步研究、丰富、完善的问题。例如：

［1］【α 粒子】α lìzǐ 阿尔法粒子。

［2］【α 射线】α shèxiàn 阿尔法射线。

［3］【β 粒子】β lìzǐ 贝塔粒子。

［4］【β 射线】β shèxiàn 贝塔射线。

［5］【γ 刀】γ dāo 伽马刀。

［6］【γ 射线】γ shèxiàn 伽马射线。

上述词条中的解释，等于只是“西文字母汉语音译 + 原词条汉字”，至于词条意义到底是什么，还是没有具体解释。其实，这些词条的汉字表示形式“阿尔法粒子”“阿尔法射线”“贝塔粒子”“贝塔射线”“伽马刀”“伽马射线”等，词典的正文中都对其设有专门的词条作了解释。这里，若分别在这些词条后面能再示以“见 × × 页‘ × ×（汉字）’词条”等类似的导引，对读者而言就更方便、更好了。这样，既对词条的具体解释作了必要的导引，又和整个词典处理类似问题的体例保持了相对一致性。这种类似的宜作同样补充的词条还有不少，诸如“DNA”“E－mail”“UFO”“WTO”“X 刀”“X 光”“X 射线”等。

还有的词条的义项，还可作必要的丰富、完善。例如：

［7］【AM】调幅。［英 amplitude modulation 的缩写］

这里关于“AM”的解释不是不可以，而是在目前的一些汉语说明类的常见书面语言中，“AM”还经常作为“午前”“上午”的意思出现（源于英文）。此义项似也应考虑适当收入词条的义项中。

（二）相关联的其他需要研究的问题

由字母开头的词语入现代汉语词典，还带来了一系列的其他相关问题需要研究。如字母词语的大小写问题、字母词语入典如何排序与编索引问题、一些作为形象表达而来的字母词语（如“T 型人才”等）中的字母到底依什么音来读合适问题，乃至字母词语入典到底是否有违法违规等问题①。这些问题，从多年前的字母词语入典开始就已经存在，虽然期间也不乏一些有益的探索，但至今这当中还有不少问题却仍谈不上已完全得到圆满的解决，依然需要我们进一步加强相关方面的规范性探索。

---

① 刘婷：《现代汉语词典编者否认违法》，《北京晨报》2012 年 8 月 29 日第 A18 版。

比方说，字母词语入典如何排序与编索引问题，这是目前有关字母词语入典迫切需要探讨、探索的重要问题之一。历史上，少量汉字打头的字母词语在进入现代汉语词典正文时，采用的是按词首汉字的音序来索引。现在一般的现代汉语词典，除了几个汉字打头的字母词语入词典正文内容依旧采用按词首汉字的音序来索引，对大多数以字母开头的词语采用的是以正文后附录的形式收进词典。这样，同样是字母词语、同样是在一本词典中，就出现了用两种不同的收录方式收进词典的状况，其索引的方式自然也不相同。同时，以附录的形式收录进现代汉语词典中的字母词语，与一般的字母词词典收录的字母词语，其排序与索引目前也尚未形成相对一致的规范。像以《现汉 6》为代表的词典，在附录的字母词语的排序上，是先排希腊字母顺序的字母词语，再跟着排拉丁字母顺序的字母词语；而在刘涌泉编著的《字母词词典》（上海辞书出版社 2001 年版）中，其词条的索引排序，则是先排拉丁字母顺序的字母词语，再跟着排希腊字母顺序的字母词语。如果仍在字母词语不走汉化的思路下思考问题，字母词语入典的规范化，亟须对上述问题进行必要的规范性的探索与引导。

［原刊《中国语言战略（2015.1）》］

后　记

本书是我这些年来从事与语言应用方面相关研究的又一部文集，主要是有关汉语的应用与规范问题研究的。

我自 20 世纪 80 年代后期走上语言学教学与研究道路以来，从本体语言学开始，到逐步走进语言学及应用语言学相关领域，在完成琐碎的日常相关教学工作之余，陆陆续续地做过一些有关汉语语言学、社会语言学、应用语言学方面的研究，乃至语言哲学等方面的研究。这次有机会将部分有关语言应用与规范方面的研究文章结集出版，除为了保持全书体例的相对统一而需要进行的必要调整及对部分文章在刊发时出现的某些不足等进行必要的订正外，基本上保持了原文的风貌。本书以“应用篇”“规范篇”这样上下两篇的形式，对相关研究内容进行了大致的梳理编排。其中，个别属于研究同一问题密切相连的上下两篇文章，尽管在内容上可能各有偏重，但出于方便系统地展现对同一问题的思考、揭示之考虑，而将其连排在了一起；“应用篇”里由于涉及的内容相对较多，除了部分短文以“摭谈”的形式作了并拢编排，里面的文章又大体上按“修辞与文化”“字词与文化”“语法与语言教学”等序列作了编排。

本书的出版问世，得到了多方面的支持与帮助。我爱人胡广东协助完成已刊发出来的文章与能找到的我的原始手稿间的核对、比较等工作，友生兼本校同事裴景瑞博士忙中出手解答、处理电脑技术问题，沈阳师范大学主管科研工作的领导对本书的出版给予了诸多支持，中国社会科学出版社的任明主任、张林主任对本书的出版问世给予了诸多帮助，谨此一并致谢。

由于书中对有关语用问题的思考、探索形成的时间并不相同，探讨的问题涉及包括修辞、词汇、语法、文字、语言教学等在内的多方面的相关语言运用问题，有的已部分地跨界到碑刻文字考据范畴（如《“节兵义坟”释义考辨》），不足之处在所难免，祈盼学界同道不吝赐教。

于全有

2022 年 3 月 4 日于盛京关庐